[最新版 | Renewal Edition]

最高に
美しい住宅を
つくる方法

How to Design
the Ultimate
Beautiful Houses

彦根明＝著

X-Knowledge

はじめに

『最高に美しい住宅をつくる方法』とはまた、随分と大きな風呂敷を広げたタイトルになってしまったけれど、どうか御容赦いただきたい。とはいえ住まう人にとって『最高に美しい』と感じることは、長い期間家に愛情を注いでいただく上でとても大切なことであり、それこそが建築家とともに家づくりを考える目的の一つであるとも言える。

さて、美しさとはそもそも何だろうか？　美しいという表現は極めて主観的な形容であると同時に、万人が納得する普遍的な美しさというものも存在する。その普遍的な美しさとは『ものごとのバランス』ではないだろうか。

『バランスの良い』『整った』『健康的な』と評価できるものごとは、総じて美しさを備えている。では、バランスとは何だろうか。『ものごと』（ここで『ものごと』というのは『もの』だけではなく、かたちにならない『できごと』についても同じことが言えると思うからである）を構成する要素の比や強弱の割合が適度な状態であるときに『バランスが良い』と感じる。各要素の関係も、単純な『比率』であったり、お互いを釣り合わせる『均衡』、合わさることで別の効果を発揮する『調和』、相対する要素の『対比＝コントラスト』などさまざまである。

住宅を含めて建築は、大きな範囲から小さなところまで、周りを取り巻く多くのものと関わることになる。その『関わるもの』とのバランスが大切であり、そのバランスが良好であるときに、美しいと感じられるのではないだろうか。

外に広がる方向では『周囲の状況』『街並や風景』『地域の自然』から『地球規模の環境』との関わり、内に細分化する方向では『住む人、使う人』にはじまり、そこに置かれる『家具・道具・衣服』から『見た目、手触り、肌触り』までと関わってくる。更に四次元的に時間軸に目を向けると、『その時代』『そこに暮らす人の将来の価値観』や『精神状態・健康状態』までが住宅の美しさに影響を及ぼす存在となり得る。加えて『経済性』、『安全性』、『そのものの性能』といった要素もバランスを考える上で忘れてはならない。

これら全ての『こと』、『もの』、『要素』とバランスをとっていくことが、『美しい住宅』を求めるプロセスである。言い換えれば、これこそが『デザインする』ということである。

これから家を建てようと考える人、建築家として建て主の夢をかなえて差上げようと思う人に、本書が少しでも役立てば幸いである。

追記

本書は２０１１年12月にムックとして出版されたところ、予想を遥かに超える方々から反響をいただき、『購入したいが書店に置かれていない』という問い合わせを受けることもあった。そこでこの度、本書をより長く、より多くの方々に手に取っていただけるよう、書籍というかたちで新装・再出版させていただく運びとなった。この場を借りて、応援いただきました皆様に御礼申し上げたい。

２０１５年1月

彦根明

※本書に出てくる矢印について

室内に取り込む空気・風：

視線の動き・方向：

日射や照明の光：

人の動きを示す動線：

編集・図版作成協力：高田綾子　デザイン：大場君人（公園）　カバー写真：新建築社写真部

本文中写真（一部）：Nacasa & Partners, 中川敦玲 , シンフォトワークス , ロレンツォ ネンチョーニ

目次

序

美しい配色のセオリー

How ro Design the Ultimate Beautiful Houses Renewal Edition
Theory of Beautiful Color Schemes

How ro Design the Ultimate Beautiful Houses Renewal Edition
-
Theory of Beautiful Color Schemes
-
no.1 BLACK

街中でも自然の中でも独特の存在感を発する黒

自然の樹木の色と言うと、茶色を連想する人が多いかもしれないけれど、森の木々はどれもグレーから黒にかけて、無彩色に近い色をしていることが多い。特に雨に濡れた木はほとんど黒く見えるものである。黒い建物を思い浮かべると、印象が強すぎるように感じるが、実は自然の景色に馴染みやすい色であるとも言える。

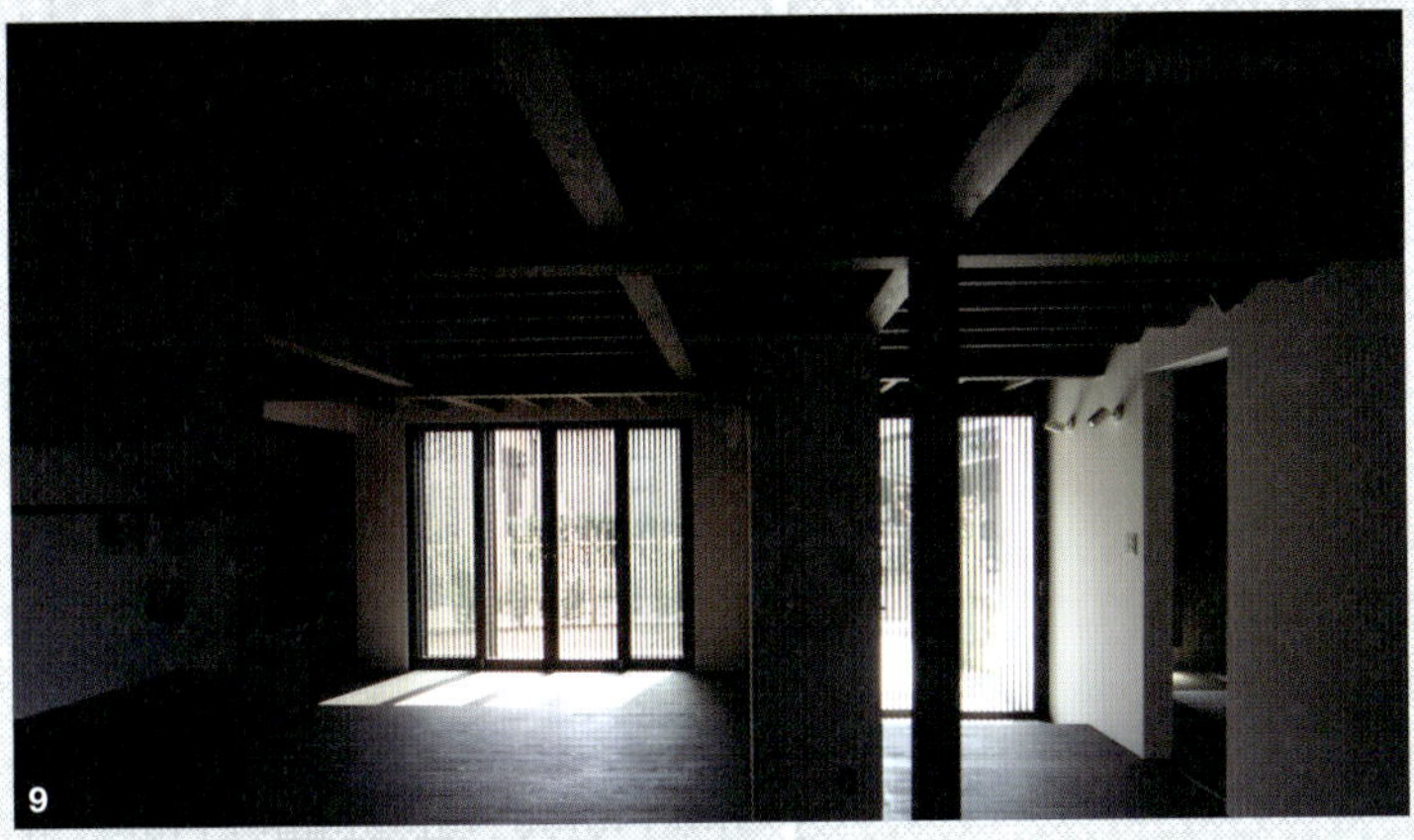

1 焼スギに黒塗装を施した外観。青い空、白い雲とのコントラストが美しい｜**2** 片側の壁と床を黒い板張りとし、白い天井に小屋梁を黒く強調した室内｜**3** 黒いカラマツ板張りの外壁とベイスギのバルコニー手すり。庭木が芽吹くと鮮やかに見える｜**4** 床と天井を黒くして森の緑を切り取るテラス｜**5** 玄昌石貼りの通り土間。白い壁と天井が奥まで光を導く｜**6** ダークグレーの石貼りの浴室。窓から見える竹藪の緑が映える｜**7** 黒い塗り壁に黒い格子の外観。正面に窓は無いが、中庭に対して大きな窓が並ぶ｜**8** 黒いカラマツ板張りの塀と軒で切り取られた空と庭｜**9** スギ板張りの床と構造材をそのままあらわした天井を黒く染色。懐かしさを感じる風景｜**10** 黒い塗り壁の外に縦格子を付けた外観。1階は玄関、2階は内庭バルコニーとなっている

光を受けて建物のかたちそのものの美しさを表す白

美術室の石膏像は当然のことながら白いものばかりである。

光を受けて、かたちそのものの特徴をはっきりさせる上で白色は最も有効なのだ。

建物の白は必ずしも純白ではなく、汚れを考慮して若干グレーがかった色や、ベージュ寄りの色を選択することも少なくない。

それでも、時間や季節ごとの光を受けて、建物のかたちそのものを一番美しく見せるのは白に近い色である

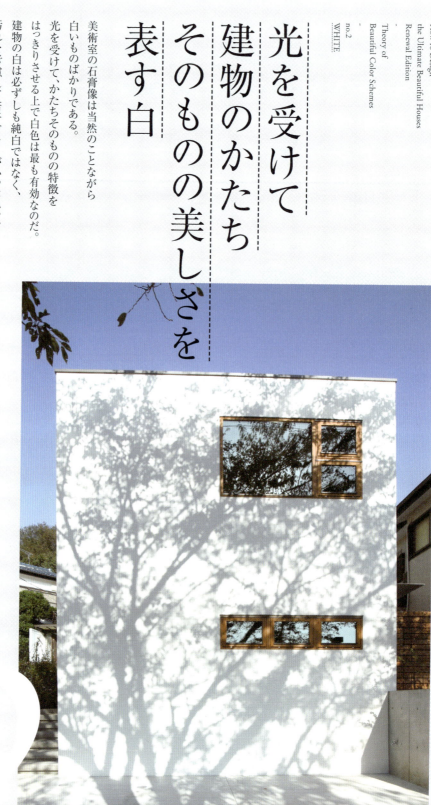

1 白で統一されたマンションの部屋。家具や小物の存在感がはっきりとする｜**2** 白い箱のような家。中には大きな中庭とテラスがある｜**3** すべてが白で統一された内装。小物や人が入ることで完成する｜**4** 白壁の前に緑の樹木が美しく映える｜**5** 白で統一されたクロゼット。服や小物が主役となる｜**6** 白壁のニッチ。それぞれに照明が灯り、置かれた小物が際立つ｜**7** 清潔感が漂う白い床タイルのキッチン｜**8** 白壁と屋根を切り離した外観。2階バルコニーの手すりの高さまでで止まる白壁のプロポーションが印象的｜**9** 白い外壁に木製のドアと窓、シンボルツリーが配された外観｜**10** 白壁に白い螺旋階段の見上げ。時間による光の変化が楽しめる｜**11** バルコニーと窓、庇、玄関ドアを白い画用紙にレイアウトしたような外観｜**12** 白い壁と天井の和室。雪見障子から入る光が室内に広がる｜**13** 白で統一されたキッチン。食材や調理機器が映える

How ro Design
the Ultimate Beautiful Houses
Renewal Edition
-
Theory of
Beautiful Color Schemes
-
no.3
VARIOUS COLORS

部分的に好みの色を使って自分だけの部屋にする

ある特定の部屋を好きな色に塗りたいという要望を受けることがある。メインのスペースというよりは、トイレや趣味の部屋、個人の寝室など、プライベートスペースに限る例が多い。事例写真は引越し前の写真が多いが、実際には家具や小物が置かれることで、全体の雰囲気が完成される。

1 白と木の色を基調にしながら、壁、扉、タイルに好みの色を合わせたキッチン｜**2** 2人兄弟それぞれが選んだ自分の部屋の色｜**3** ミントブルーの書斎。棚とデスクは白くステイン着色した集成材｜**4** 白黒でまとめられた室内に真紅のキッチンが映える｜5 好みの黄色で塗られた趣味の部屋の壁｜**6** 柿渋で染めたような色の床・天井に、ベンガラ色の壁｜**7** イエローベージュの床とピンクの渡り廊下、窓の外の緑が程良くバランスするリビング｜**8** 白と黒と銀でまとめられた外観に赤とグレーの玄関扉が印象的｜**9** コンクリートと黒い木の家の玄関部分がベンガラ色に。緑との相性も良い｜**10** 緑のトイレ。シンクとカウンター素材の組み合わせが面白い｜**11** オレンジのトイレ。ニッチの中もすべて同色で塗りまわしている｜**12** 建物の角だけ顔を見せる。旗竿状敷地の家。その角をベンガラ色といぶし銀で特徴的に｜**13** ステンレス化粧合板の靴箱。L字の扉が2枚で構成されている｜**14** ベンガラ色の外壁の家。屋根、空、生け垣の色との相性も良い｜**15** 白壁の手洗いスペースの奥にオレンジの扉。この向こうが**11**のトイレになる

緑［周辺環境］との大切な関係

部屋に緑が入ると、
家全体が潤うような効果をもたらす。
外観を考えても、家が単体で存在するよりも
周囲の自然や庭木によって
グッと引き立てられるような感覚がある。
更に、落葉樹を使った
季節ごとの光のコントロールや視覚的効果まで
計画的に取り入れることができれば、
住宅の魅力は無限に広がっていく。

4

1 緑の斜面に建つ別荘の見上げ。少々変わった外観の建物でも、緑の風景に溶け込む素材と色を選択すれば、周辺の自然と馴染んで見える｜**2** もともとは土しかなかった土地につくられた緑の庭。庭がつくられた途端に建物も命を吹き込まれたように見えた｜**3** 美しく整備された緑地を借景としたテラス。都内に居ながらここで過ごす時間はまさに天から賜った宝物と呼んでも過言ではない

建物のかたちを決める間取り

1

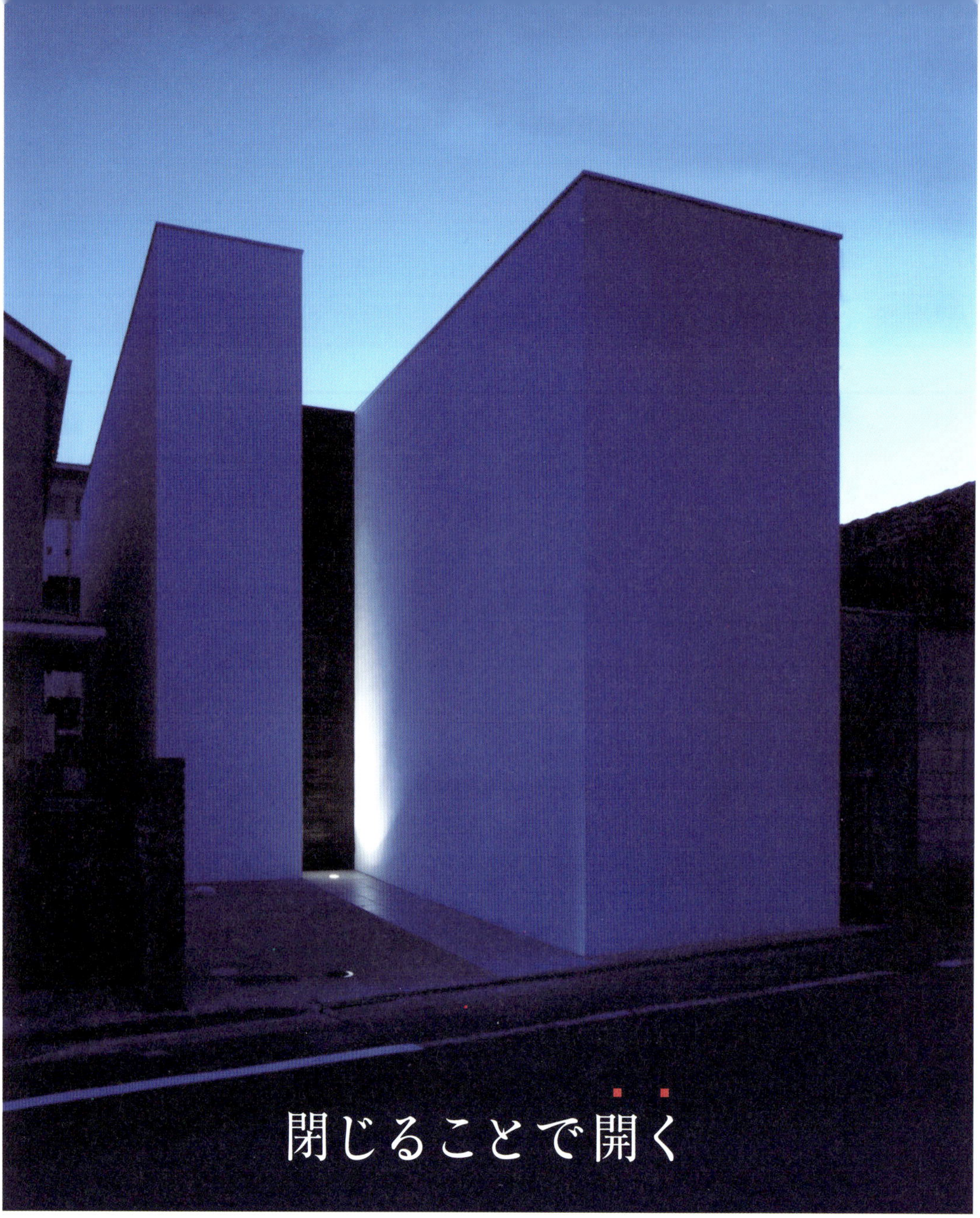

閉じることで開く

外観夜景。建て主の希望もあり、彫刻作品のような趣き

都市の密集地では、3方向を隣家、残る一方も道路に囲まれ、窓を作ってもいつもカーテンやブラインドを閉じた窓になってしまうことが少なくない。この住宅には中庭が三つあり、主寝室とリビングダイニングは2方向が外になっている。しかもカーテンで目隠しする必要がない。この方法を発展させていくことができれば、密集地にあっても明るく開放的な空間を提供することができる。

2つの中庭に挟まれた個室。外観からは想像もつかないほど開放的

居間から中庭越しにテラスを見る。視線の届く範囲はすべて自分の家なので、目隠しのカーテンはいらない

2階のテラスから居間を見る。居間の向こうにも別の中庭

仕切られたひとつながりの空間

つながって見通すこともできるけれど、手前から3つに仕切られた空間

写真手前からダイニング、スタディルーム、リビングがつながって見えている。それぞれの部屋が用途ごとに分節されているが、お互いにつながりのある存在となっている。壁に開いた穴ではなく、床から天井まで壁が切られていること。そして建物全体の中で、その壁に連続性があることによって、この空間の層構成（レイヤー）は生み出されている。

くびれとつながり

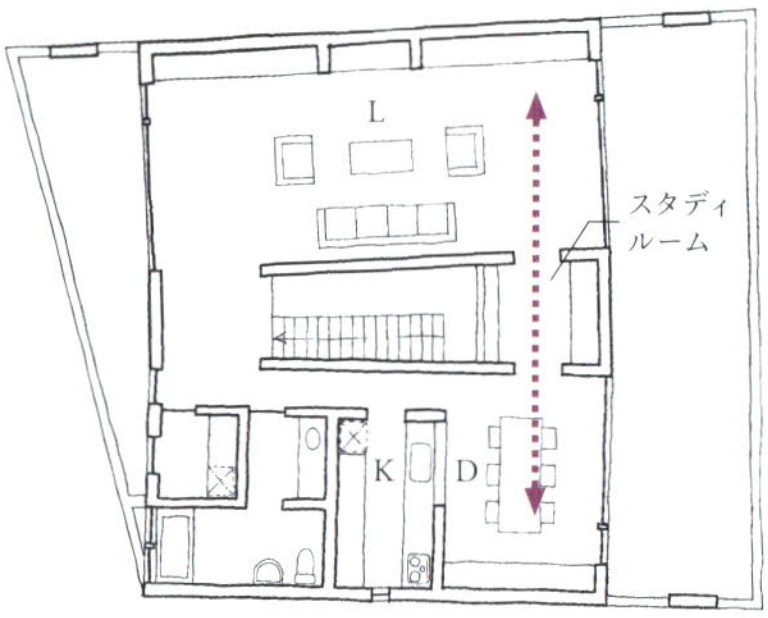

扉を付けなくてもくびれをつくることで部屋を分けることができる

田の字プランと「抜け」の相互作用

南北方向の抜け。南方正面は岩手山に臨む

玄関の手前から奥の和室まで見通すことができる

南北の軸線だけでなく、東西方向にも抜けている

田の字プランと抜け

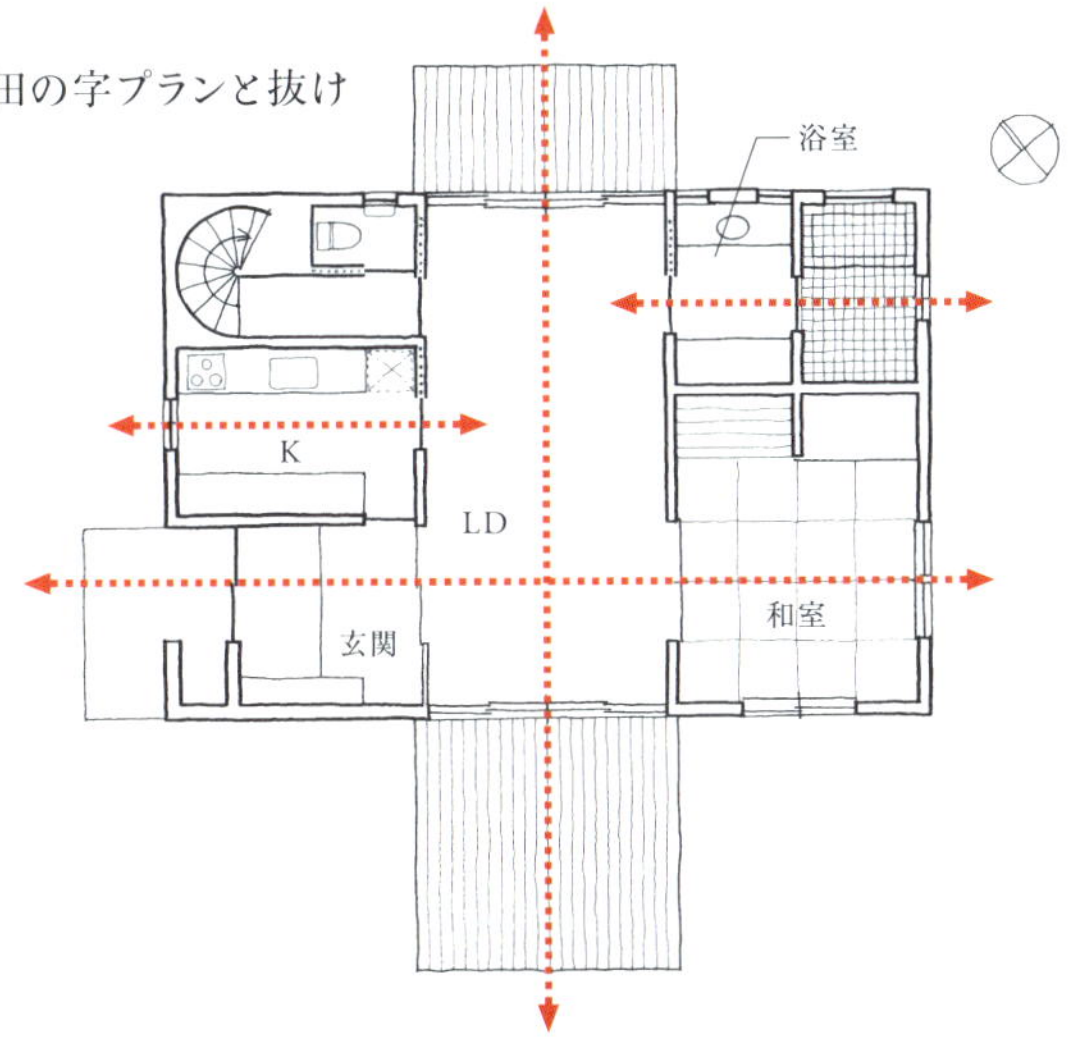

通路を挟まず部屋同士を隣接させた日本家屋に伝わる間取りを「田の字（型）プラン」と呼ぶ。

古い家によくある、多用途の和室が連続するかたちであれば問題はないが、用途が細分化され、個室的プライバシーの重要度が高まった現代の住宅において田の字プランを実践する場合は、部屋同士の相性をよく考慮して配置することが肝要である。これにあわせて窓や扉の配置を調整し、「抜け」を確保することで、家はその面積では計り知れないほどの広がりと豊かさを手に入れることができる。

行止まりがないことで広がりを与える

キッチンからリビング・ダイニングと階段を見る

行止まりのない回遊型のプランは、実際の面積よりも広く感じさせる効果がある。この住宅は家全体が回遊動線で構成されているため、その効果が発揮されることが期待される。新居に入ると子供たちが追いかけっこをはじめるのをよく見かけるが、追いかけっこが上手くできる家は良いプランなのではないかと思うことがある。もちろん房状のこもる部屋も必要だが、行止まりのない動線は、気分的にも行止まりのない感覚を与えてくれる。

ダイニングとキッチン

回遊プランの例

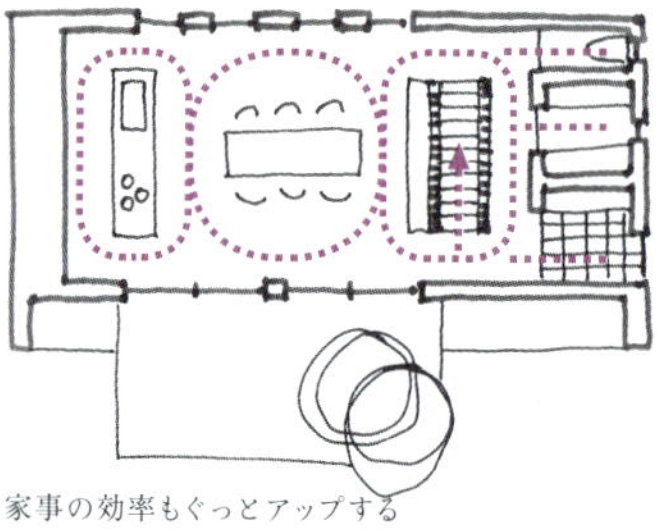

家事の効率もぐっとアップする

密集地でも外部に開くH型プラン

縦格子に守られた前庭と後庭

高層マンションと団地に挟まれた土地にありながら、外部空間と積極的に関わりを持ちたいという要望を叶えるべく、H型プランの提案をした。縦格子によってプライバシーの高められた前庭と後庭に対して各部屋が大きな窓を開いている。

LDKから後庭を見る。蹴込み板のない階段が光を通す

1階平面図

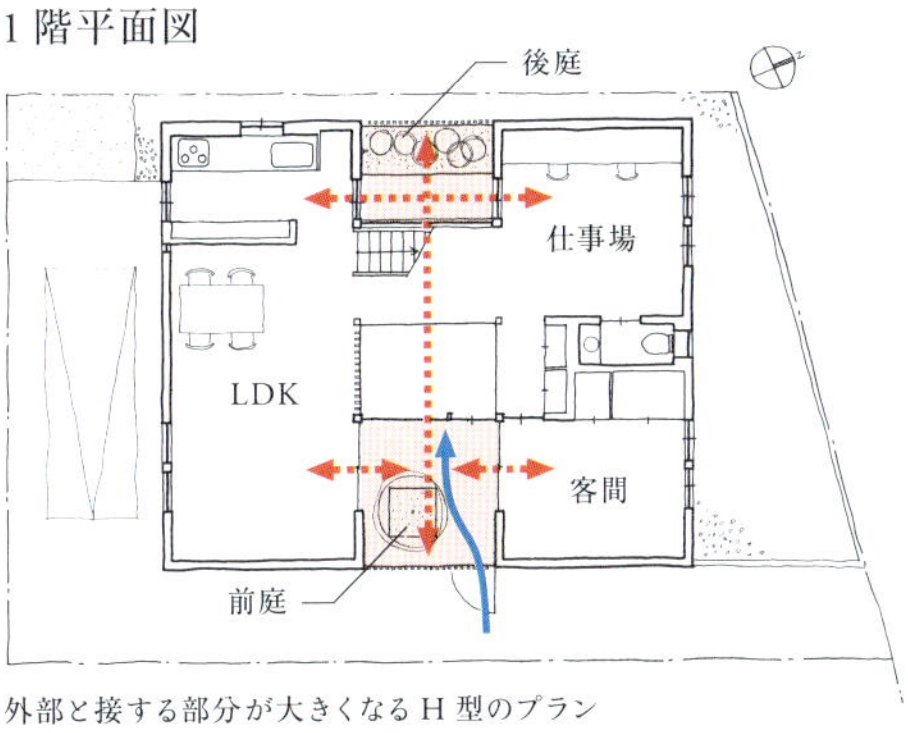

外部と接する部分が大きくなるH型のプラン

3つの外部スペースを持つ

2階テラスから中庭、リビングとバルコニーを見る

この家の中庭はひとつながりでありながら、三つのスペースに分かれている。1階は主に子供の遊び場となる中庭、その中庭に面して2階リビングからつながるテラスがある。そしてそのテラスから中庭を挟んだ対岸に、物干しのできるユーティリティバルコニーが置かれている。

ユーティリティーバルコニーからリビングを見る

3つの外部スペース

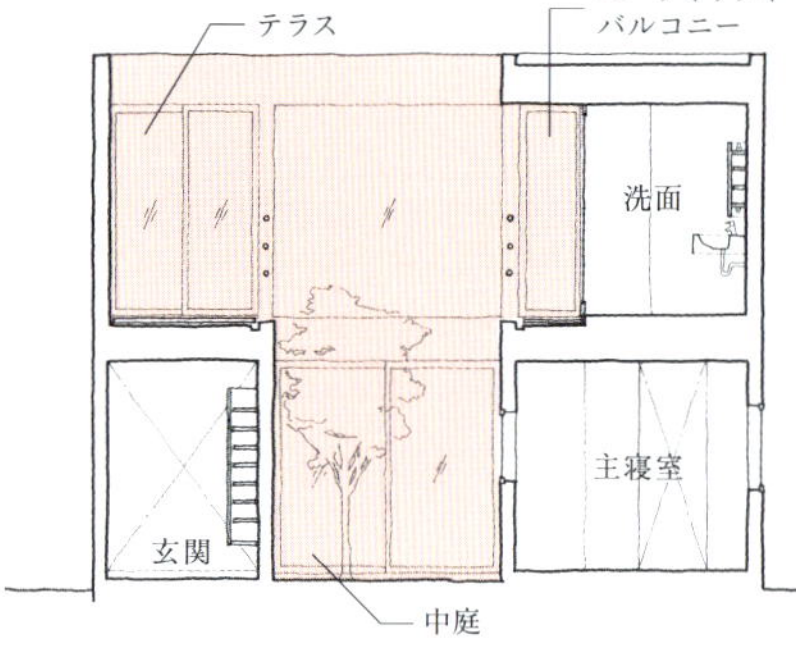

子供部屋から2方向の窓越しに自分の家が見えている

2方向に自分の家が見える

窓から自分の家が見えているのは良いものである。個室の窓から庭越しにリビングの団欒の灯りが見える。リビングから子供部屋の灯りが消えるのが見える。一つ屋根の下で程良い距離を保ちながらお互いの存在を確認しあう。何より外から見る我が家の灯りは暖かさを感じる。いくつかの庭が入り込むこの家の子供部屋の窓からは、2方向に自分の家が見えている。

2階平面図

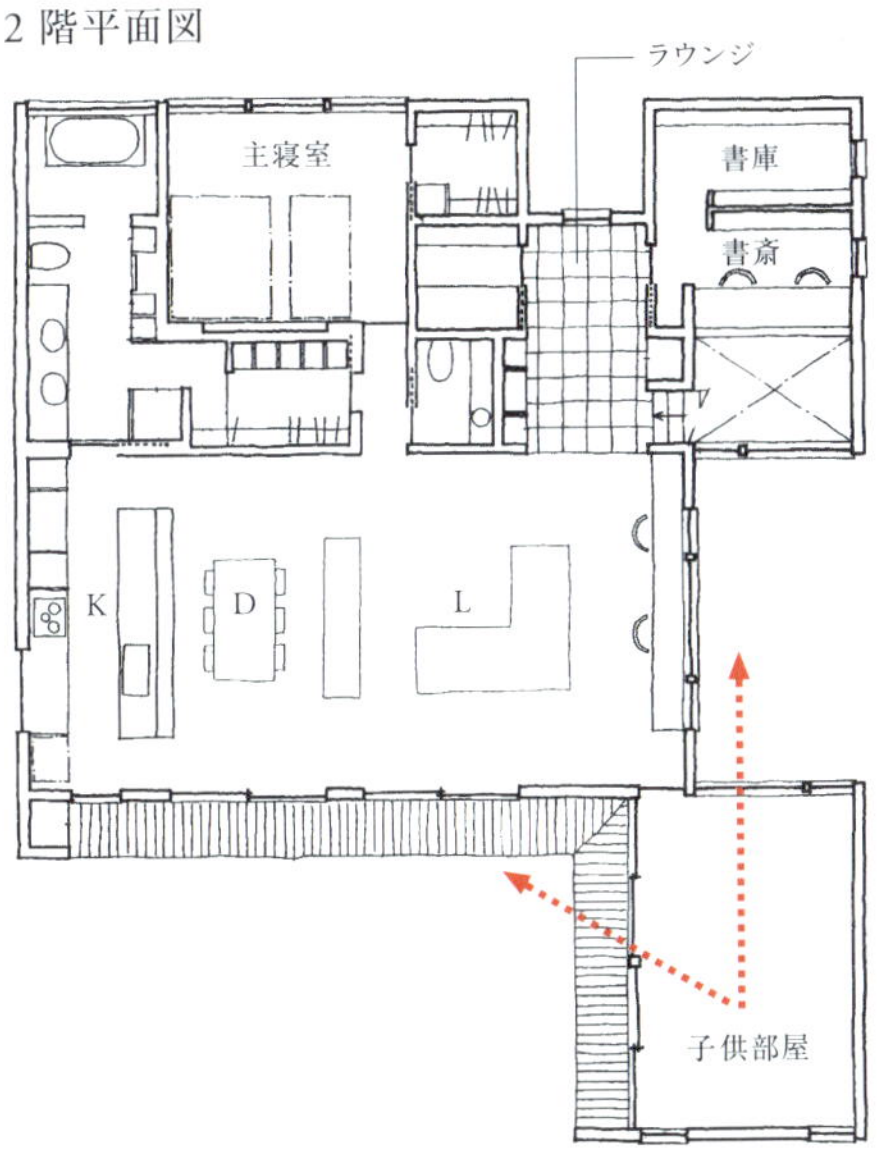

リビングにいながら子供の気配を外にもれる光で感じることができる

部屋から景色が広がる

玄関から居間に入るドアを開けると、絶景が広がる。家の外から中へ入って外の光から遠ざかったところへ、居間越しに見える中庭の光が目に入ってくる。暗順応しかけた目に庭の景色は鮮やかに映り、その手前、居間に置かれた家具や生活感はシルエットとなって訪れる人を静かに迎える。建築空間を体験するとき、シークエンスの中での景色の展開は重要な演出のポイントとなる。

長いアプローチを経て玄関突当たりから居間へ抜ける風景

玄関から居間越しに中庭が見える

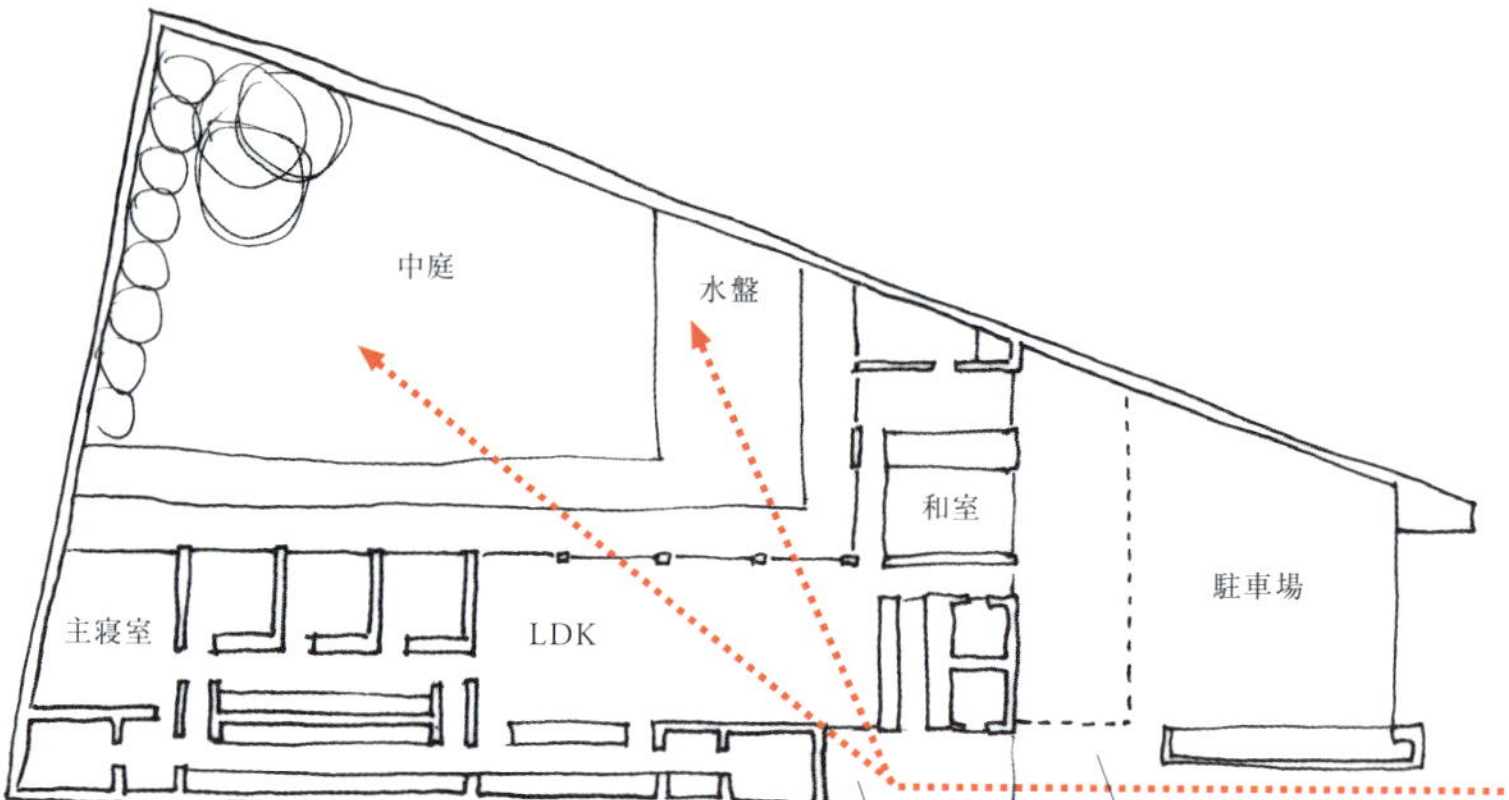

長いアプローチの後に展開する視線の仕掛け

軒と塀に囲われて、空が４角く抜けている

囲って視線をコントロール

中庭の向こう側を塀で囲ってしまうと、ほとんど周囲の家々の屋根しか見えなくなり、ただ1軒だけ視線の入る家の方向に中高木を植えることで目隠し不要とすることができる。窓の方向も北西と北東であることも手伝って、日射のコントロールもほぼ必要のない状態となっている。

中庭の向こうの塀越しに実家の屋根が見える

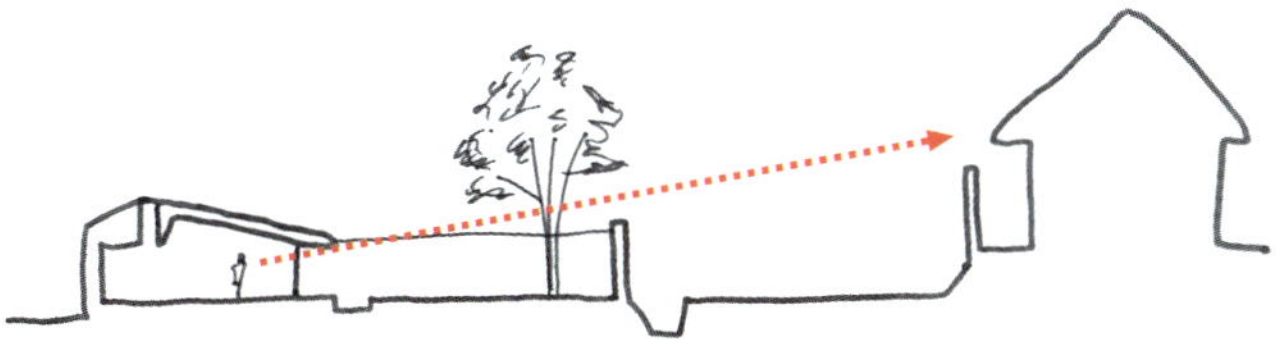

軒と堀によってコントロールされた視線

引込み戸を開けると奥の部屋の向こう側まで見通すことができる

奥の部屋の向こう側まで見通せる

コンパクトな住宅でも広々とした空間の印象を与えることができる。別項でも回遊プランや抜けについて説明しているが、この例では小部屋の並ぶ階でも、普段引込み戸が開いていれば、家の長手方向の端から端までまっすぐに見通すことのできる平面になっている。扉が閉まった状態ではなかなか実現することが難しい広がりであり、引込み戸の特性を活かしたデザイン手法である。

(2階平面図)

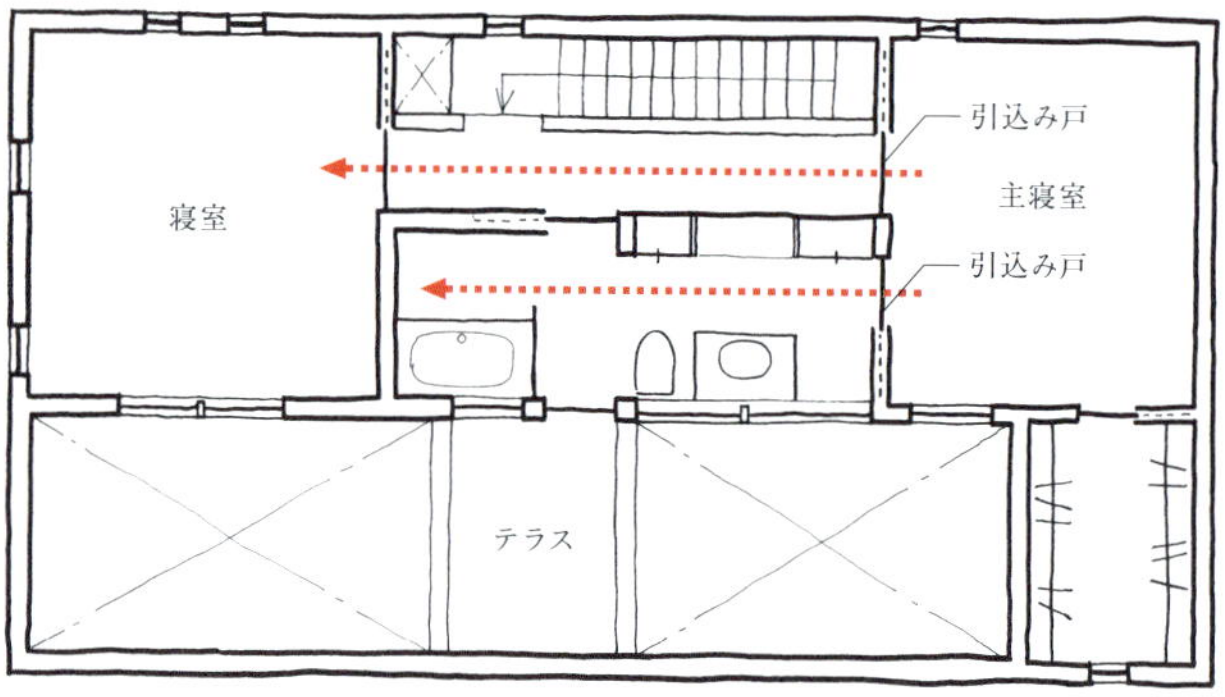

3室が囲む中庭のようなテラス

3.6m × 1.8m のテラスは入り庭の形状になっている

この家のテラスは3方向を和室、ダイニングキッチン、リビングが囲む入り庭のかたちになっている。それぞれの居室にとって専用の外部空間のように見えて、外と内部空間が一体化する。雨や雪が降るときも、まるで家の中に降っているようで風情がある。

テラスを和室とダイニングキッチン、リビングが3方向から囲む

テラスも部屋の一部（2階平面図）

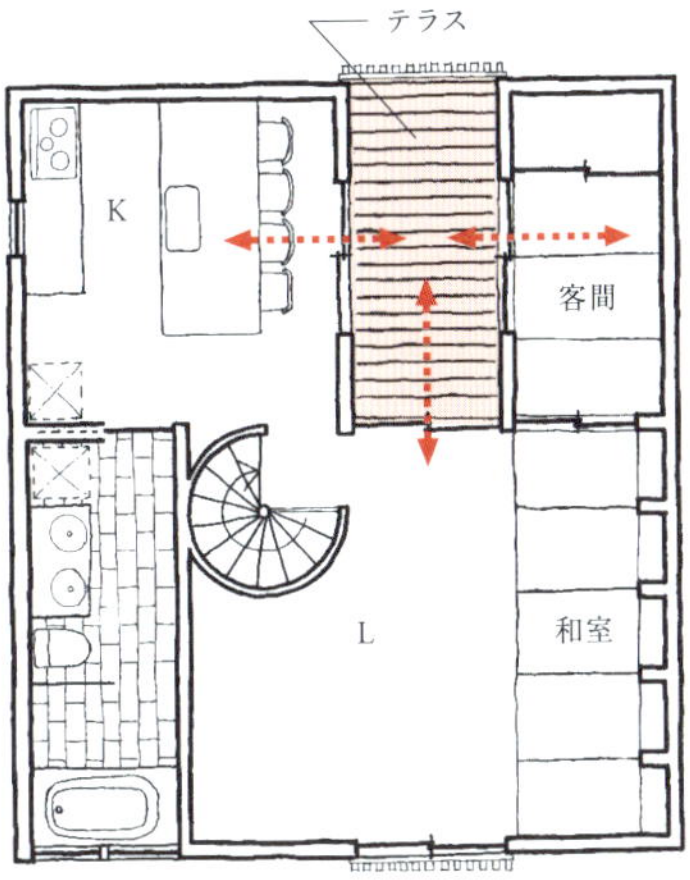

中庭で光と風を取り込む

中庭の見上げ。ほとんどの面が開口部となっている

南北に細長い敷地の場合、中央付近若しくは数か所にくびれを作って中庭とし、そこから光や風を取り込むことがある。その効果を最大限活かすため、この事例では中庭に面する部分のほとんどを開口部としている。また構造的にこれを成立させるため、木造ラーメン構造（壁が少なくても強度を得られる構造）とし、隣地側には目隠しのためすこ状の板壁を設けている。

目隠しの板壁とシンボルツリー

平面図

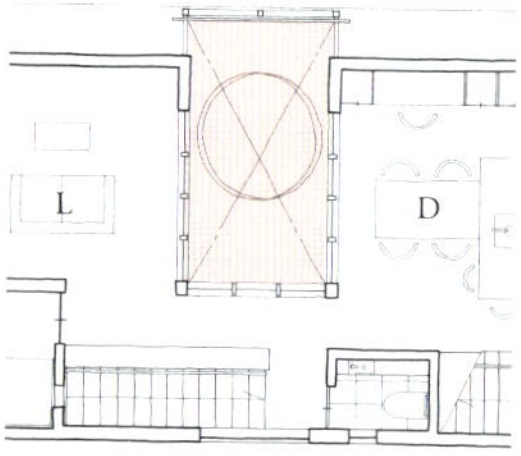

プライバシーを守る板壁

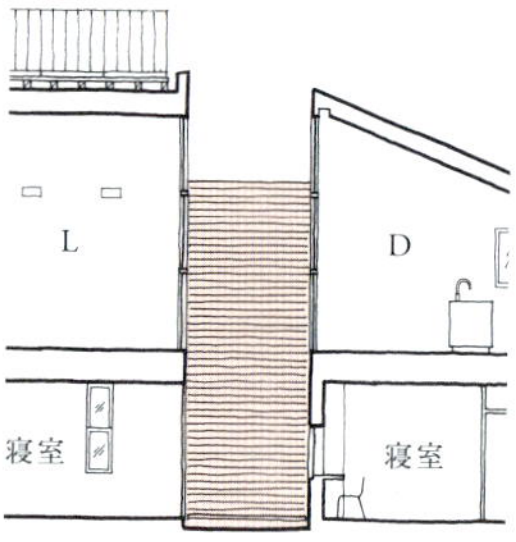

板壁があることで隣家からは見えない

隣家に配慮した中庭の配置

2階部分も犬用のテラスになっている

広い中庭は空に向かって開かれている

外観からはシャッターとドアしか見えないが……

駐車スペース兼犬用の中庭（1階平面図）

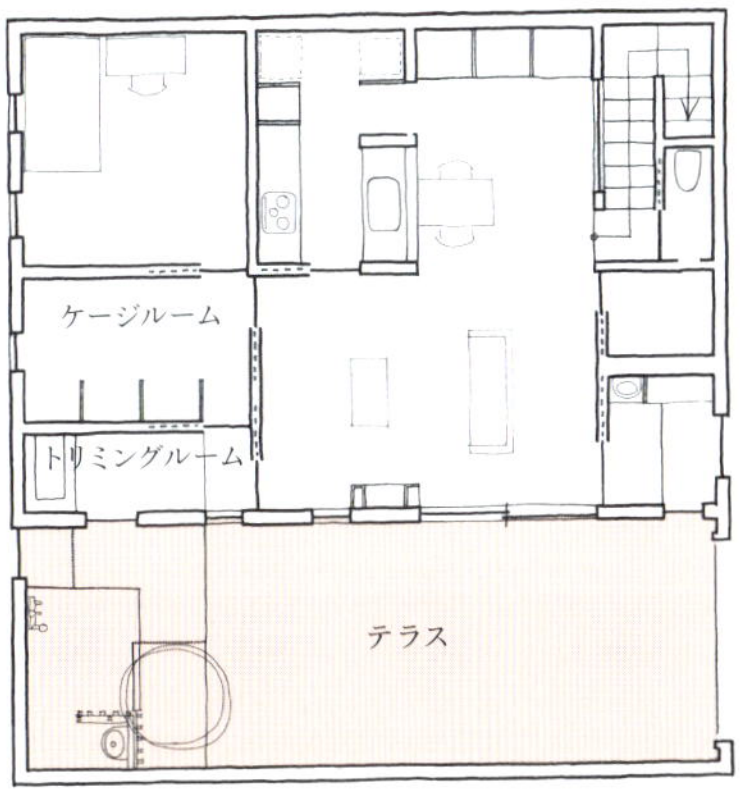

（2階平面図）

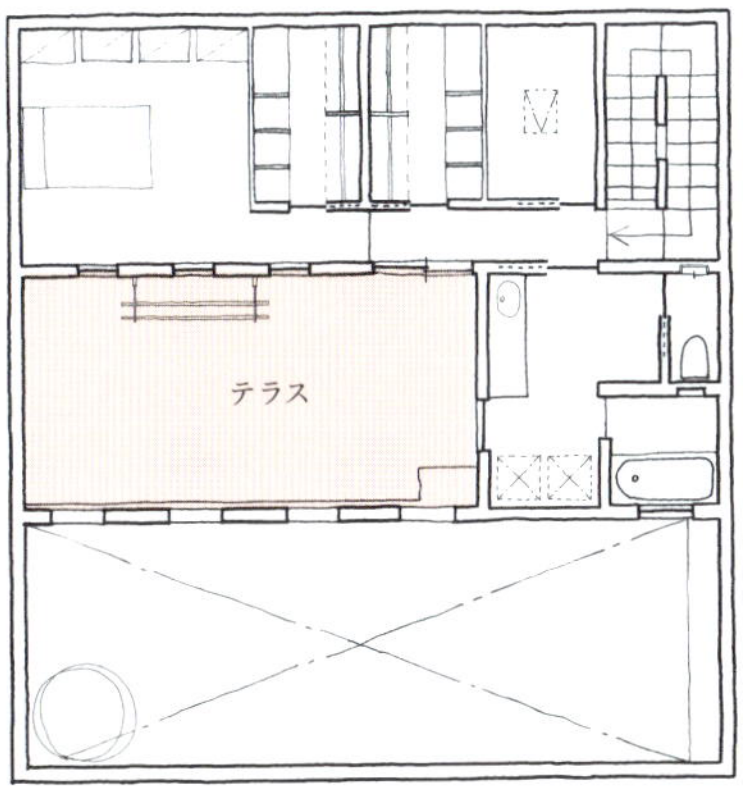

この家は10頭以上いる犬たちが気兼ねなく騒いでも大丈夫なように、隣家の無い方向に大きな中庭をとり、さらに2階には中庭側に犬用のテラスも設けている。車ごと中庭に入れて直接トリミングルームに行ける犬用動線を用意するなど、犬たちとの生活に重点を置いた設計となっている。

中庭の向こうも自分の家

自分の家のテラスを反対側から見る

一階中庭からリビングを見上げる

1階の中庭は子供室と主寝室が囲み、2階はリビング、テラス、洗面浴室のバルコニーがそれぞれ3方向から取り囲むかたちとなる。個人住宅の中庭は家族同士の視線の交錯だけ気を付ければあとは室内と同等なので、逆に「見える」ことが面白い効果となる。

プライベートな視線（2階平面図）

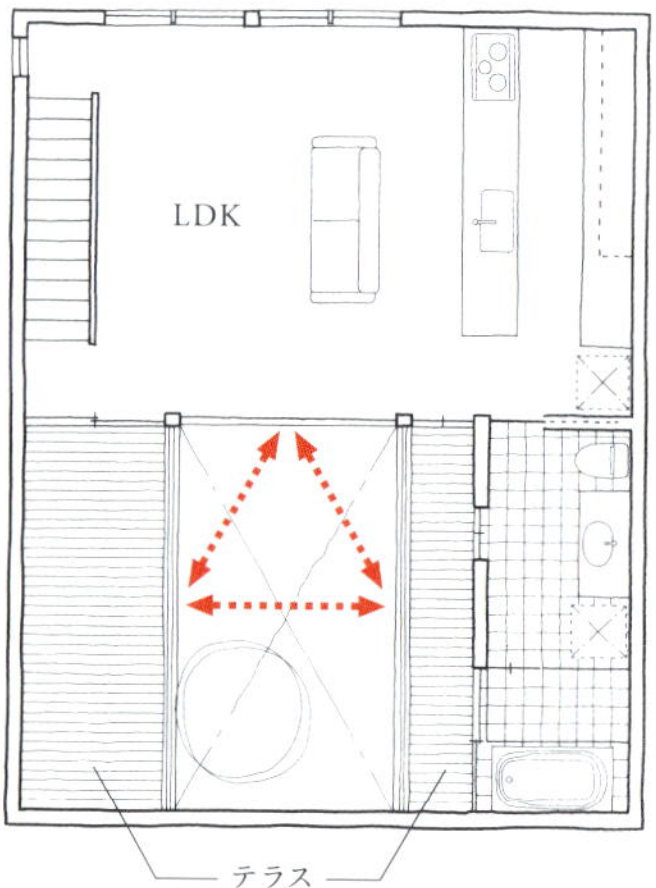

大空間を障子の高さで仕切る

全体的にはつながりつつ、目の高さでは仕切られるので、狭さを感じさせない小部屋となる

臨時の客間、来客時の対策などを考えるとせっかく広く取ったリビング・ダイニングを仕切りたいということになるケースもある。大きくつながった空間はそのまま感じられる状態で、個室を追加するため建具の高さだけ仕切った例である。空間の広がる雰囲気は想像以上の効果を得ることができたと感じている。同様の操作は他にも様々な場面で応用することができる。

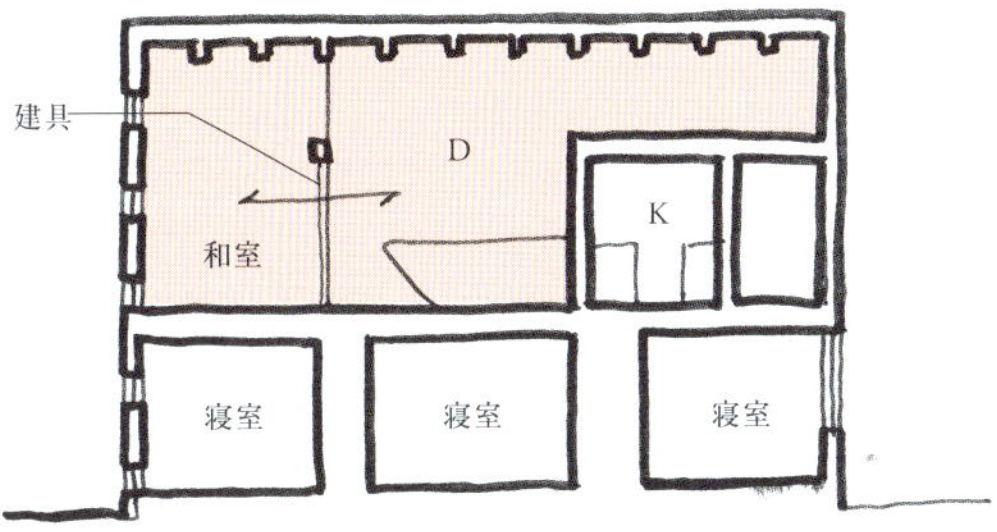

建具で仕切られた大空間

大きな軒に守られて、斜面の道の上からの視線は入らない

閑静な別荘地であるが、富士山の見える方向には都市部と変わらぬ建物や設備機器が並んでいる。振り返るとそこには何とも美しい斜面があった。深い軒を出すことで、斜面の上の道からの視線をカットすることもできる。そこで当初の予定とは180度方向転換して斜面に向かって開く計画とした。時間の流れとともに緑の斜面は表情を変え、笹に当たる陽光の照り返しが室内まで届く。緑豊かな斜面を主役として、この建物独特の空間を用意することができた。

テラスまで出ると敷地境界まで見通せるが、
それでもなお自然の生垣に守られている

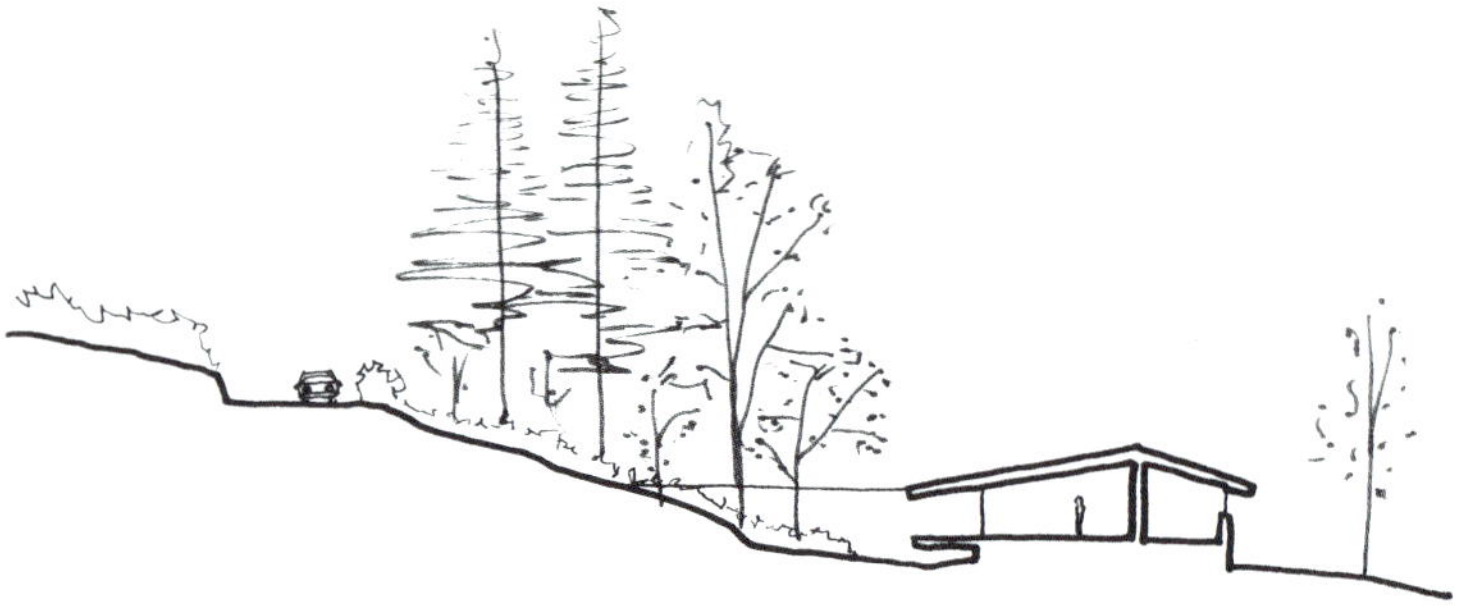

斜面の上から見下ろしても、建物の中が見えることはない

3角形断面の部屋

天井の高いところは高さ4mにもなる

大きな切妻屋根の家。2階部分はほとんど屋根の中に入っていて、断面が3角形（正確には5角形）になっている。

妻側には壁があり、窓を開けることができるが、屋根の面にも天窓を開けて窓として使っている。日常的な生活が非日常的空間に入ることで、日々の暮らしが楽しいものになる。

3角形のリビング

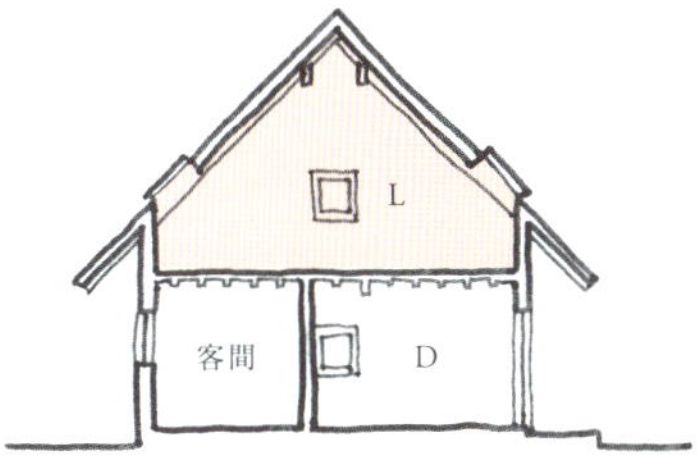

外から見ると平屋のようなたたずまい

ベストバランスは住みはじめてから

理想的なのは、暮らしはじめて家全体のバランスがベストの状態となるような設計である。つまり、竣工して家具が入る前の状態であまりにも完成してしまっていると、入ってくる生活が規制されたり、全体がうるさい状態になりかねない。逆に理想的なバランスの家は竣工写真が殺風景で物足りなく見えてしまうことも多い。

before

after　家具が入ってにぎやかに

before

after　生活感が加わることで色のバランスが良くなる

after　モノが入ることで「にぎやかさ」のバランスが良くなる

before

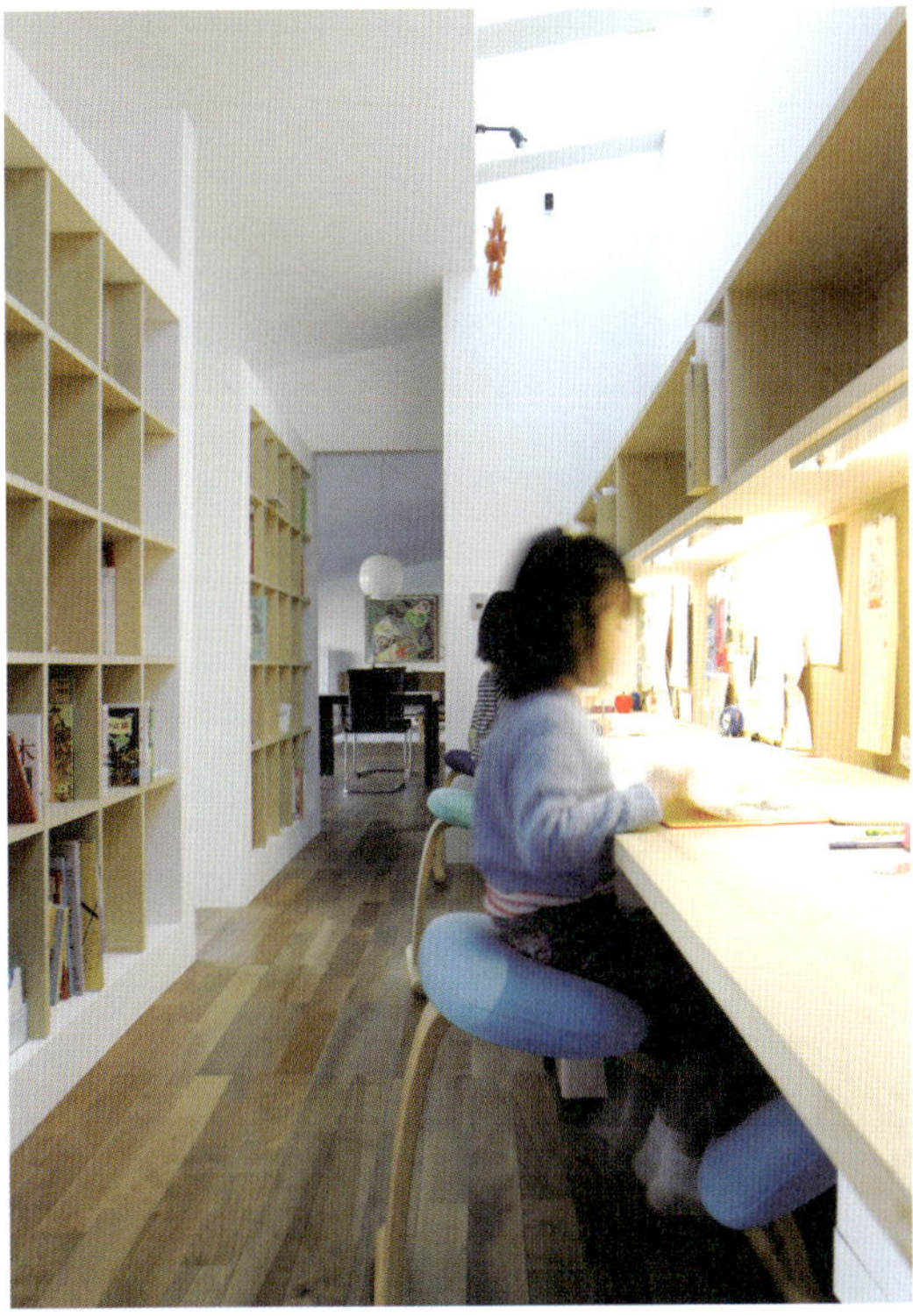

after　人が入ることで建物はようやく完成する

before

家族の変化にあわせてプチリフォーム

テラス両側にも立上がりを追加

当初はご夫婦2人のための「ジャングルジムのような家」というコンセプトで計画した家。いざ引っ越してみると、そこへコウノトリが2羽。急きょ手摺の追加工事となった例。

条件として、見栄えを損なわないこと、後で元に戻すことが求められた。

追加された階段手摺(左右とも)

追加された手摺にも元の建物と一体化するリズム

子どものための階段の落下防止

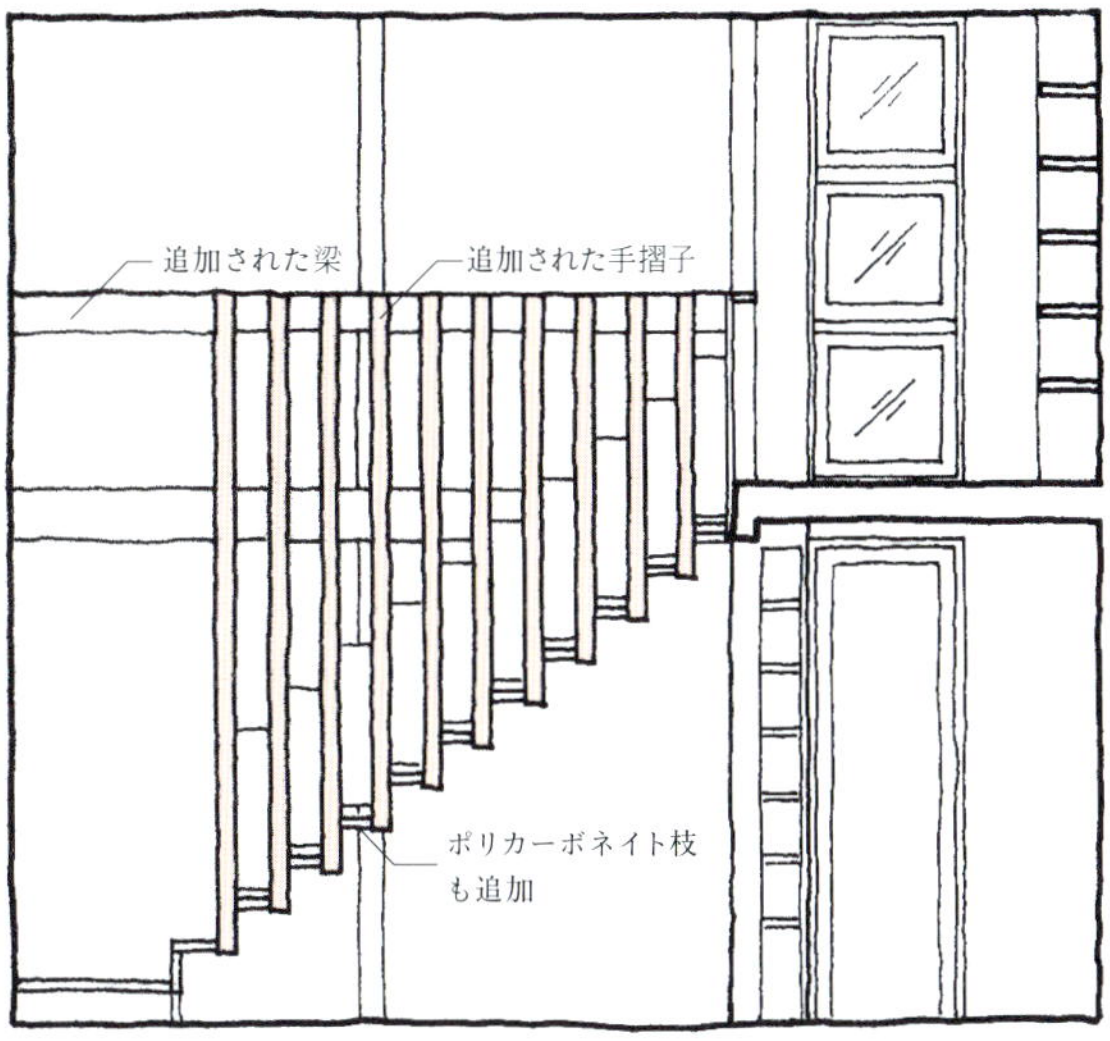

改修後の手摺はビデオケースも兼ねる。反射しているのはビデオ落下防止のポリカーボネイト板

改修前は階段に手摺がなかった

改修前は1本の手摺のみだった

1階リビングは緑、2階リビングは光を

1階親世帯のリビングはしっとりと庭とのつながりを強調

二世帯住宅を上下階で分ける計画の場合、方位、庭、周辺環境と各部屋の相性から、上下階の配置は重なることが多い。プランがほぼ同じでも、1階は水平方向の広がり、庭との関係を強調しているのに対し、2階は高さと明るさを特徴としているためそれぞれ全く違った印象を受ける。空間の構成と光の取り入れ方、そして家具の選定、配置によって同じ平面形でもこのくらいの違いを演出することができる。

2階子世帯のリビングは天井が高くハイサイドライトが付く

空とつながる明るいリビング（2階）

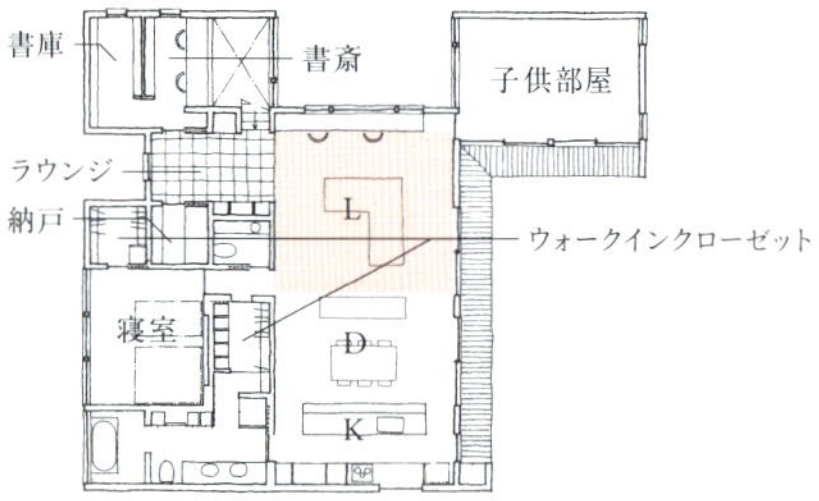

庭とつながる落ち着いたリビング（1階）

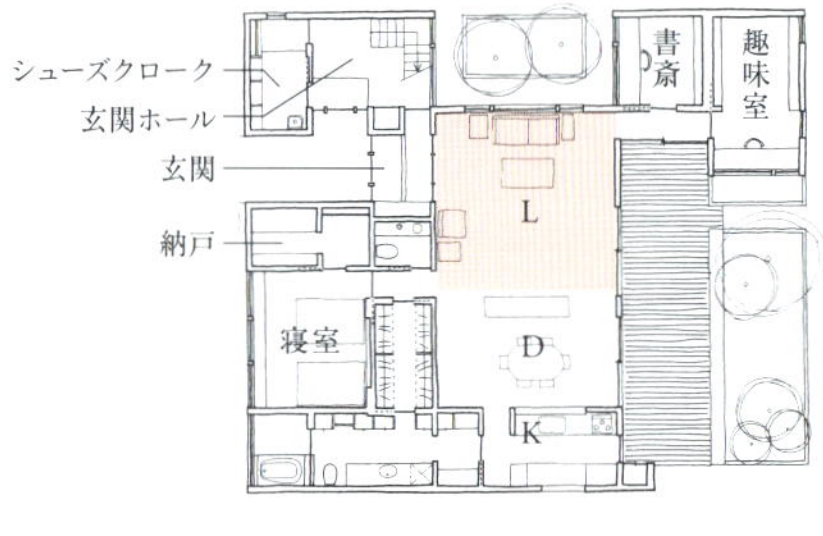

景色に溶け込む建物

遠くから見ると景色と同化する

黒い板の外観は目立つよりむしろ風景に馴染む

近くをきれいな水路が流れる

恵まれた自然景観の中に建てる場合、その素晴らしい景色を害することなく、ごく自然に馴染む点景として存在させたいと願う。景観条例などで建物の色を「茶色またはこげ茶」と指定しているようなところも見受けられるが、天然の森林を見ればわかるように、樹木の色は茶色というよりもむしろグレー～黒に近い。塗装した板壁が多少風化することも考えて、景色の中にどう在るべきか判断したいと思っている。

町並みに特徴を与える建物

同じような家並が続く中で、ふと別世界をつくり出す

同じような大きさに割られた土地に家を建てれば当然似たような配置となり、窓の開け方も類似しやすい。その中で中庭を設け全く別の考え方で建てられた家が1軒入ると、そこだけ全く違った印象の場所が出現する。撮影中に道行く人の声を多く聴くことができたが、総じて好意的印象で迎えられていることがわかった。ひとつひとつの家を丁寧に考えていくことは、町並みにも大きな影響を与えることになると実感した。

外観がシンプルで要素が少ない分、自然とも調和する

2階から見ると手すり越しに森が見える

下から見上げても窓は見えない

公園に開いても視線はカット

窓の外に広がる公園の景色を存分に取り入れたいけれど、公園にいる人からは覗かれたくない。よくある相矛盾した問題であるが、この家では3つの要素を組合せて解決している。

・ペアガラスを入れてあると特に見上げの視線は空が映って中が見えにくい。夜間は逆に中が良く見えることになるが、この公園は夜間人が入ることはない。

・テラスが大きく張り出していることで見上げの視線は大幅にカットされる。

・テラスの手摺が横ルーバーとなっていることで見上げの視線は更にカットされる。

公園と敷地とのあいだに大きな水路があることも、気持ちの上で安心材料となる。

中からは公園の緑がたくさん見える

魅力的な斜面地

1階が小さく、2階が大きい、キノコ型の建物

傾斜地に建物を建てる場合、特に気を付けたいことがいくつかある。

・山の斜面の下には伏流水が流れている。これをせき止めるような建て方をすると、湿気を呼ぶばかりか、土砂災害を招いてしまう可能性もある。可能な限り流れの少ない尾根の上を選び基礎を小さくすることが望ましい。

・斜面上に基礎をつくるには、平地以上の作業が必要となり、コストも高くなる。これもやはり尾根線上の地盤が比較的良好で支持地盤が浅いことが多い。当然基礎が小さければコストを抑える効果も高い。

斜面に建つ家は同一階であっても地面の高さが変化するので、スキップフロアなどを上手く取り入れることで空間の有効活用を図ることができる。

検討に使った模型写真

斜面を利用したスキップフロア

上階を大きく、下階を小さくすることで土工事を減らす

童心に帰る土手の家

後側夕景

クライアントが幼少の頃、土手でよく遊んだ思い出の話と、1階がほぼすべて駐車・駐輪スペースとなるプログラムであることから、家の横に土手を作り、中2階にあたる玄関まで登って入る計画案を考えた。玄関から居室階まで階段が半分になることから心理的に負担が小さくなるという効果もある。季節の花咲く思い出の土手を自宅の一部にしてしまった計画。

中2階にある玄関まで土手を登っていく。現在はもう少し植栽が増えている

土手を登ったところに玄関

基礎を暖める暖房

蓄熱暖房装置の基礎下への敷込工事

理想的な暖房は、「温かい」というより「寒い場所がない」状態ではないだろうか。家中を暖房するのはもったいない、と感じるかも知れないが、しっかりと断熱され、必要なところに蓄熱することのできるつくりの家では、部分的に温めるよりも全体の温度を均一化し、時間による変化もおさえていく考え方の方が無駄が無くなる。つまり、家の中に寒い場所、寒い時間が無くなるということだ。断熱性能が高く蓄熱できる家は夏場の省エネルギーにも大変有利に作用する。これからのスタンダードとして優先させたい部分である。

全館暖房になる蓄熱式暖房システム

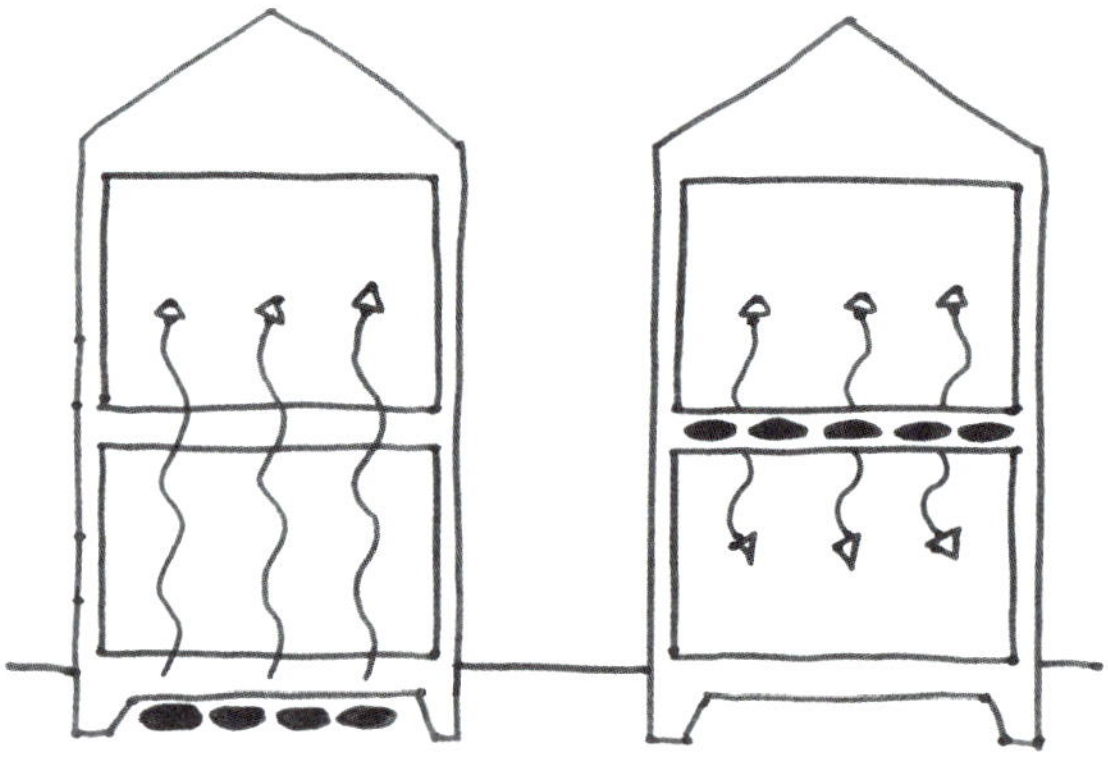

基礎の下に蓄熱するタイプと 2F 床に蓄熱するタイプがある

美しい部屋のつくりかた

2

アプローチを構成する要素

決して左右対称でなくても、ある程度バランスを整えることができれば、家の顔としての雰囲気は充分につくりだすことができる。踏石やシンボルツリー、照明計画を一体で考えて構成することで、その効果はより一層高められる。外観は街の一部であると同時に住人の住まいに対する考えを表す顔であるとも言うことができる。

窓とドアで構成される顔。シンボルツリーを添えて

踏石が玄関まで誘導してくれる

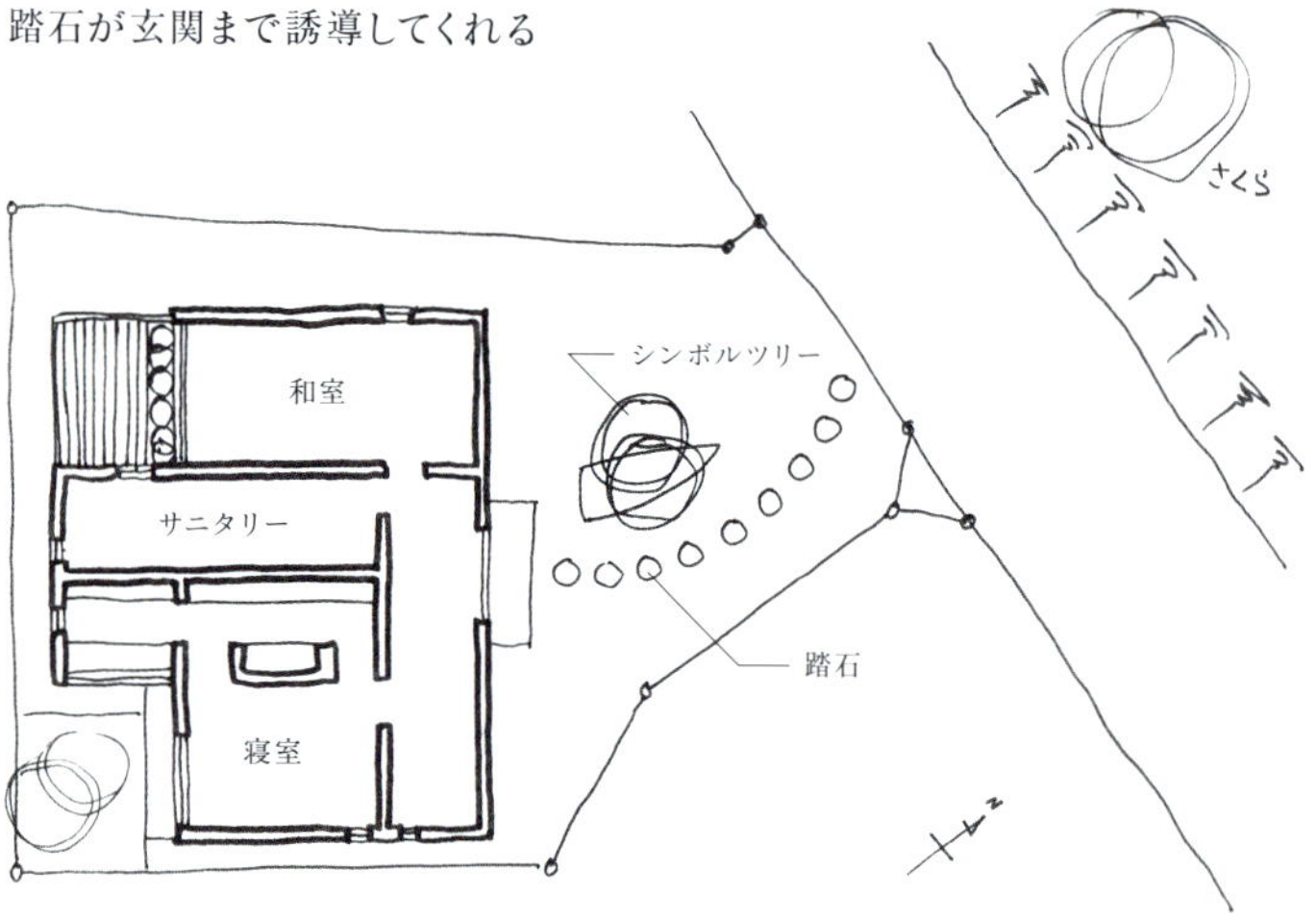

建物の顔をつくる

アプローチと外観がマッチしていることも重要

曲面に沿って幅の変化するアプローチ

直線と曲線にはさまれた階段

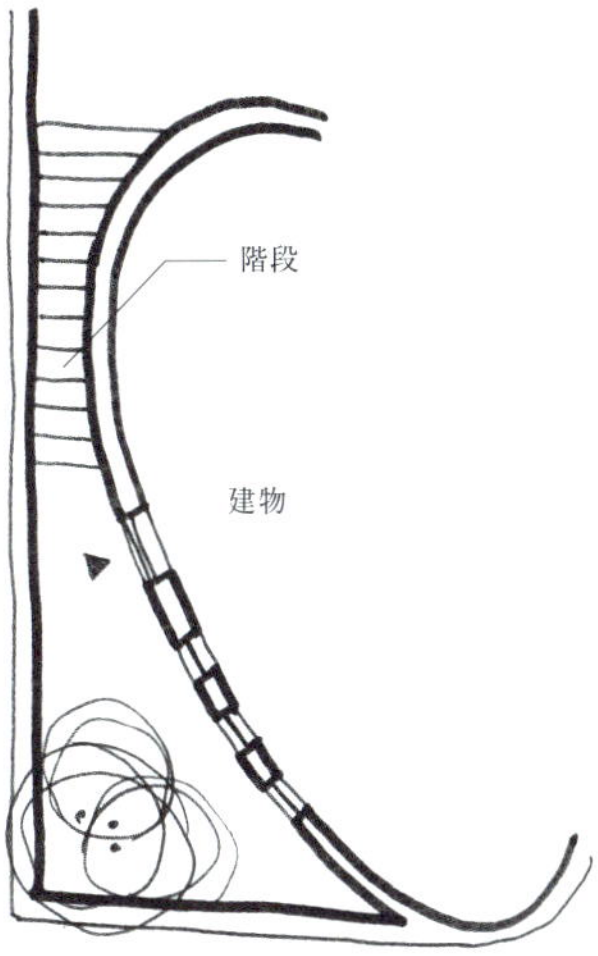

地下1階のエントランスに向かうアプローチ階段

進むにつれて目の高さ、階段の幅、そして景色が変化する

建物の平面が卵型であるため、片側の壁は徐々に曲率が変化する。もう片方は隣地境界に沿ってシンプルな平面であるため、階段の幅もまた少しずつ変化する。アプローチに沿って階段を降りていくと、目の高さも変わっていくため、複合的な空間の展開を体験することができる。行き着いた先にはシンボルツリー（桜）が出迎えてくれる。

門から玄関までのドラマを演出する

スリットから入った光が石の壁にあたる

スポットと石の表情による演出

玄関前の庭。緑と空、光があふれる

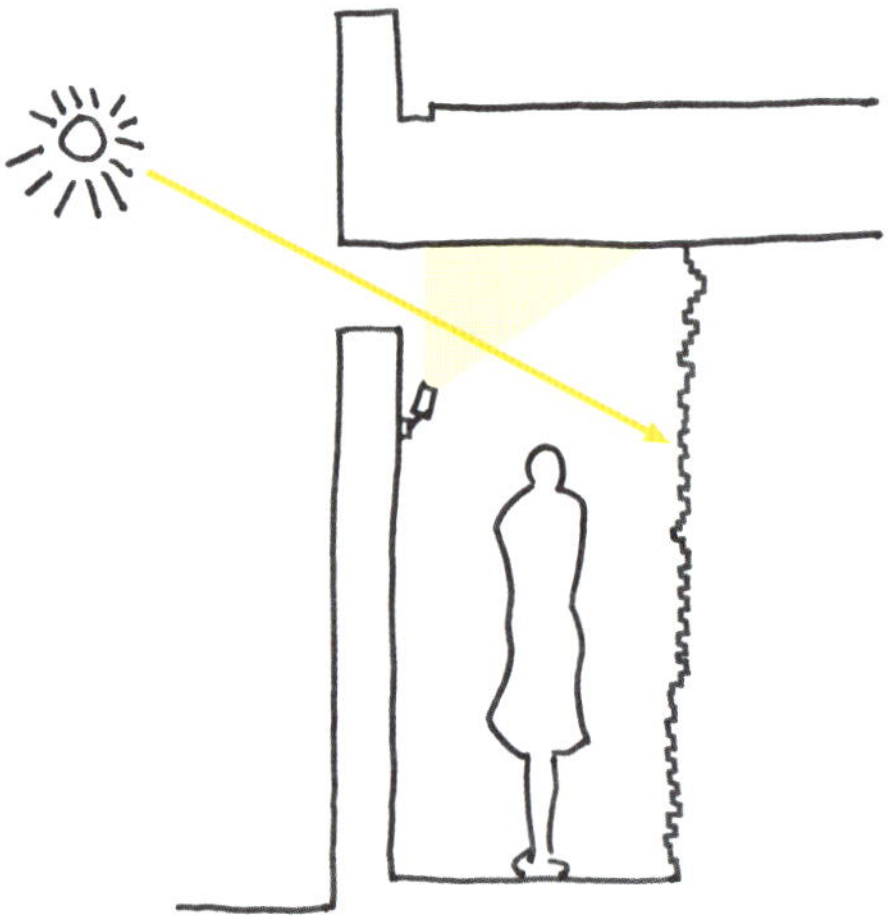

昼はスリットからの光。夜はスポットライトによる演出

大きめの駐車スペースがあると、門から玄関までの距離は長くなるが、そこを上手く演出することができれば玄関まで遠いのではなく、逆に魅力的なアプローチとなる。

門から玄関に向かって右側は天然石小端積みの壁とし、左は天井と壁を離してスリットを設けた。このスリットから入る光によって石張りの壁の表情は刻々と変化し、夜間は天井を照らすスポットライトが並ぶ。玄関前の前庭に光が注ぐことで長いアプローチに大きな期待感を与える。

アプローチは家族を迎え、訪れる人を導く

木と石とコンクリート、天然素材を組合せたアプローチ

ライムストーンを原料とする塗壁材、板張りの外壁と門扉、玄昌石の敷石。天然の石、木、コンクリートを組合せた外観とアプローチは、季節ごとに表情を変える植栽、素材感を強調する照明効果とあいまって家族を迎え、訪れる人を期待感とともに導いてくれる。

道路から見える家の顔

計画開始当初のスケッチ

FRPグレーチングの丈夫な門扉

グレーチングの目の寸法に合わせて大きさを決めている

FRP（繊維強化プラスチック）のグレーチングは、本来人が上に立つことができる設計のものであるので、それ自体がかなり頑丈な構造体である。この門扉も扉の構造はグレーチングにもたせて、周囲の枠と鍵の部分だけスチールで製作している。

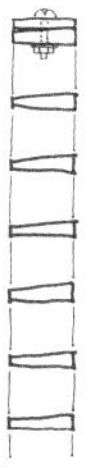

面鋼性はグレーチング頼りだが
フレームはスチール製

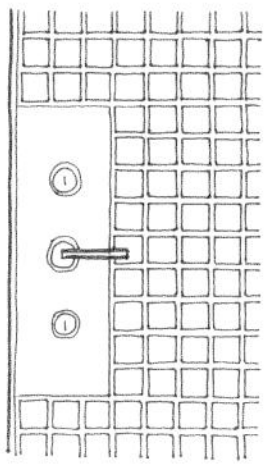

グレーチングの目に合わせて、
建具金物を作成する

正面には入口１つ窓１つだけが付いている

入口一つ、窓一つの顔

マンガで「何かに見とれながら歩いていて電柱にぶつかる」という設定があるが、そんな顔の家にして欲しい、という要望があった。当初は、玄関扉の見えない入口の穴だけが付いている顔になる予定だったが、最後に外の見える窓を一つだけ追加することになった。家にとりつく要素、窓、雨樋、土台水切りといったものを徹底的に取り去っていくと、純粋な壁と開口だけが残り「何もないことが特別なこと」になる。

白壁にグリーンが映える

入口に玄関ドアは直接見えず、光が溢れる

玄関奥に光と緑が見える

玄関の向こう側に外の景色が見えていると「家に入る」という感覚が変わってくる

家の入口は、たいてい明るい外から入るところなので暗い穴のようなイメージになりがちである。もちろんその仄暗さを積極的に楽しむ方法もあるけれど、玄関の向こう側に緑が見えたり、陽が射したりしていると、それだけで「家に入る」という感覚の概念が全く別のものになる。

手前の庭は外来者も通る中庭、奥はよりプライバシーの高い中庭という区分も自然にできる。

両面ガラスの玄関

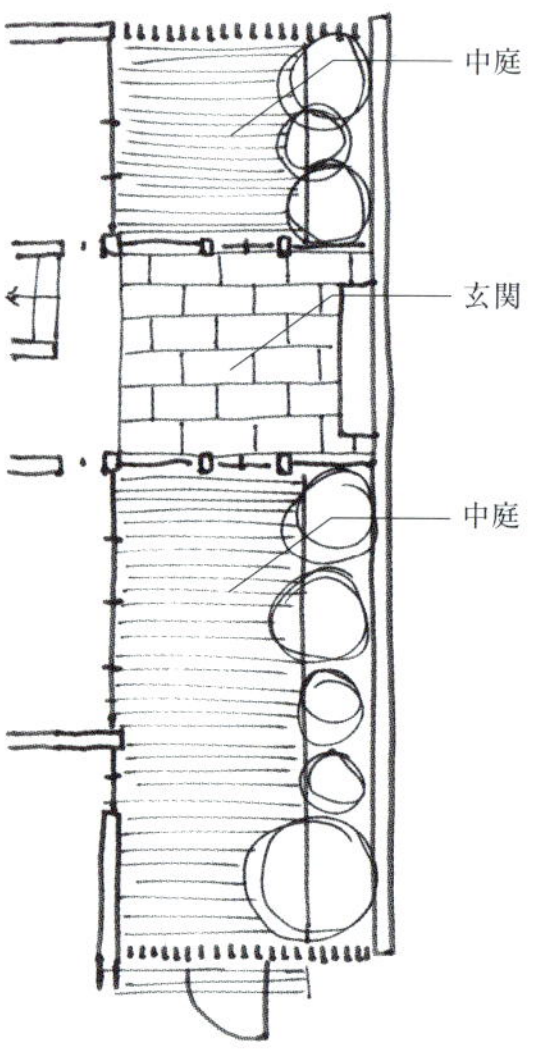

玄関は前庭と後庭にはさまれた
ガラスのボックスのようなかたち

高さ5mのドア

ドアの高さがわからない。それ以前にドアに見えない

見え方の操作のひとつに、普段と違うと感じさせる手法がある。非日常の創出、トリックアート的な錯覚を呼ぶ遊び心もあるけれど、見た人の興味を引くことは間違いないだろう。この住宅はそんな建て主の遊び心がたくさん盛り込まれている。

ドアと外壁の境目

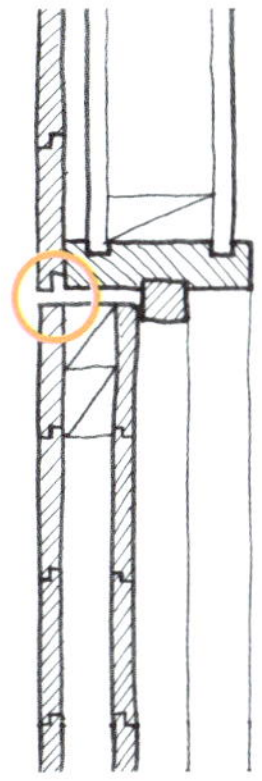
相決りの形状がそのまま水切りに

家全体が彫刻のような存在感に

玄関扉にワンポイントカラー

モノトーンの建物にワンポイント赤の玄関扉

「色は、生活しながら付いていくもの」と考えて、基本的には建築で色を固定しないことが多い。ただし、クライアントから要望がある場合と、全体を見てアクセントをつけてバランスをとりたい場合は着色を提案することがある。玄関扉を赤くすることで、ちょうど口紅を点したように顔がひきしまった。

白・黒・グレーに赤。緑の樹木が映える

中庭型だからできるガラスの玄関

中庭と室内に同じタイルを使い、開口部を大きくとることで室内外を一体化している

写真のとおり、ガラスの玄関扉の奥に中庭への扉、その奥に勝手口が見えている。道に面した玄関では有り得ないが、門扉で施錠するタイプの中庭型住宅ではこのような関係が成立する。密集する都市部にあってこの開放感は新鮮な刺激となる。

開放感の高い玄関

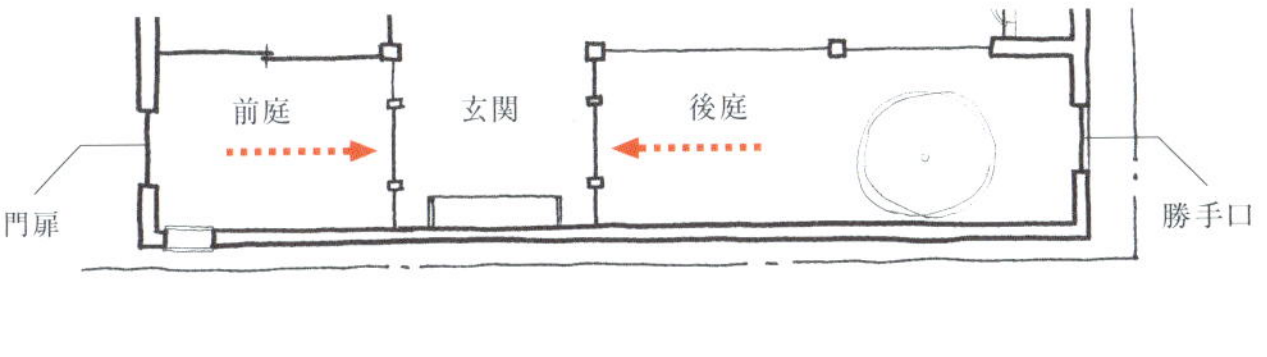

訪れる人を迎える玄関の演出

お正月の飾り付け

竣工後、取材等で何度かお邪魔したお宅で出会った風景である。玄関は訪れる人を迎える場所であり、その設えは無言のおもてなしと言うことができる。設計する側としては、ある特定の絵画の合う壁面であったり、特に飾り付けを必要としない程度に造り込むこともできるが、演出上手なクライアントの仕事では、ベースを用意するだけにして造り込みすぎない方が良いということをあらためて実感した。

平面図

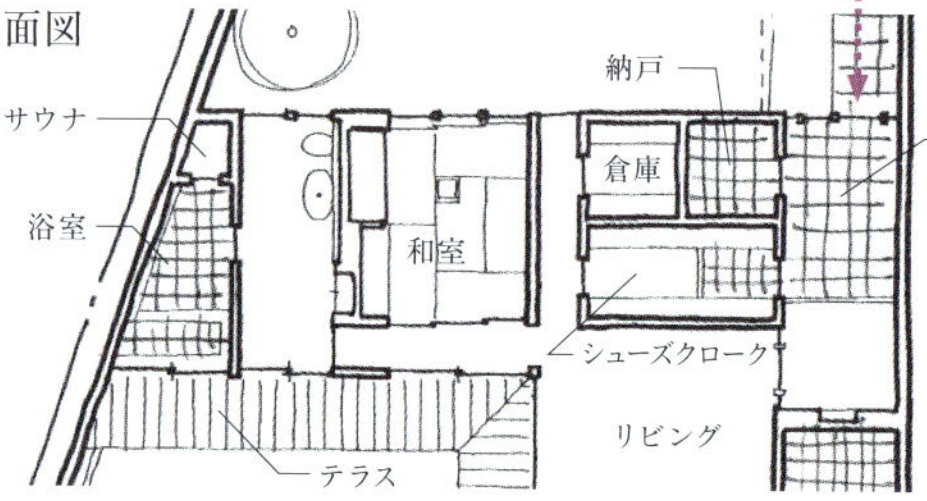

玄関のしつらえ（展開図）

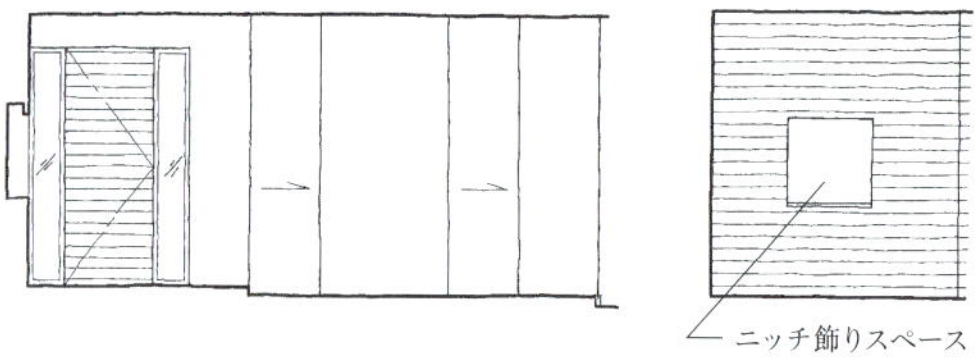

冬至に近いお昼前の光

ルーバーが時刻と季節を玄関に映す

「外の様子がわかる程度の目隠し」として採用された縦ルーバーであるが、当然ながら刻々と光の入り方が変わっていく。夏は昼前でも太陽高度は高く、外の樹々も緑を茂らせているのでここまで光が入ることはない。また冬も写真のように奥まで光が届くのはある限られた時間で、部屋の様子は時間とともに刻々と変化していく。

内外二重の縦ルーバー

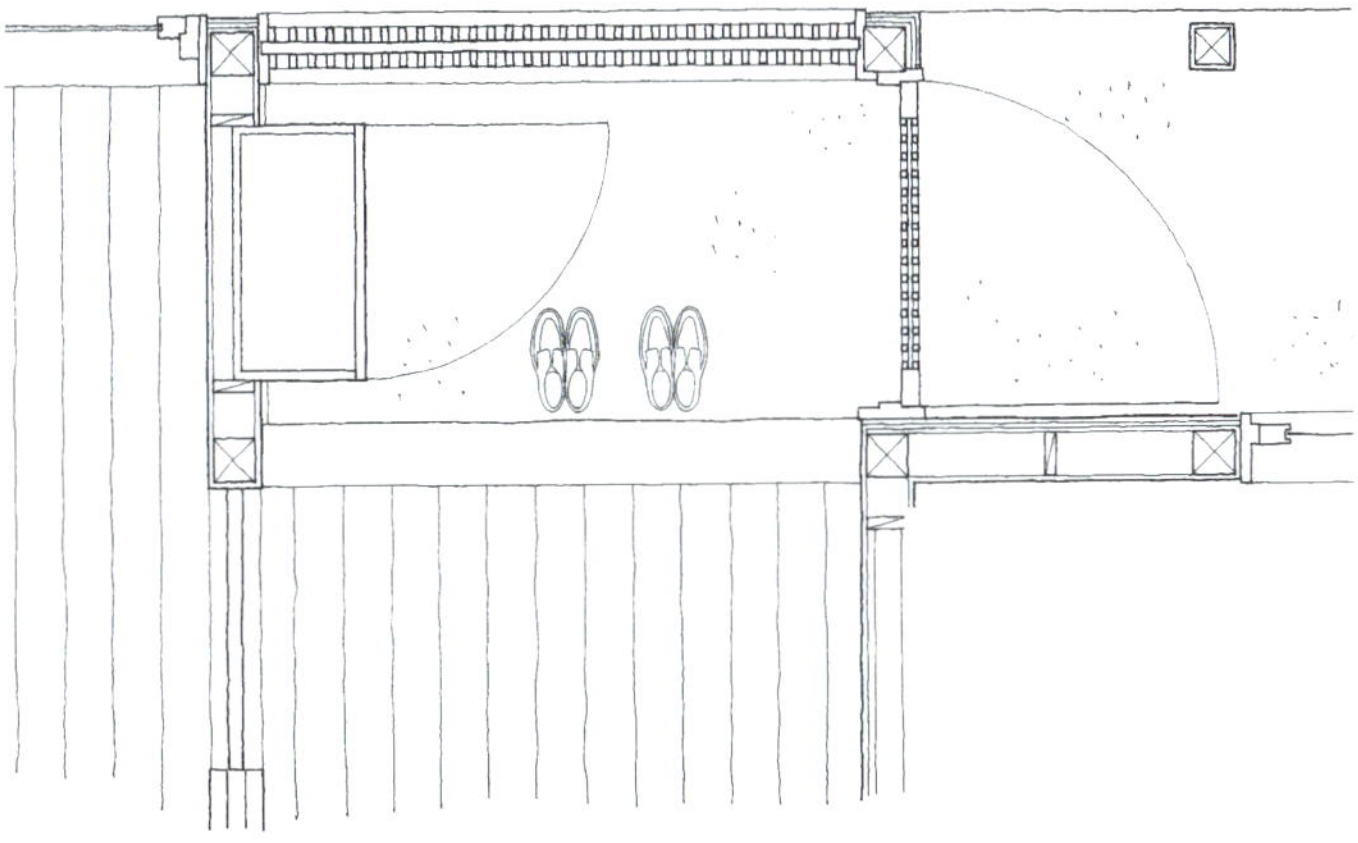

通り土間のある家

建物中央に通り土間の入口がある

床の仕上げと等間隔の梁が奥行を演出する

通り土間から奥の出入り口を見る

家をつらぬく土間

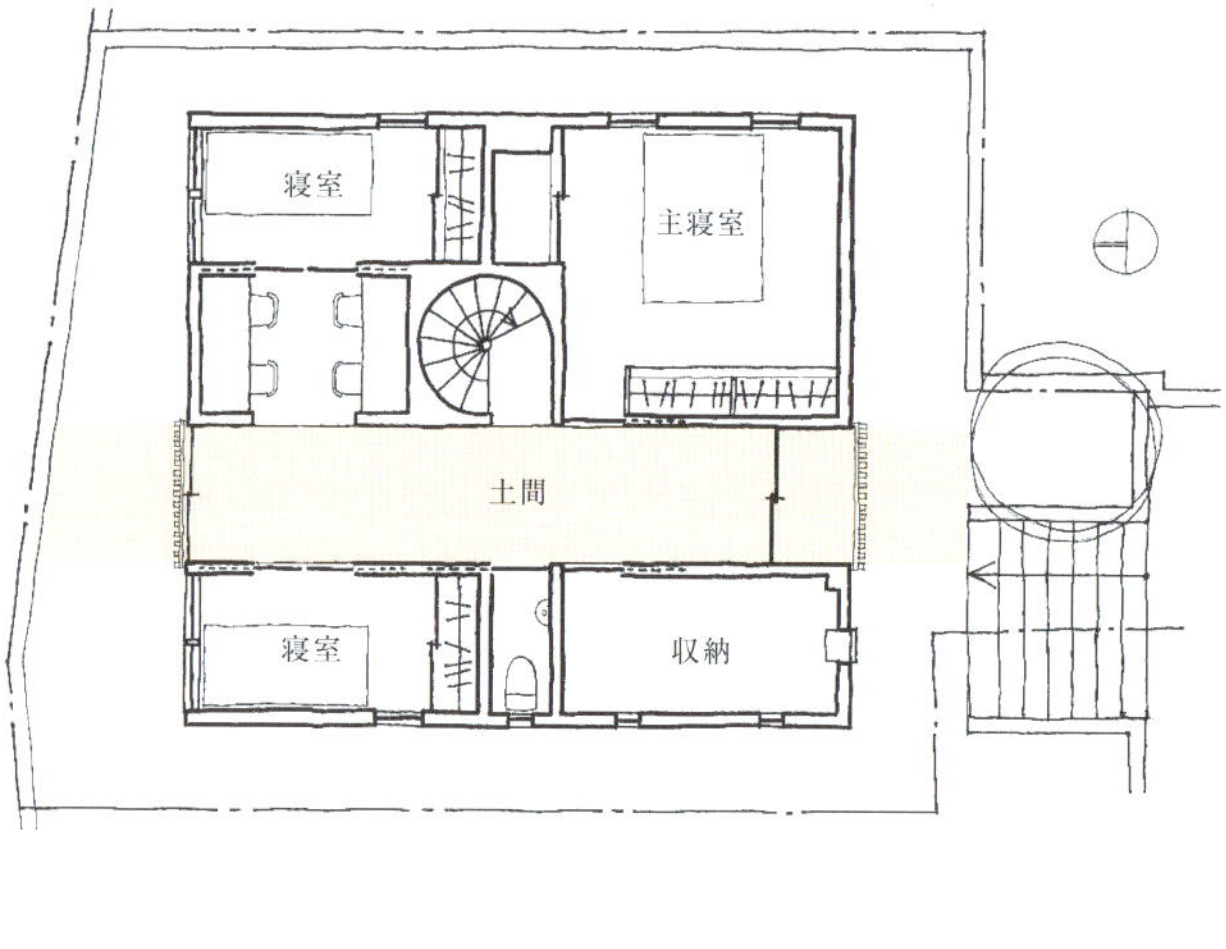

尾根の頂部に位置する家。引込みアプローチを登ったところに入口があり、裏側へ抜けたところは竹藪の下り斜面になっている。このロケーションを活かし、玄関を入ると正面奥に竹藪が見える通り土間を計画した。普通の中廊下とは違って風景も気持ちも風さえも尾根を渡って抜けていく。

表札とポストとインターホンは家の顔

そのまま使えるデザインのインターホンがなかなか見つからず、表札プレートを加工してインターホン本体を埋込んで使うことが多い。同時に照明とポストを組合せることになるが、建物の外壁に取付ける場合で、なおかつ郵便物の出し入れが裏側からできる場合には、表札プレートにポストまで付けて、一体でデザインすることも少なくない。

外部壁掛けポストの組合せ例

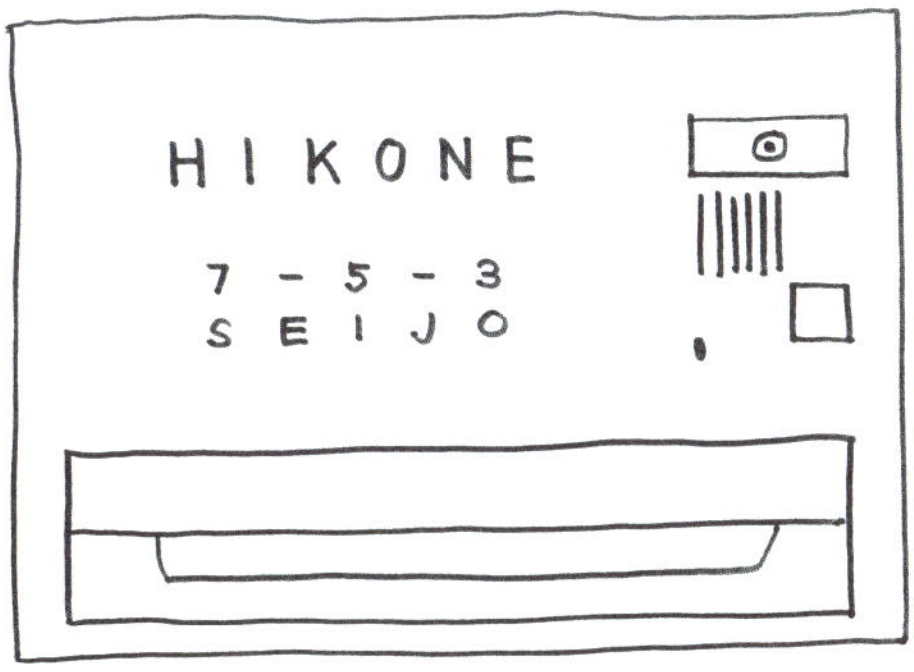

表札・ポスト・インターホンを一体化したプレート

通路を利用したギャラリー

通路の先から光を入れ、スポットを付けてギャラリーに。階段を上った先にも光

住宅の中で通路の占める割合は少なくない。通路を極力無くしていくプランニングをすることが多いが、ここではあえて通路を残し、もうひとつ別の用途を付加している。施主ご自身がデザインした手製のバッグを展示するギャラリーである。つい最近WEB通販も開始した。

http://uris.sakuraweb.com/index.htm

渡り廊下とはなれ

徐々に完成に近づく家

茶室の庭から母屋を見る

居間の窓から「はなれ」を見る

自分の家に渡り廊下や「はなれ」があったらと、想像するだけでわくわくしないだろうか。つなぐ部分を通って別の世界に行く気分が、そうさせるのだと思う。広い土地の計画であり、更に夫婦それぞれ、日常の生活とは切り離したい趣味や仕事をもっていたことが、「はなれ」の存在を決定付けた。母屋の縁越しに離れが見えているだけで奥行きと風情があるけれど、庭が出来上がる頃にこの計画は完成することになる。

はなれのある家

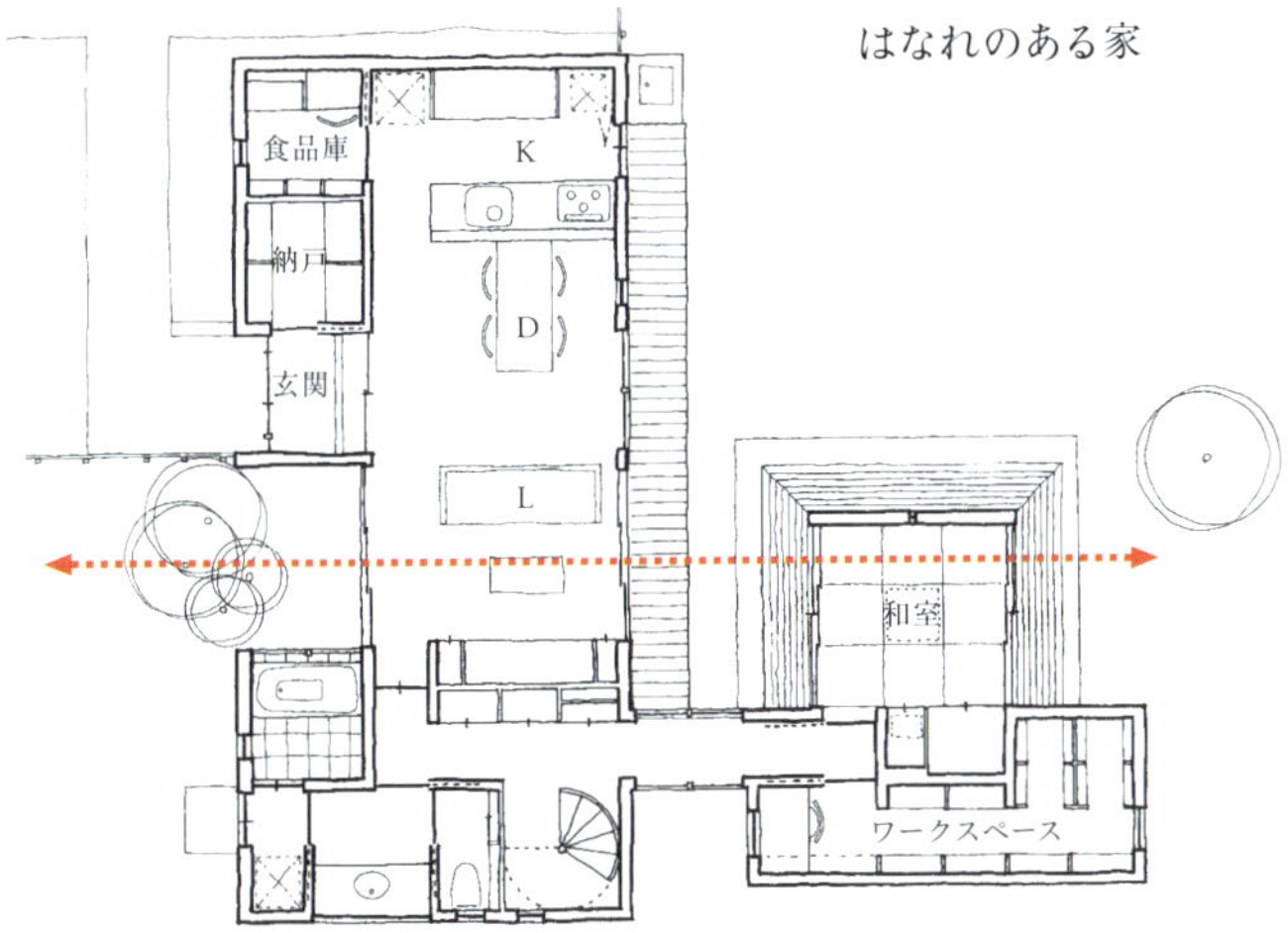

離れていても視線は通るので、互いに存在を感じることができる

家のなかの路地

渡り路地の途中、飛び石が洗面と厠に立ち寄る。置き照明は施主のお手製

とてもコンパクトな住宅の中に一か所存在する通路を経て離れのような感覚の浴室に至る。施主の遊び心そのままに、家の中の通路を砂利敷きとし、瓦タイルの飛び石を置いてみた。家の中の移動なのに離れに行くような体験のできるこの空間は、単なる通路という用途を超えてこの住宅の魅力の一つとなっている。

路地によって水廻りが「はなれ」に

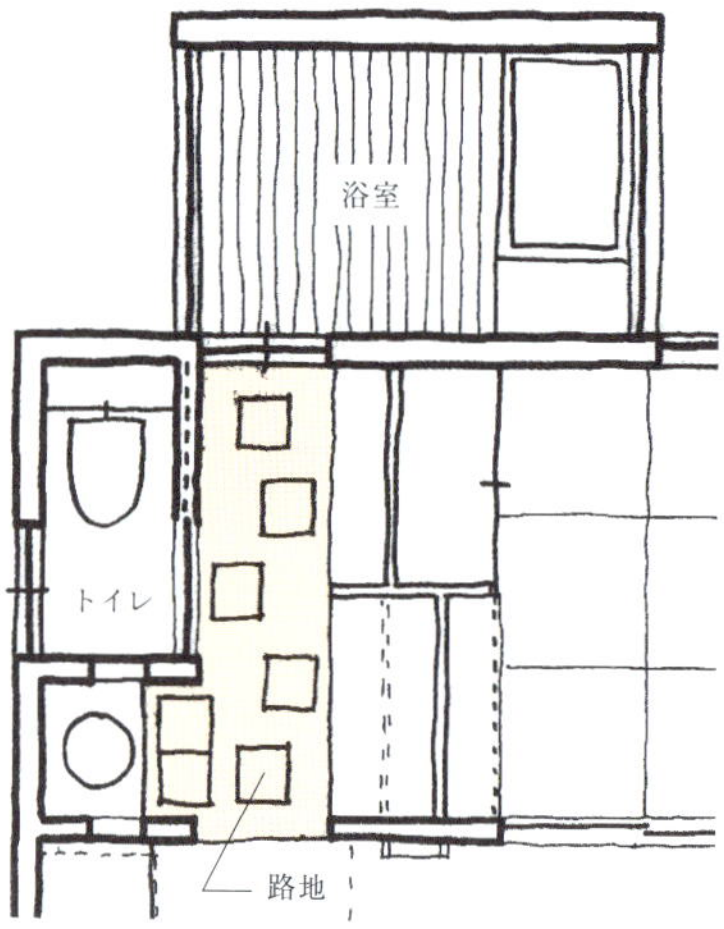

砂利敷きの路地。飛び石を渡った先は浴室

ピンクの空中歩廊

吹抜けを渡る通路にアクセントカラー

大きな空間に空中歩廊と階段がアクセントを与える

ピンクの歩廊、黄色い床と風景のバランス

家の中央に天井の高い空間を設けたため、両端の部屋を結ぶ空中歩廊ができ、、吹抜け空間を一文字に突っ切る通路にアクセントカラーをつけようということになった。床全体が淡い黄色、空中歩廊がピンクで大きな窓の外一面に緑の景色が見えている。ひとつひとつは個性の強い色であるが、不思議なほど生活空間に馴染んでいる。

上下階同プランの二世帯のダイニングの違い

緑豊かな庭と連続する、しっとりとした雰囲気の1階ダイニング

ハイサイドライトと高い天井で明るく開放的な2階リビング

リビングの項（30頁参照）と全く同様に、上下階のプランがほぼ同じでも、それぞれ階ごとの特徴や住み手の求めるものが違うため、全く同じになることはない。特にこの例では、1階は緑豊かな庭と連続して水平方向に気持ちが広がるのに対し、2階では高い天井とハイサイドライトから見える空によって高さ方向に空間の広がりを感じる。

ダイニング、キッチン、リビングにピアノスペースが隣接する

ダイニングからリビングとピアノスペースを見る

五つの方向に抜けるダイニング

ダイニングからは庭と吹抜け方向に視線が広がる

2階にもつながるダイニング（1階平面図）

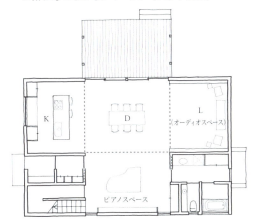

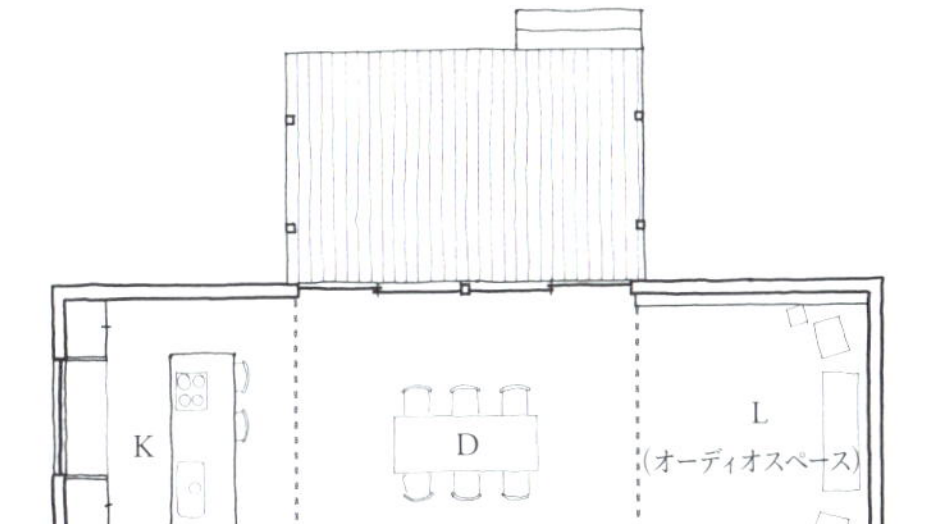

この家のダイニングは物理的にも生活の上でも中心にある。南にデッキテラスを介して大きな庭が広がり、西にリビング、東にキッチンがそれぞれ隣接している。北側のピアノスペースは、家全体が防音仕様になっているため、リサイタル前の練習の他、自宅でミニコンサートを開くこともできる。ダイニング上部の吹き抜けを介して2階の各室にもつながっているため、立体的なワンルームの中心となっている。

音楽鑑賞のためのリビング

リビングからダイニング、ピアノスペース方向を見る

CD の棚。整理しやすいように可動の仕切りを設置

リビング＝オーディオスペース

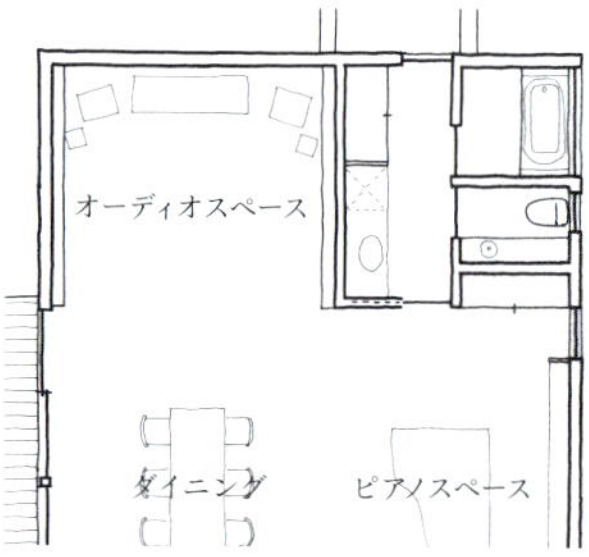

オーディオスペース断面

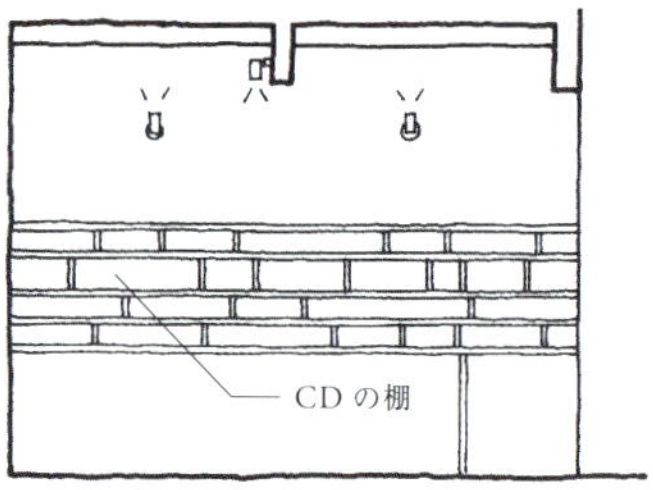

4方向を二重壁、天井も基礎も建物本体と縁を切った、本格的な音楽練習＋鑑賞室を造ったことのあるクライアントが、今度は家全体の防音性能を上げて内部がゆるやかにつながった空間の家を建てることにした。このリビングは背面に壁を持たないが、その前提で音響を考慮したスピーカー配置としている。

中庭に面する平屋のリビングダイニング

塀と軒で視線を切っているのでカーテンが要らない

住宅の設計の中で、家族の集まるメインのスペース＝リビングダイニングをどこに、どのように配置するかということは、とても重要なポイントとなる。この例では、中庭を囲う塀を周囲からの視線を遮るのに十分な高さとして、中庭が北東になるような配置としている。メインのスペースは南向き、と思いがちであるが、現在の建物の性能から考えると、日射のコントロールが一番難しい課題となるケースが多いため、順光で景色が綺麗に見える北向きの窓を選択することが有利な場合も多い。

開放的なリビングダイニング

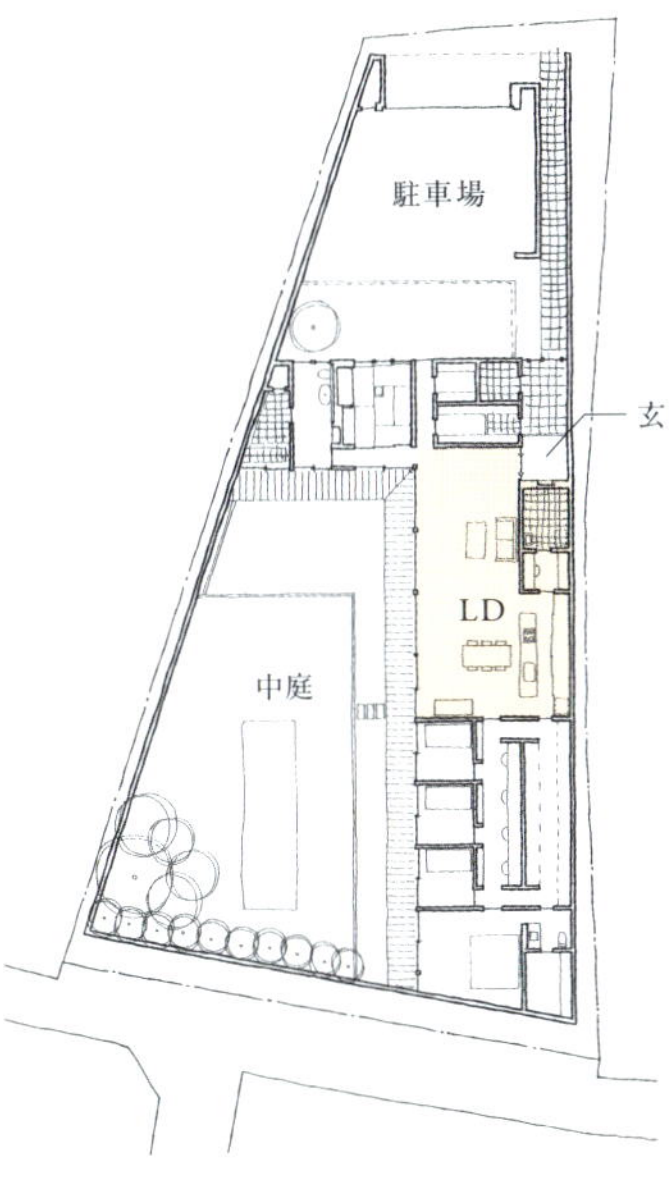

ダイニングとキッチン、リビングすべてが外部に開いている

居間に森を取り込む

深めの横ルーバーによって水平の目線は抜けるが、見上げの視線は入らない

2階の居間から公園の緑を存分に眺めつつ、公園からの見上げ視線をカットする。横方向の細かいルーバーが効果を発揮している。

森と建物の位置関係。建物が公園に向って開いていることが分かる

ルーバーの詳細

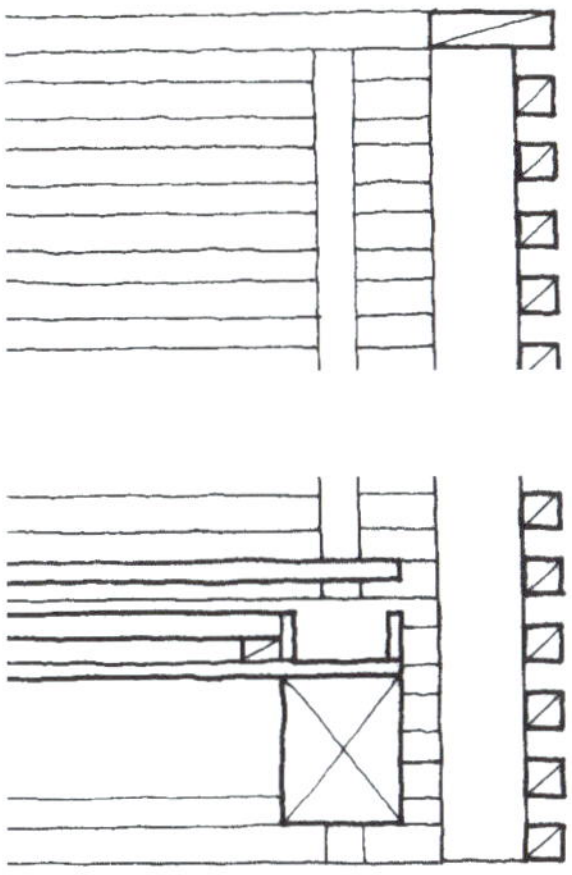

公園に面する居間。家具は立て主が、リサイクル品をアメリカで購入

計画時のスケッチ。借景を取り込むためのスタディ

インテリアとして階段があるリビング

洗面、トイレ方向から見る

限られた広さの空間を仕切りたくない場合、生活のスタイルとして許されるのであれば、リビングの一部に階段を置くことがある。この階段が、リビングスペースにとって邪魔な存在にならないように、あるいは逆にリビングにとってアクセントとして存在できるようにデザインできればと考える。片持ち階段を構造的な側面からとらえると支え方や薄さへの挑戦になるが、そこに明確な理由が無ければ全く無意味な挑戦になってしまう。空間的なニーズを解決する手段としてデザインがあり、そのデザインを実現するための技術的なチャレンジである。

中庭方向を見る

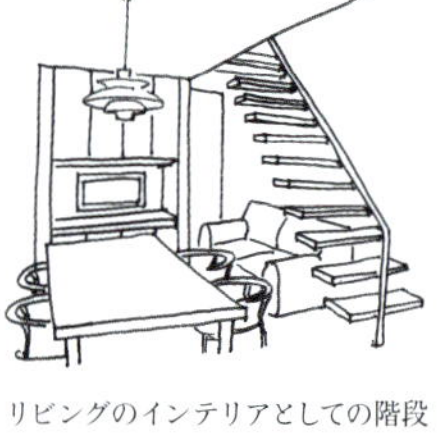

リビングのインテリアとしての階段

庭を一望する 絵を描くための部屋

テーブル前の窓から庭を見る

本棚の様子

絵を描くためのテーブル

趣味の部屋は、その用途によって求められる条件も様々であるが、その部屋に居ること自体が楽しい時間となることが大切である。絵を描いているときは集中してまわりは関係なくなるかも知れないけれど、緑豊かな庭が一望でき、好きな本や音楽に囲まれる自分だけの空間を持つことができたら、それだけでもとても良い気分転換になるだろう。

部屋の設え

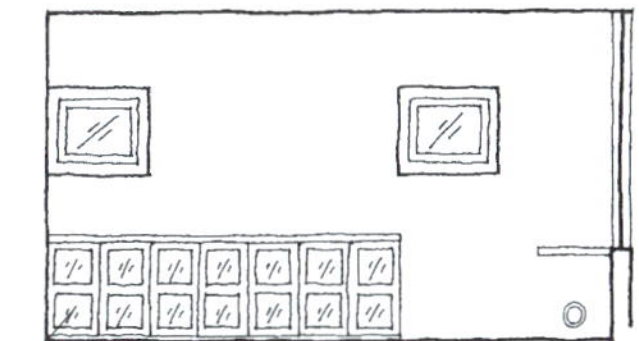

眺めのよい部屋

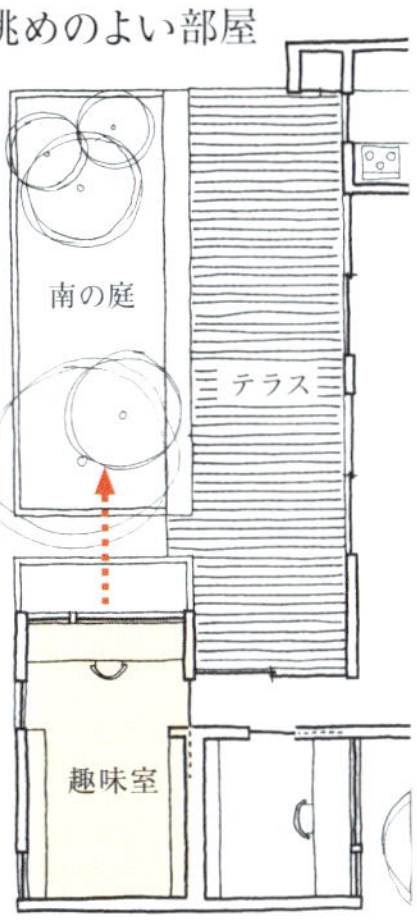

折れ戸で中庭と一体化するLDK

折れ戸を閉じた状態

サッシの選択肢として、一般的な引き違い戸や開き戸の他に、開口面積が広くなる3本引き戸、折れ戸などがある。特に折れ戸は開いたときに扉がたたまれるため、開口面積がとても大きく、外部と内部の空間が一体化する。逆に難点としてはプリーツ網戸の最大寸法に制限があることと、サッシを閉じたときに桟の本数が多くなることが挙げられる。

折れ戸を開いた状態

開いた状態

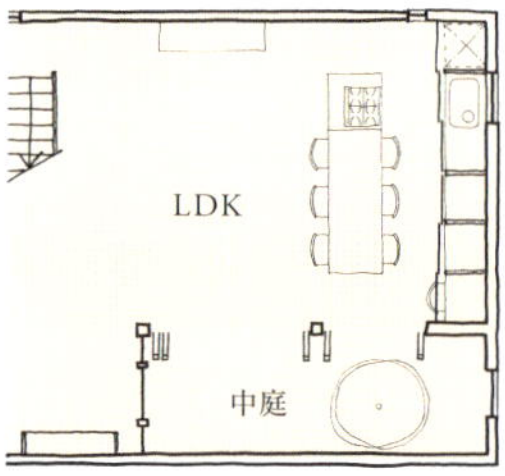

折れ戸を開くと庭も部屋の一部に

閉じた状態

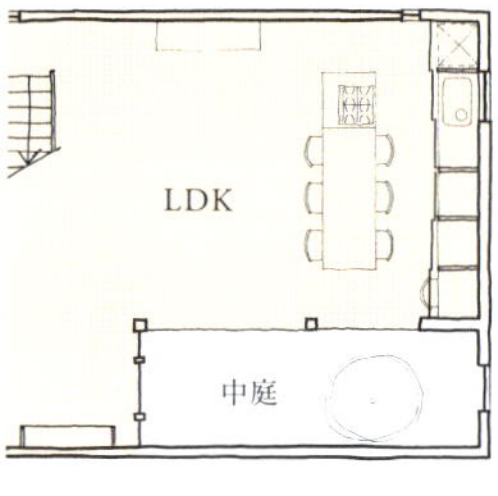

山に向かって開くリビング

『山の緑がカラフルな室内に映える

室内の植物に景色が呼応する

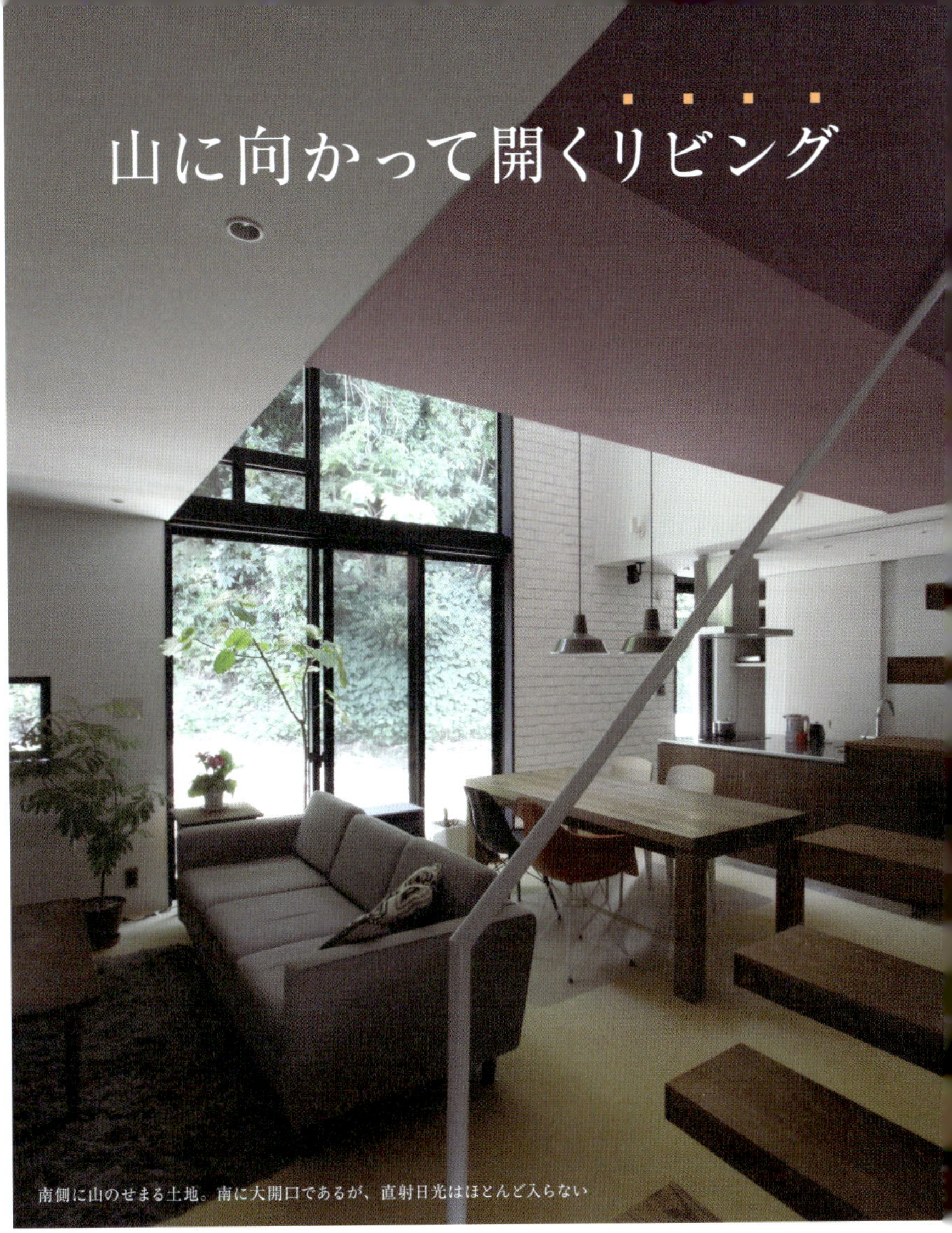

南側に山のせまる土地。南に大開口であるが、直射日光はほとんど入らない

建物と斜面の関係

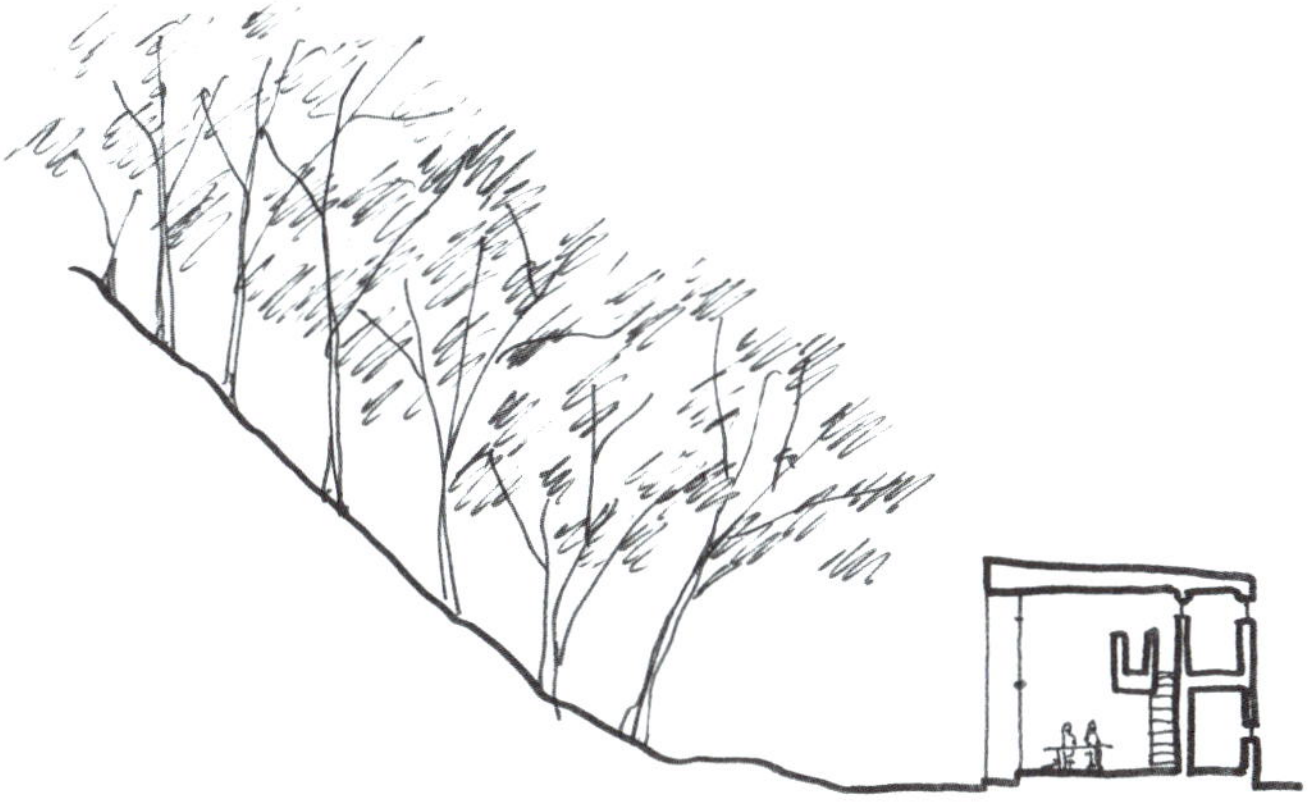

通常、南側に吹抜けの大開口を設けると、日射のコントロールが非常に難しくなるが、この土地は南側に急峻な山がせまり、更に背の高い樹木が密生しているため、直射日光はほとんど入ることがない。このような場所での建築は、山の地盤が安定していることの確認が大前提となるが、カーテン不要の借景は代え難いものがある。

キッチンカウンターがダイニングテーブル

キッチンカウンターを大きくしてダイニングテーブルに

白い人工大理石のキッチンカウンターを大きくしてダイニングテーブルとした例。こうすることで、ダイニングスペースを省略することができるだけでなく、キッチンに立ちながら食卓の会話に参加することができる。1点気を付けなくてはならないのが高さのギャップである。通常のキッチンは86cm、テーブルは70cm程度なので、脚の長いダイニングチェアーとするか、キッチンの床を1段下げる方法がある。

作る人も会話に参加できるキッチン

脚の長いダイニングチェアーを用いた例

冷蔵庫も隠せるキッチン収納

普段は必要なところを開いたまま使う

隠したいときだけ引戸で壁のように

オープンキッチンの場合、どうしても目についてしまうのが冷蔵庫、炊飯ジャー、トースター、湯沸かしポットやコーヒーメーカーといった家電製品類であるが、扉や引出しの中にしまっておくのはとても不便である。平面的に引戸を寄せる場所があれば、隠したいときだけ引戸を閉めて、普段は冷蔵庫もレンジも作業台も、アイランドキッチンの後ろですぐに使える状態にしておくことができる。

モノが増えてもスッキリ収まるキッチン

カラフルなキッチンの引出し

色のサンプル

キッチン、壁側のユニットはすべて壁と同化するよう白色で、と決まりかけたとき、「フィン・ユールの家具のような色を付けることはできますか？」と、クライアントからリクエストがあった。引出しが一つずつ違う色になって手間がかかるので、キッチン製作会社（クレド）に早速問い合わせたところ、「面白いのでやってみましょう」ということになった。私達建築家は、製作上の常識的な考えから「難しい」または「コスト的に見合わない」ことを自然に排除してしまっていることが多いので、このようなハプニングに遭遇した時頭を柔らかくできれば、良い結果を得る可能性も広がる。

引出しの色は自由自在

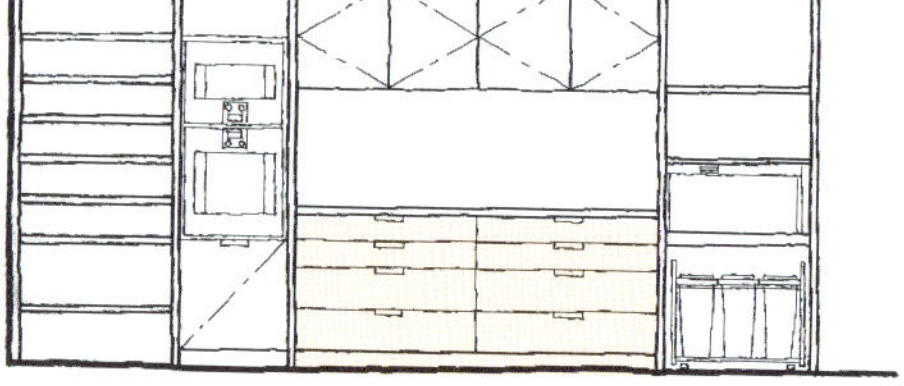

テラスまで突き抜けるキッチンカウンター

テラスに抜けるキッチンカウンター

大きな公園に面した土地を得た幸運を活かしたいという要望に対して、キッチンカウンターがテラスまで延びて外用のテーブルになるという考えを提案。見た目の面白さだけではなく、外に対して積極的に延びていく、つながる気分を助長する。

テラス側では外部用テーブルとして使われる

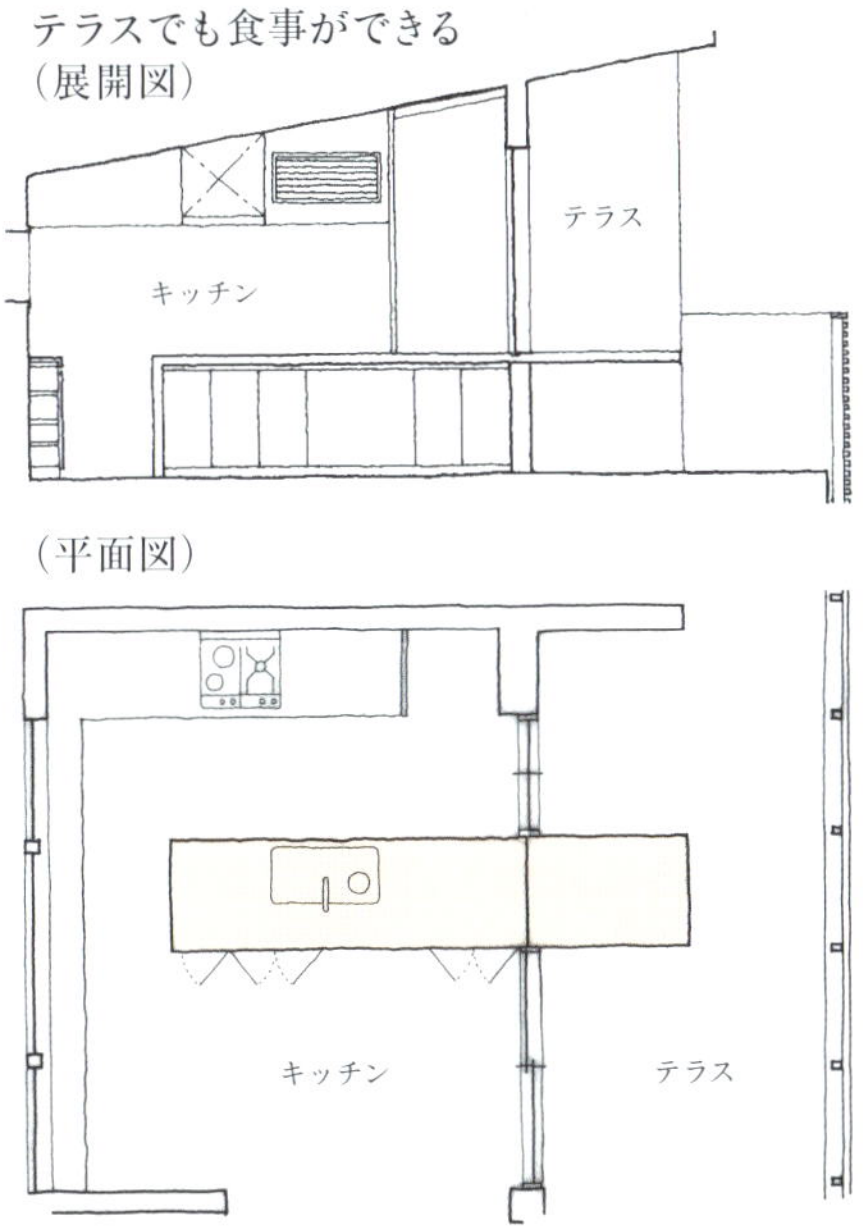

シンプルな業務用キッチンを入れる

レストラン経営も視野に入れた業務用キッチン

シンプルで実用的な業務用キッチンを導入したいという要望は少なくない。この例では本格的なレストラン経営も視野に入れて業務用キッチンを採用しているが、一般住宅の使い方ではその機能性を100%活かすことができない場合も多い。本格的な導入を検討するのであれば、グリーストラップ、高火力用換気扇、防水の床など、設備・建築的な条件を整える必要がある。

平面図

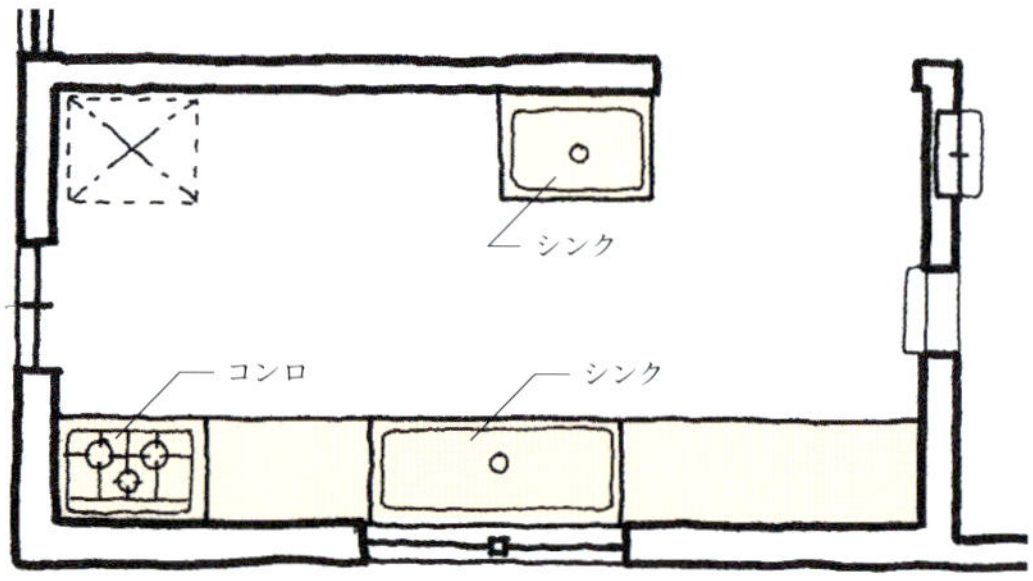

展開図

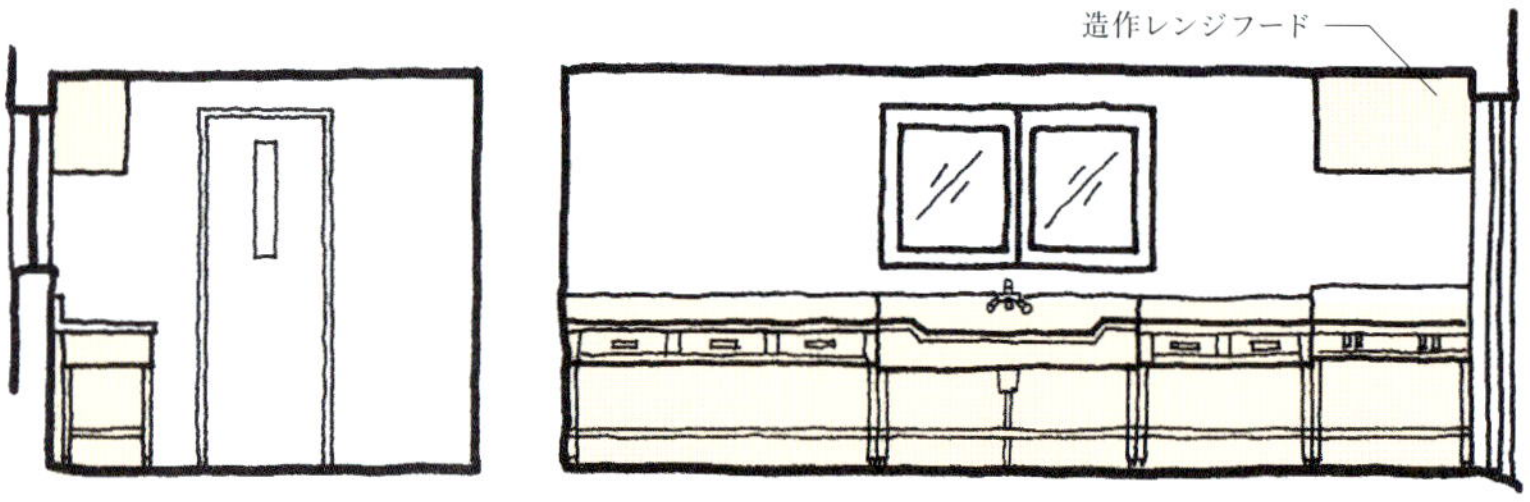

ステンレスで統一したキッチン

カウンターも面材も、すべてステンレスで統一したキッチン

業務用キッチンは、使い勝手や掃除の仕方まで特殊になってしまう。ステンレスで統一された質感と機能性を一般家庭用のオーダーキッチンで実現した例。業務用はユニットどうしの隙間ができてしまったり、水洗いのできる床が前提になったりするが、このキッチンはすべて一般的なシステムキッチンと同じ仕様である。床の天然石、天井の木、背面壁のコンクリートブロックなどと共に、純粋な素材感が相互にバランスする組合せとなっている。

平面図

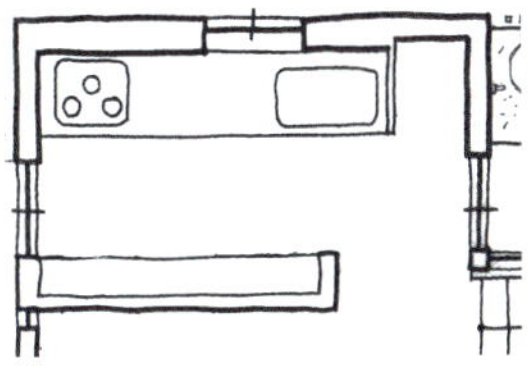

展開図

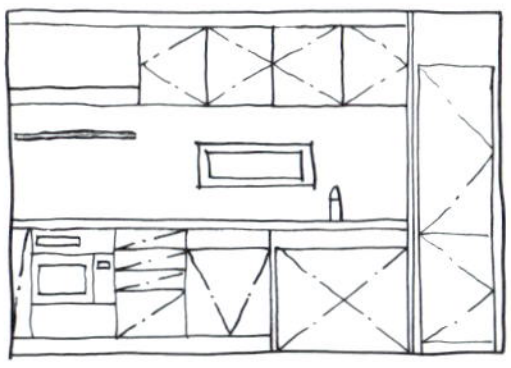

ステンレス面材で統一された壁・カウンター・扉・機器。作業性が良く、念入りに掃除もできる

色とりどりのものが並んだときに完成する

白い面材でまとめたキッチン

カウンター天板も面材もすべて白でまとめられたキッチン。家中この雰囲気でまとめてしまっては窮屈に感じるかもしれないけれど、キッチンには様々な道具、食器や、色とりどりの食材が並ぶため、ベースをすっきりさせておいたほうが使っている状態が綺麗に見える。

面材も天板も白でまとめたキッチン

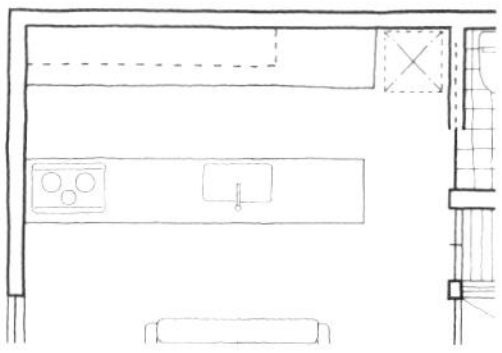

食材がおいしく見える白いキッチン

和の空間と相性の良いキッチン

床に合わせた面材

壁に合わせた面材

黒い床板と白壁に合わせた色合いのキッチン

同化させても素材感は違うのでくどくならない

しっくい調の白壁と黒く着色された床板の家。土間に「かまど」が似合いそうな雰囲気であるが、モダンなキッチンとの相性も決して悪くない。

写真の例はすべて周囲の床や壁と同化させているが、キッチンの面材は汚れにくいように素材感の違う加工を施すことが多いため、重たすぎる印象はない。

紅一点のキッチン

白黒の世界に唯一の色

白壁に黒い床、モノトーンでまとめられた空間に真紅のキッチン。パブリックスペースの中心的存在となるからこそ、あえて主張する色とした。オープンキッチンでいつも在り方が問われるレンジフードも、他の面材と同様の塗装仕上げとしている。はじめは強くはっきりとしたコントラストも生活のものや食材が並ぶことで程良く馴染むことが期待される。

換気扇フードも同様の赤

思いっきり趣味の部屋!!

家を建てるとき、色々な理由とモチベーションが混然一体となって優先すべきことが見えなくなる時もあるが、何といっても自分のライフスタイルや趣味の世界の実現は大切なエネルギー源となる。好きな物に囲まれて趣味に没頭することができる空間は、眺めているだけでも日常生活に活力を与えてくれる。

ツールが整然と並ぶ作業デスク

壁には自転車が掛けてある

愛車とともに過ごす部屋

愛車を下から点検できるピットも用意

リビングとつながる作業部屋

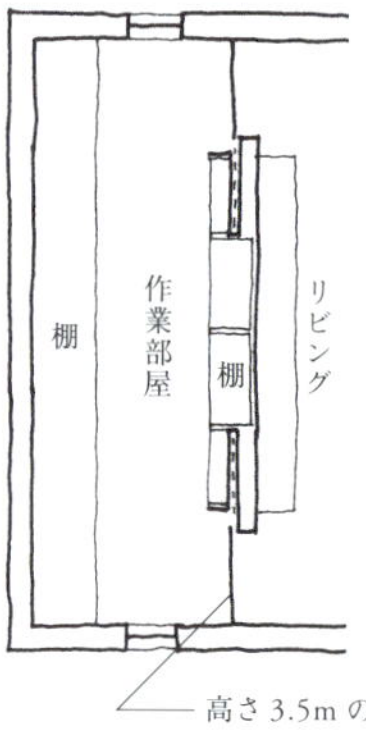

両側の引込み戸を開けるとリビングと一体の回遊空間となる

コレクションと作業の部屋

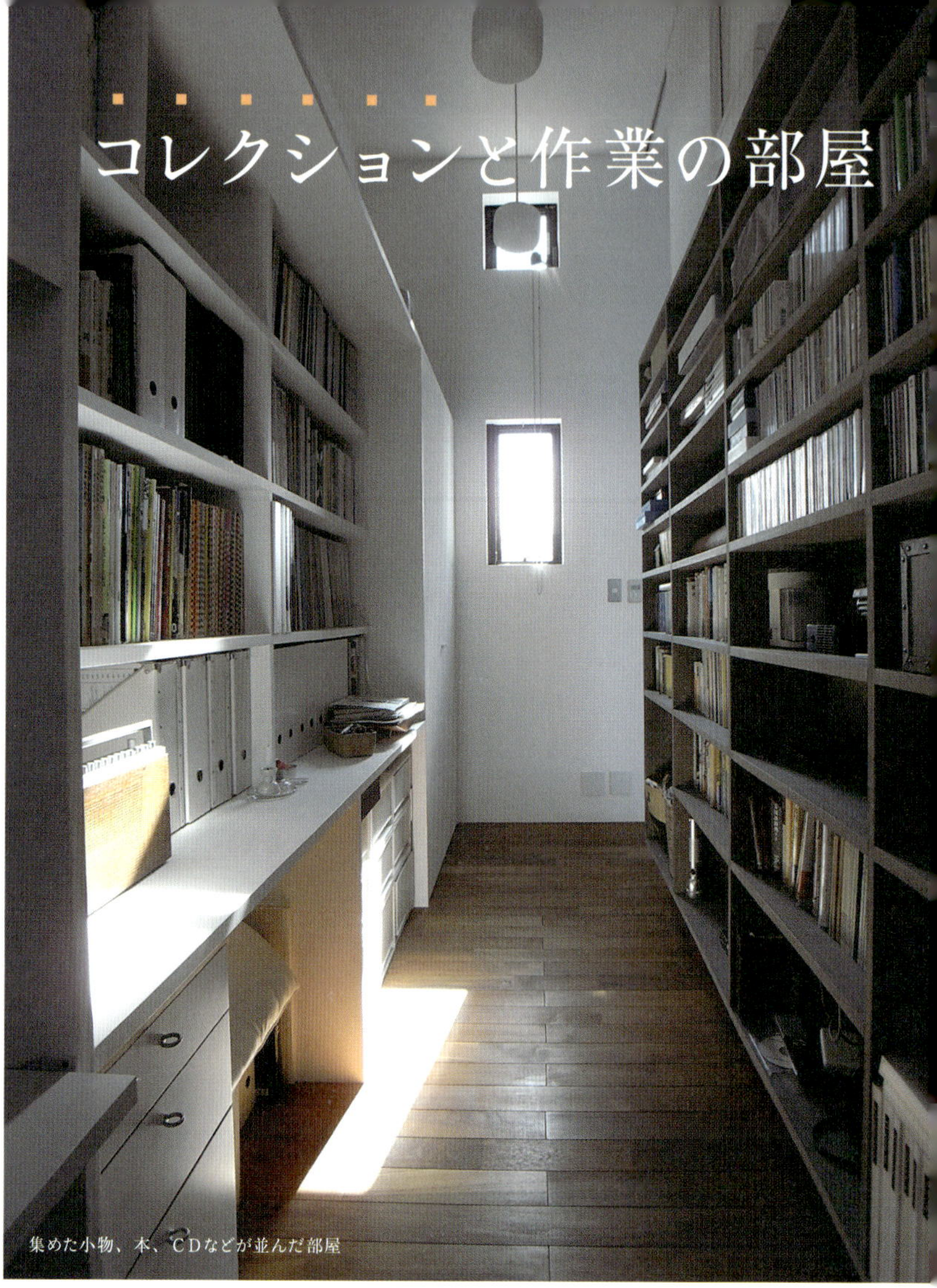

集めた小物、本、CDなどが並んだ部屋

外とのつながりで部屋の雰囲気をつくる趣味の部屋とは対照的な部屋である。今までに集めてきた様々な小物、本、CD、ファイル、電化製品などを並べて収納することができるように、高さと奥行きを決めながら造った棚に囲まれている。写真手前には軽作業用のカウンターも造り付けられている。将来的にロフト階も増設できるつくりとなっている。

展開図

裏山と反対方向は吹抜け空間につながる

吹抜け方向の手摺はすべて書棚となっている

裏山を借景にした書斎

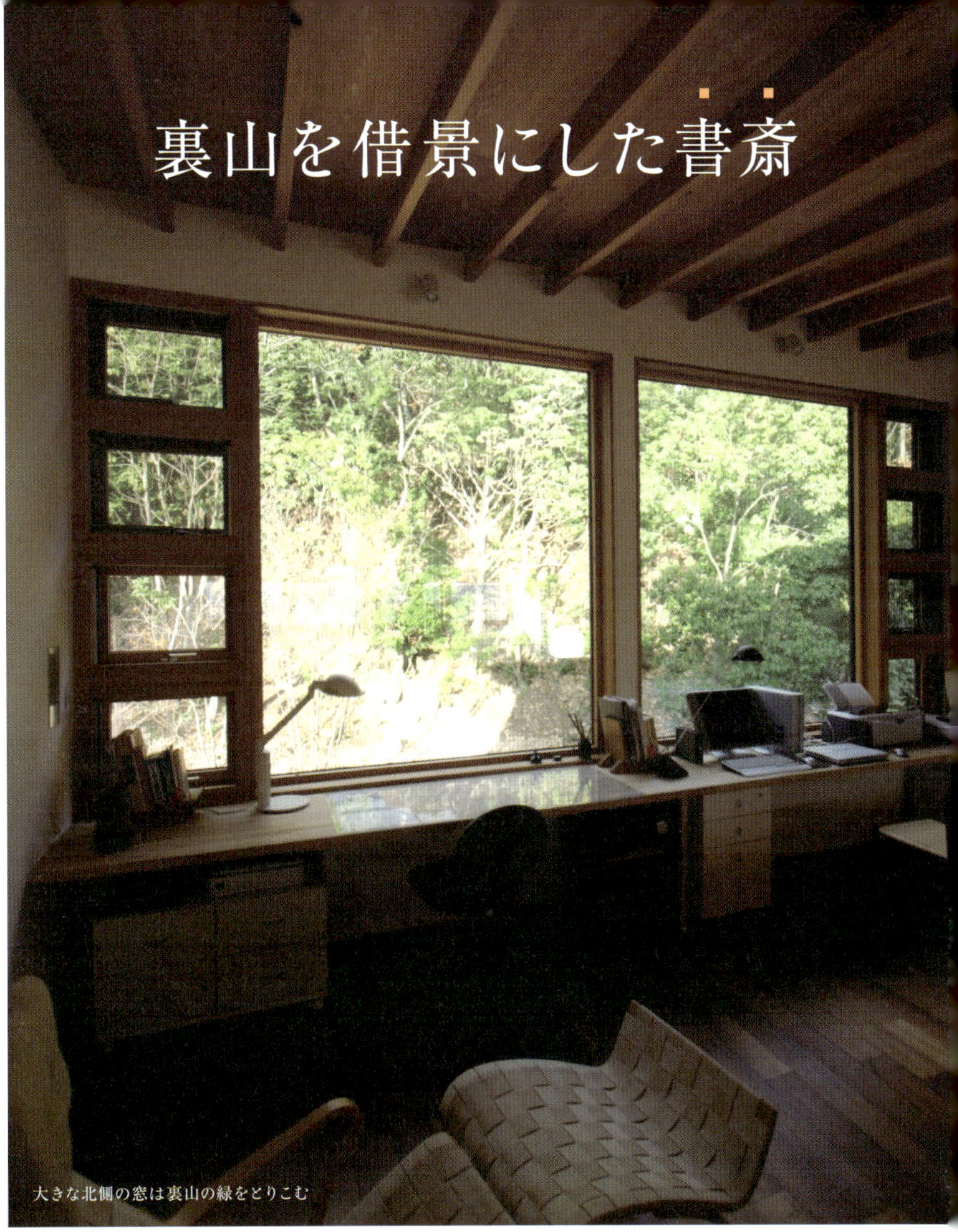

大きな北側の窓は裏山の緑をとりこむ

北側に裏山のせまる土地であったため、書斎を北向きにして大きな窓をとることができた。直射日光が入らないこと、そして外からの視線が入らない（タヌキを除く）ことが、大きな借景窓を可能にしている。

中央にFIX窓として中桟を極力排し、左右両サイドに風を抜くための窓を集中させている。

書斎の窓からは長いアプローチが一望できる

居間に隣接したこもれる書斎

書斎に求める独立性は人によって様々である。居間の一部にテーブルを作りたい人もあれば、完全にこもれる場所が必要な人もいる。こちらの例では居間に隣接して両側から出入りできる位置にありながら、ある程度の独立性を確保した部屋になっている。引込み戸や間仕切りを使うことによって独立性をコントロールできるようになっていると更に使い勝手を向上させることが可能である。

本棚を介して居間と隣接する書斎

みんなの勉強スペース

天井まで届かない本棚で仕切られた個室

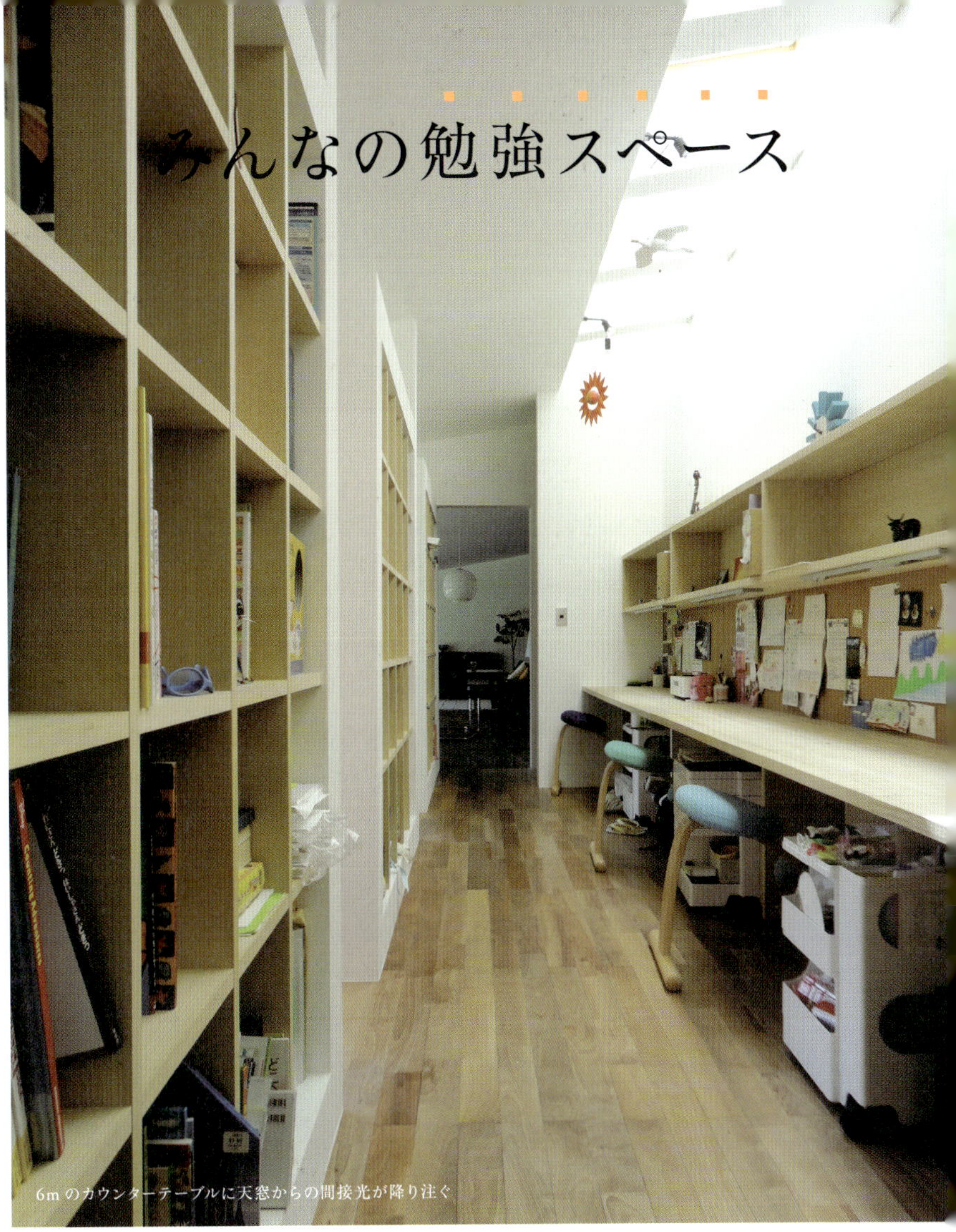

6mのカウンターテーブルに天窓からの間接光が降り注ぐ

3つの個室はそれぞれのベッドが置かれるが、部屋を出たところに6mに及ぶ天窓の付いたカウンターテーブルが設置されていて、みんなで並んで勉強をする。両親もときどき ここで仕事をしたり勉強したりする。また、クロゼットも共用で家族全員分が一か所に集中する。個室の意味、家族の過ごし方は家庭ごとに違うけれど、その度ごとに家族の暮らし方を話し合って部屋のつくり方を相談して決めることが大切である。

家族が集まるみんなの書斎

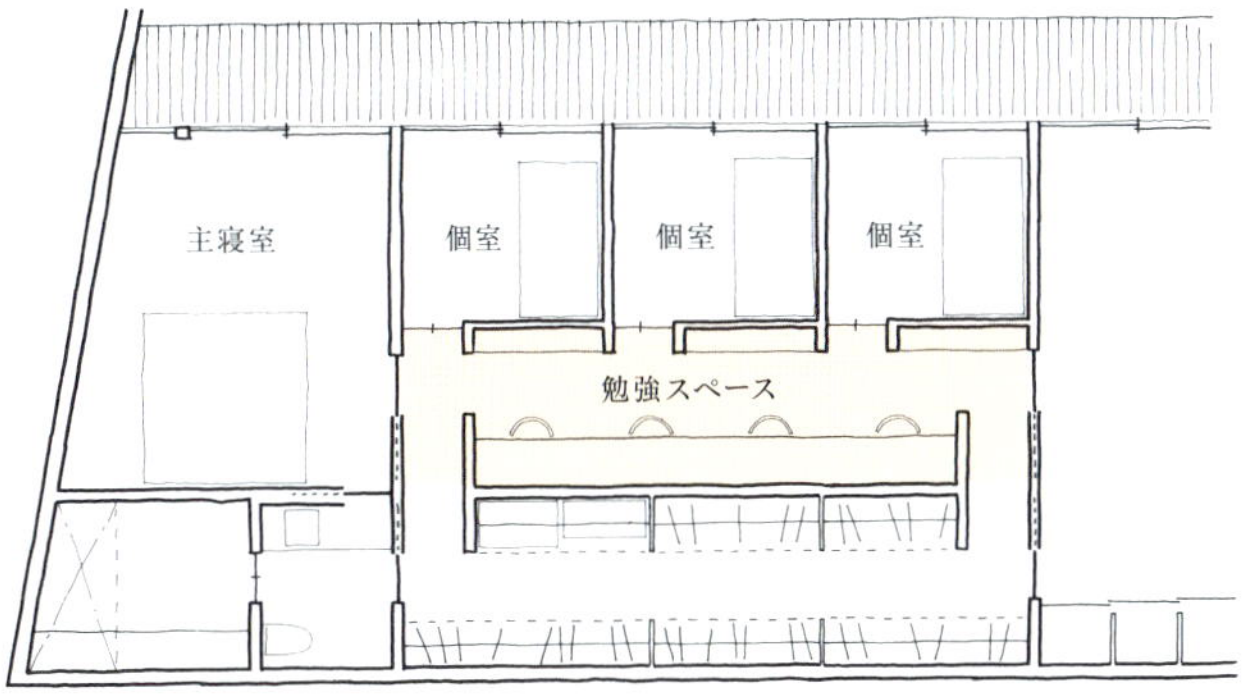

勉強スペースの裏側はウォークインクローゼット。ここも行き止まりのない回遊空間

資料の山に埋もれる書斎

床から天井まで4m近い本棚。専用の梯子がある

資料に囲まれているだけで気分が高揚する

膨大な量の本やソフトウェアが置かれる書斎。高さ3・85m、総延長11・6mの本棚には専用の梯子が用意され、床から天井まで使えるようになっている。1・5cm厚B5版の本に換算すると、およそ1万冊分に相当する。

一角にカウンターテーブルが設えられ、山のような資料に囲まれた書斎となる。

はなれにある書斎と和室

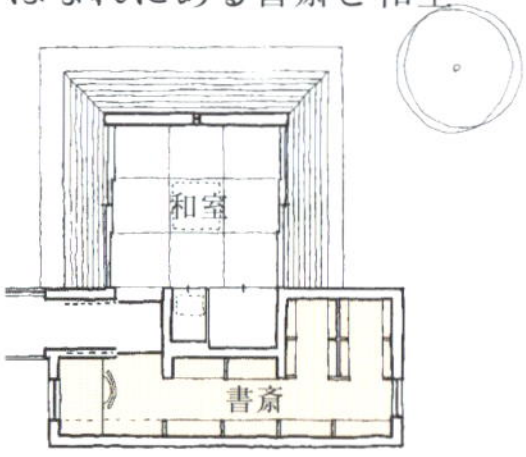

本棚の様子（展開図）

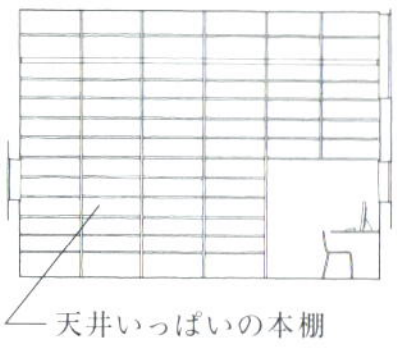

ベッド、机、本棚をセットにしたコンパクトな子供部屋

ベッド、梯子、机、本棚、デスクライトのセット

子供部屋の考え方も人それぞれであるが、完全な個室として独立したい期間はほんのわずかで、コンパクトにまとめたい、というリクエストが多い。個室の中で一番大きな家具がベッドであるが、子供部屋という特性を活かしてベッドを上にあげてしまえば、有効面積がグッと大きくなる。他に、クロゼットなどを組み合わせた例もある。

4畳弱のコンパクト子供部屋

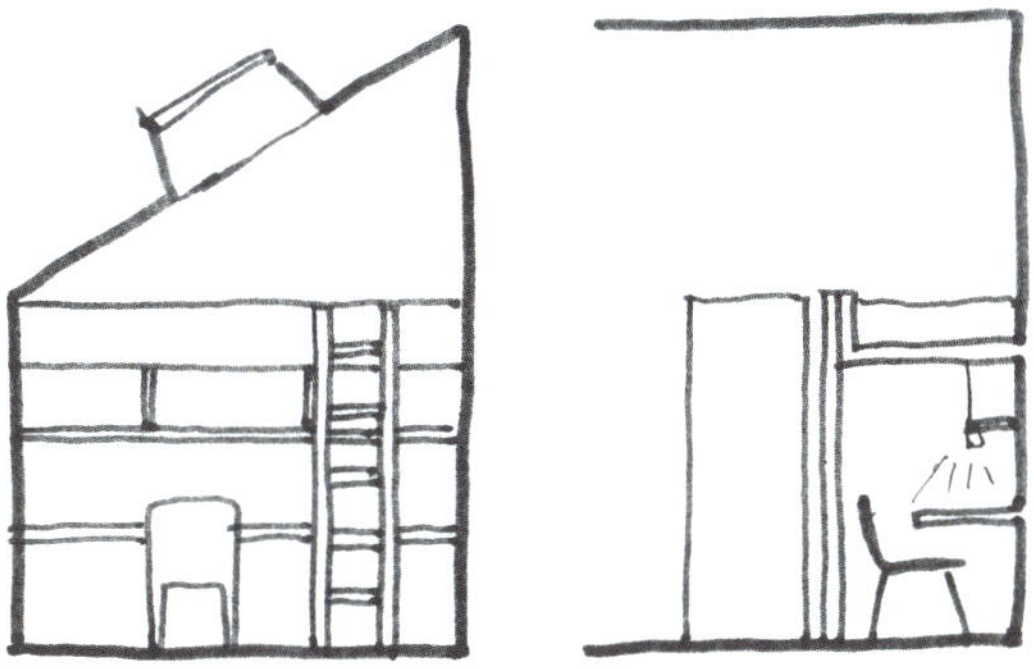

構造材に36mmの積層パネルを使うことで、よりコンパクトに

小屋裏部屋を楽しむ

同じ形の小屋裏部屋が並ぶのでパネルヒーターの色を違うものにしている

天窓が1つだけの小さな部屋。竣工後すぐにおもちゃが運び込まれた

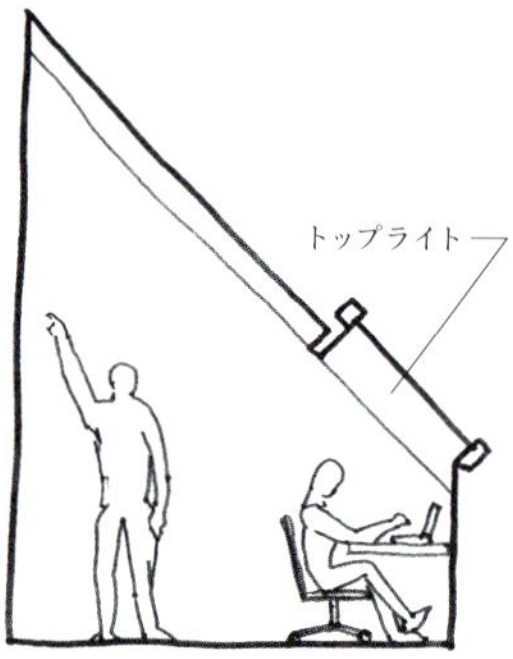

小屋裏部屋・屋根裏部屋というものは、何故か使う人をワクワクさせる。天井の低いところは1m程度なのに高いところは3・6mもある。その断面形状のせいなのか、とにかく個人の世界、趣味や仕事に没頭できるような気にさせる。不思議な魅力を持っている。

小屋裏の居住空間

小屋裏ワンルーム＋ロフト

斜線規制の厳しい地域では、屋根が途中で折れたり、天井が端だけ低くなっているような家をよく見かける。どうしても端が低くなるのであれば、それを逆手にとって魅力的な小屋裏部屋にしてしまう方法もある。手の届く天井、空に向かって開く天窓、屋根の形の空間に独特の高揚感がわき起こる。

天窓のある浴室

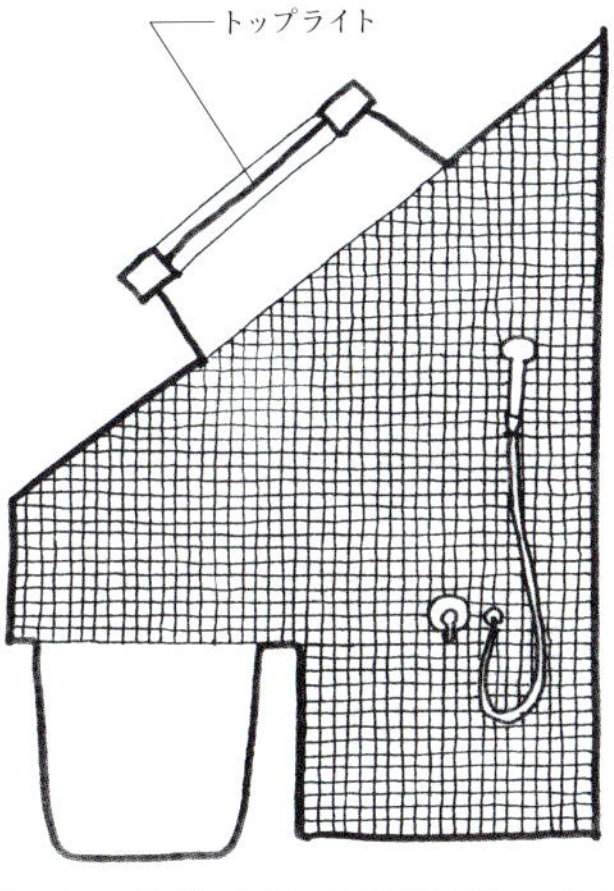

天窓のある三角形の浴室。入るだけで楽しい気分になれる

畳敷きの星を見る部屋。2人が座れるスペースと天窓しかない

親子で星を眺める天窓

「息子が大きくなったら、2人で星を見ながら話がしたい」ある父親からそんな要望を受けた。数年経った今、ほんとうにそういう使われ方をしているかどうかはわからないけれど、家をつくるという行為は夢見る力が不可欠だと実感する。現状に対する不満を解決するのではなくて、「こんな風に暮らしたい」と夢見るところにこそ、良い家は生まれる。

星を見る部屋の入口。すのこ状の床を上げて出入りする

星を眺める部屋

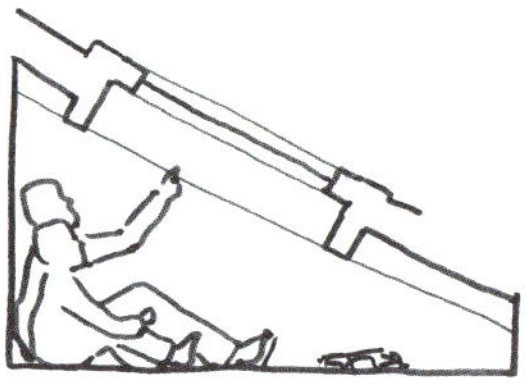

高いところでも1mという最小限空間

小屋裏スペースの光

奥から光の入る白黒の空間

奥の方から細い光の入る白黒の空間は、独特の雰囲気をもっている。逆光の当たる黒塗りの床は、その光のまわりだけ特別に明るく見え、黒い構造材は面の向きによって光の返し方が全く違うため、うっすらではありながらその形状がはっきりとわかる。白壁に当たった光は反射して手前へと明るさを伝えるため、全体的に幻想的な雰囲気のある空間を感じさせる。

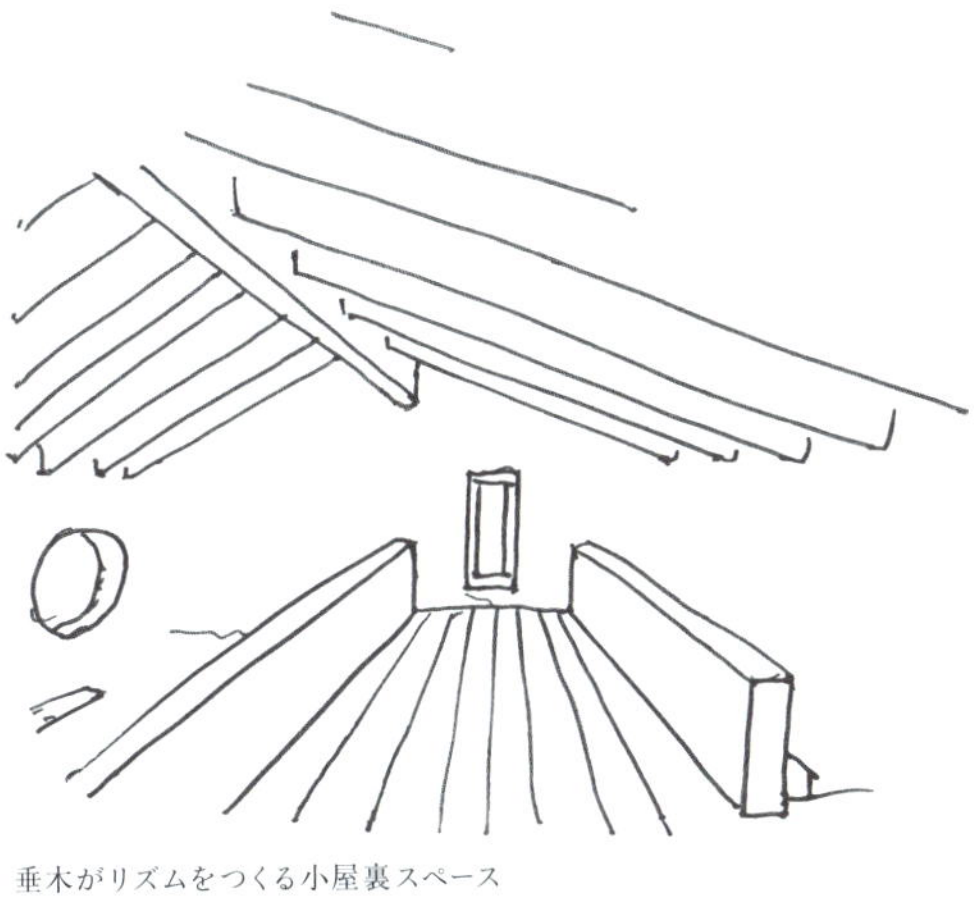
垂木がリズムをつくる小屋裏スペース

広い玄関に出現するエキストラ寝室

普段、滅多に使わないエキストラの寝室は玄関の一部になっている

別荘の場合、特に普段は使わない寝室のために他のスペースが小さくなってしまうことは避けたい。1年間に数回使うか使わないかの個室を壁で囲ってつくってしまうのはもったいないので、通常は広い玄関として使い、必要なときだけ間仕切りを出すことで個室が出現する。

袖壁の裏に隠れていた障子が玄関の一画を仕切って寝室に

玄関ホールが部屋に

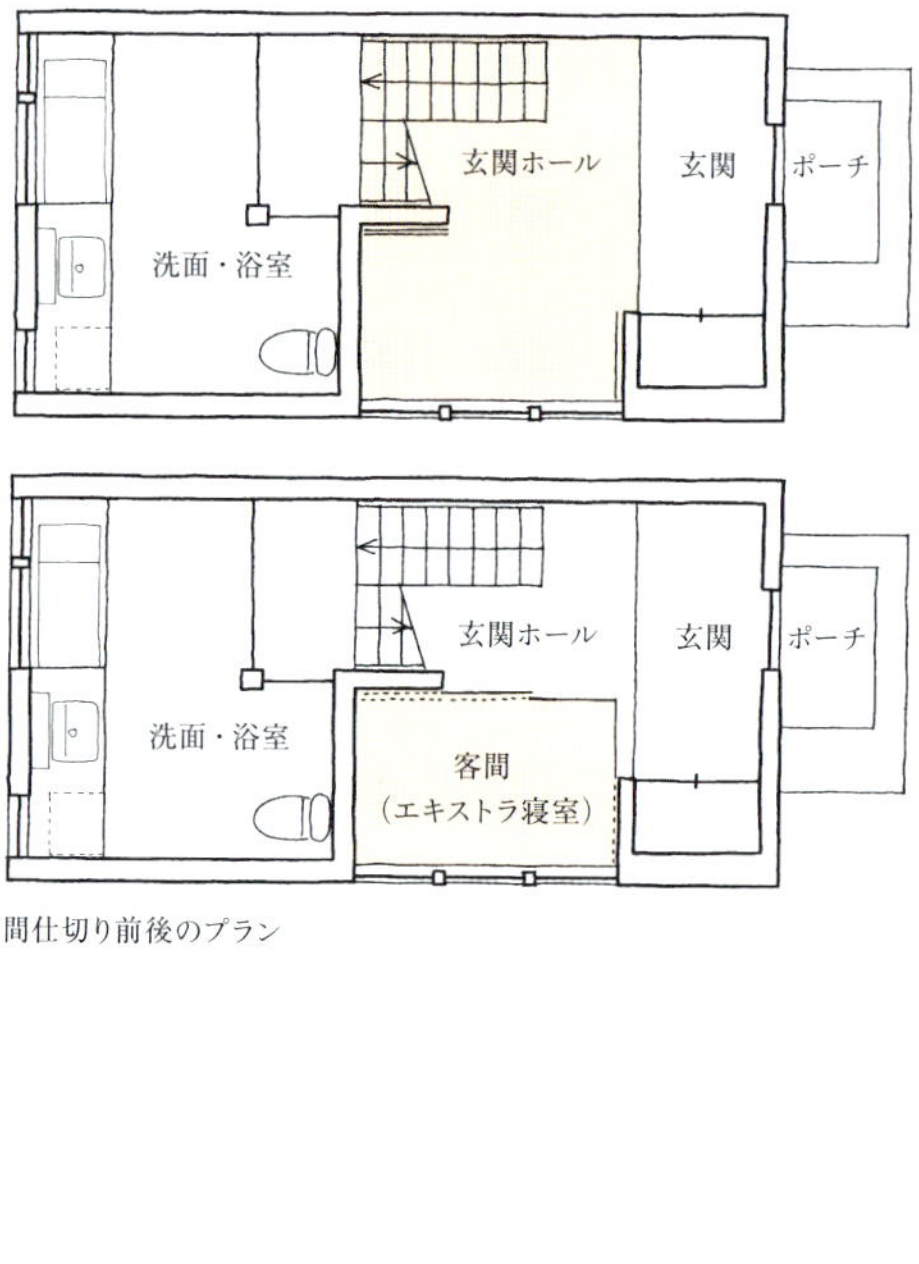

間仕切り前後のプラン

様々なタイプの主寝室

ソファの置かれたリビングのような寝室

主寝室の考え方は、それぞれの家庭によって全く様々である。完全に別々の個室もあれば、書斎と一体になっているような例もある。浴室と隣接するもの、話をすることを大切にテーブルを置くもの、ソファを置くもの、映画を見ながら眠るために大画面テレビを付けた部屋もある。大切なことは、現在の使い方にとらわれすぎず、近い将来、遠い将来を見越してある程度柔軟に対応できる部屋にしておくべきということではないだろうか。

大画面TVのある寝室

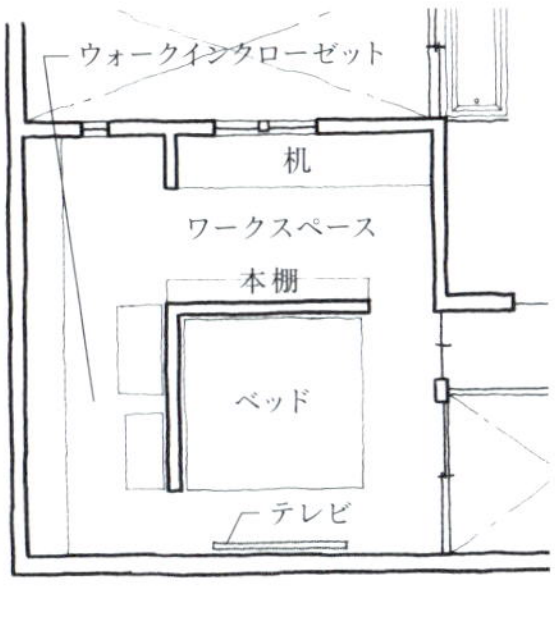

ソファのある寝室

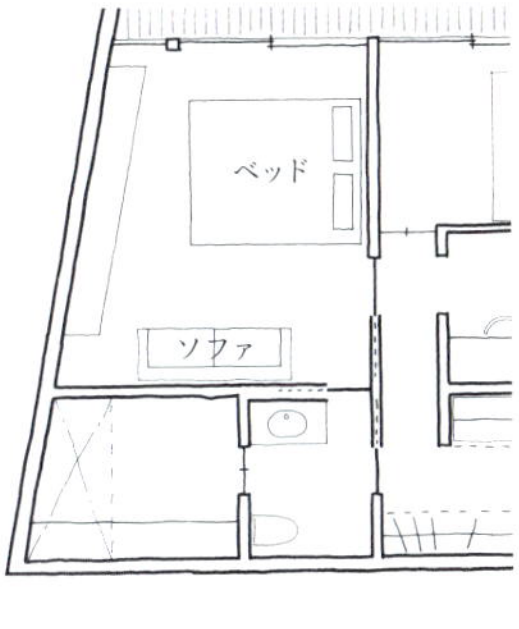

カーテン等で仕切ることのできる寝室

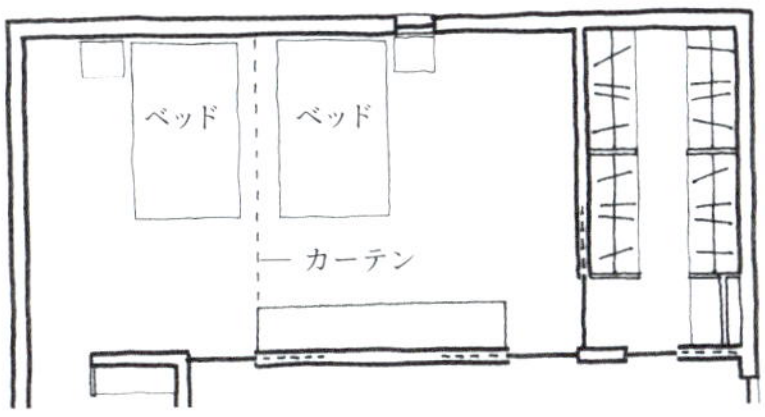

地下室に自然の光を落とす

自然光が届くと地下にいることを忘れてしまう

建築基準法でトップライトから入る光の量を普通の窓の3倍で計算することからもわかるように、天窓のもたらす光の効果は大きい。特に直射日光による影響を受けにくい北側のトップライトは、1日を通して安定した明るさを得ることができる。つくり方によっては「プラスアルファ」だった地下スペースが特等席になることもある。

地下の主寝室を明るく

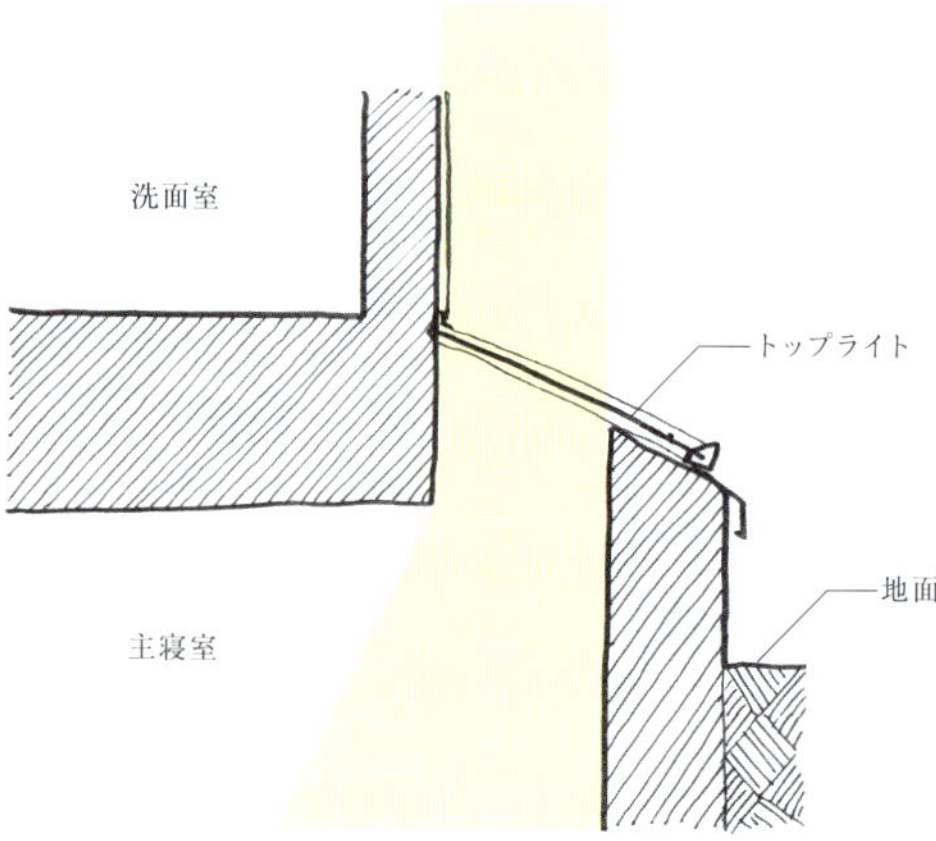

ペントハウスから光を取り入れる

全体的に閉じた建物に対し、ペントハウス外周の半分をガラスにしている

外周部に窓の少ない建物では、天窓からの採光が非常に有効である。ここでは建物の中央に位置する螺旋階段の最頂部、屋上へ出るためのペントハウスに大きな窓をたくさん開けて天窓の代わりにしている。階段から光が降り注ぐ様子から昇降運動のネガティブなイメージも払拭されることが期待できる。

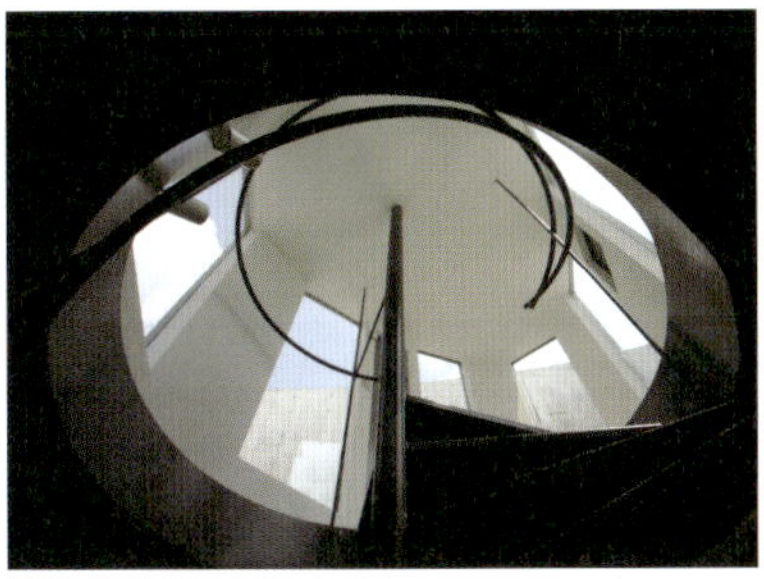

ペントハウス見上げ。光がふんだんに落ちてくる

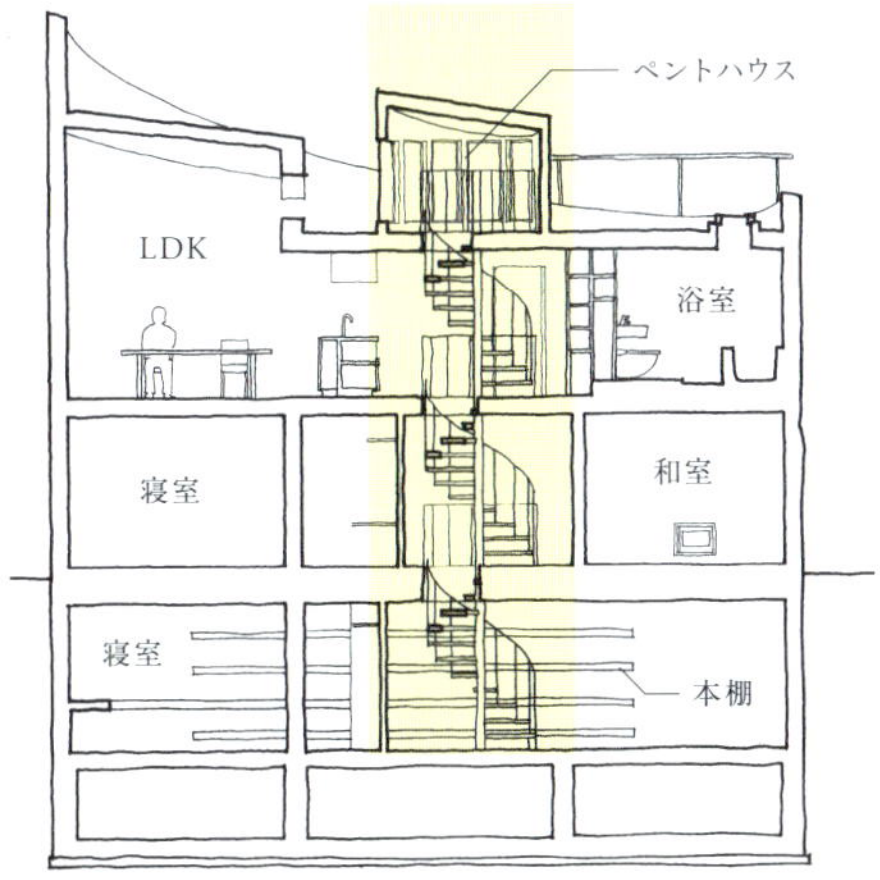

光の降りてくる螺旋階段

和紙張り曲面の和室

縁も枠もない引き戸は畳寄せの上を滑る

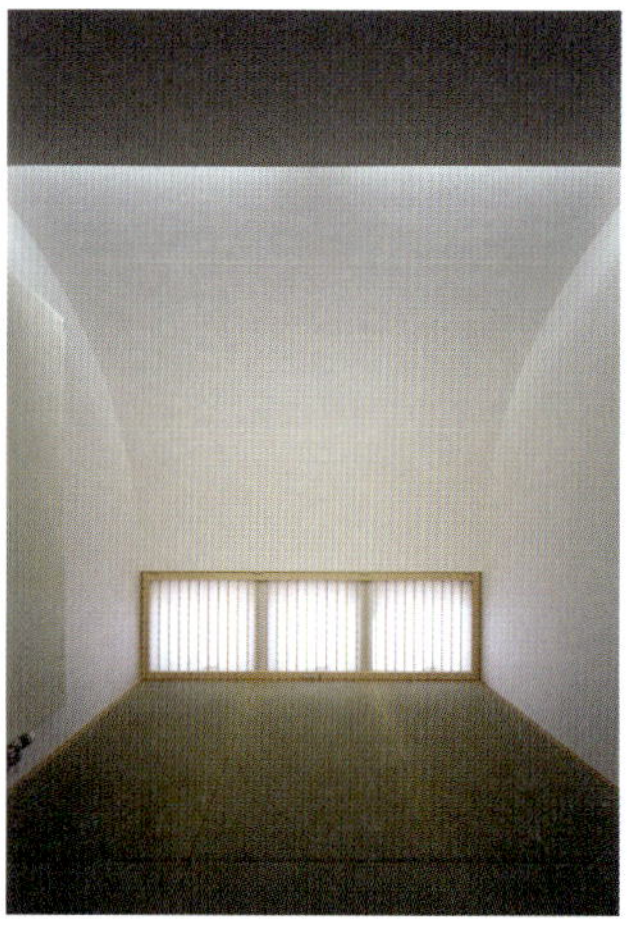

障子の上、壁がそのまま天井につながる

壁と天井がつながった和室

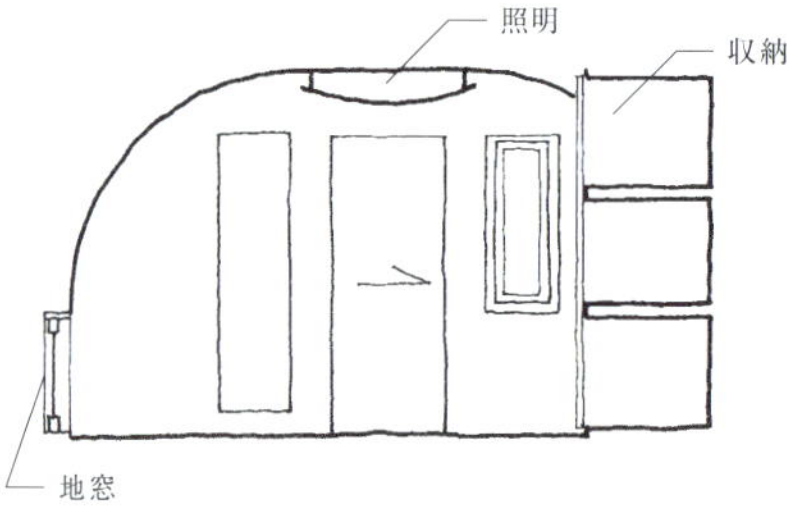

２世帯住宅の中央に位置するこの和室は両世帯の緩衝帯であり、交流の場でもあると同時に客間の用途にも供する。畳、和紙、障子、格子など和室の素材を用いながら、壁と天井を一体化する曲面、スリットからの間接照明、縁なしの建具などモダンな表現でまとめられている。エキストラルームならではの非日常性、遊び心を盛り込むことができる。

光の当たり方によって静かな気持ちにならないと見えてこない唐紙の模様。襖と床の間の壁に使用。クライアントといっしょに京都へ行き、唐長のおかみさんと選んだもの

モダンな和室（茶室）の表現方法

何をもって和室と呼ぶのか。確実なことは、畳が敷いてあることがひとつの条件ではないだろうか。この例では床框、床板、障子はあるが、柱梁の露出はなく、床柱も長押《なげし》も付けていない。そのかわり、床の間と襖には唐長《からちょう》（京都の唐紙屋さん）の和紙を張り、心を静かに落ち着かせると綺麗な模様が浮かび上がる。床の天井は濃紺に塗り、特別製のピンスポットが床の間の1点を照らす。障子の上の鴨居には間接照明が仕込まれ、ほんのり天井を照らす。かつての茶室もそうであったように、客人をもてなす工夫と遊び心が込められていることが大切なのだと思う。

障子に仕込んだ照明

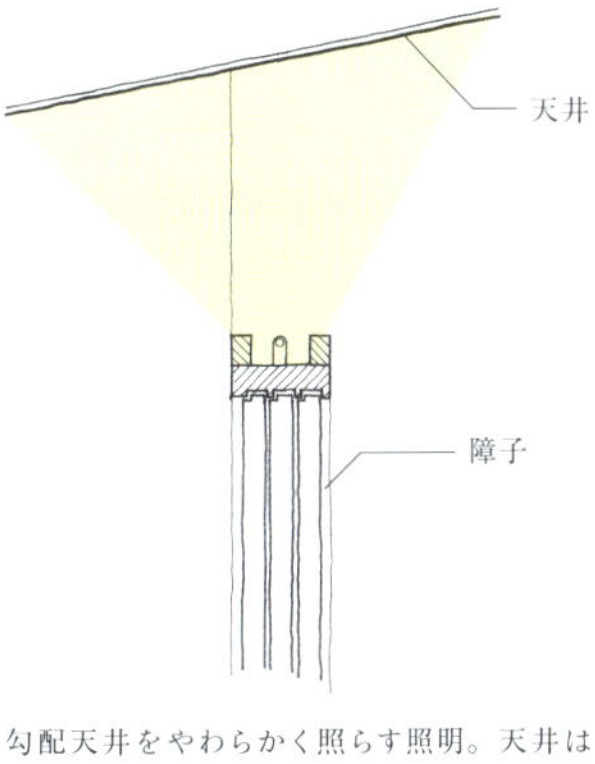

勾配天井をやわらかく照らす照明。天井はチャフウォール仕上げ

大きな行燈のような茶室

御堂のような空間に置かれた行燈のような茶室

寺社の御堂のような空間に茶室を置くことになった。4方向の壁に触れることなく独立した空間は、天井からも離すことで、御堂に置かれた大きな行燈のような存在となった。茶室を照らす照明は天井に設置されているが、点灯すると障子の内側に光が満ちて、茶室全体が照明装置のように光る。

障子をはずしていくと鴨居だけが残る

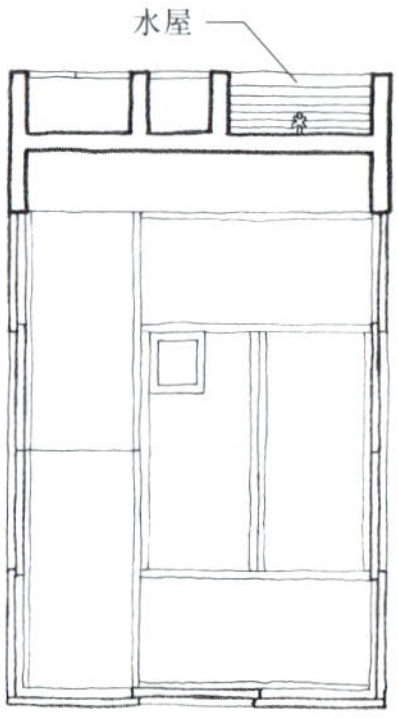

広い部屋のなかに浮かぶ島状の茶室。床の裏側に水屋が付く

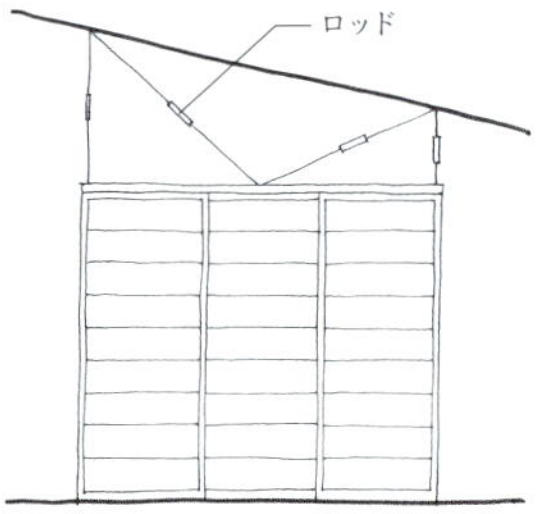

鴨居の高さをロッドで微調整する

障子から入る光とスリット窓から差し込む光が独特の雰囲気をつくる

土塗り壁のある和室

ワラの入った本物の土塗り壁。土は本場、京都から取寄せてくれたという。深い軒の下にあるので、この1枚の壁を内外とも土塗りの壁とした。この先、経年変化で見え方の様子がかわってくるそうだ。中央にペアガラスのスリットを入れ、光のうつろいを楽しむことができる。細長比（ガラスを作ることのできる縦と横の比率）の限界をはるかに超えたこのプロポーションは、大きいガラスを壁に飲み込ませるかたちで実現している。

離れ。三方向に縁のまわる和室の土塗り壁

スリット平面詳細図

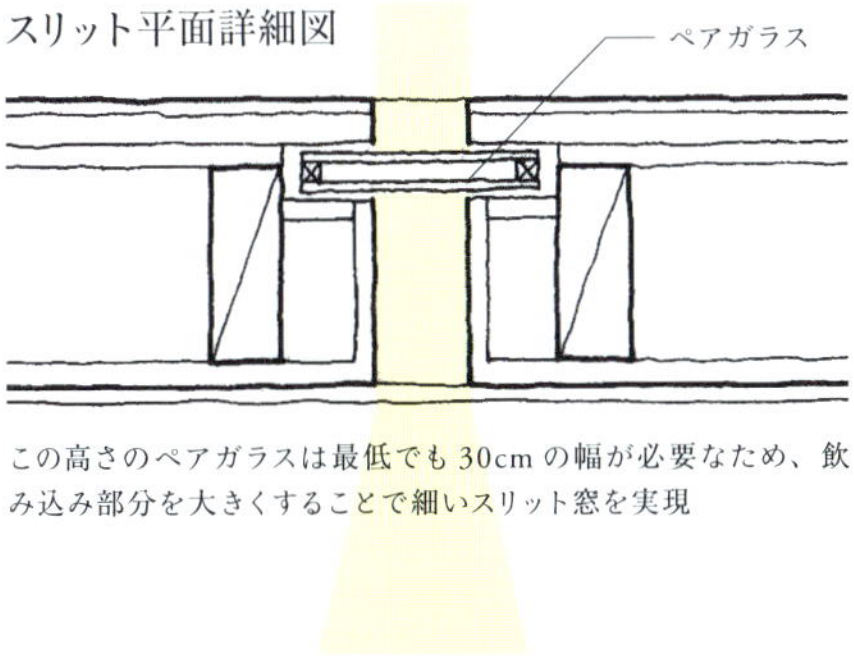

この高さのペアガラスは最低でも30cmの幅が必要なため、飲み込み部分を大きくすることで細いスリット窓を実現

眺めのよい浴室

竹藪越しに街を見下ろす浴室

竹藪越しに遠く街を見下ろす、高台に建つ家の2階にある眺めの良い浴室。外から中を見られることはほぼ考えられないとはいえ、夜は不安を感じるもの。また、室内が明るくなると窓には室内が映って外を見ることはできない。そこでこの浴室は、家の外に外部スポットが付いている。夜間の入浴時は室内の灯りを落として屋外用スポットライトで竹藪を照らして入浴する。室内が暗ければ遠くの街灯りも楽しむことができる。

天然温泉の浴室

鉄平石と木曾ひのきの浴槽。天然温泉の吐水口が付く

箱根の温泉の中でも、ここは強い硫黄泉が湧き出る地域である。当初予定していた十和田石では泉質に負けてしまうということで、仕上げ材を鉄平石に変えている。浴槽の縁は木曾ひのき、かけ流し温泉の吐水口と上部の壁はヒバ材で作っている。水洗金具類も腐食して交換することが前提となるため、汎用品から選ぶ必要があった。大きな窓を開けることで、露天風呂気分を味わうことができる。

温泉気分を盛り上げる仕掛け

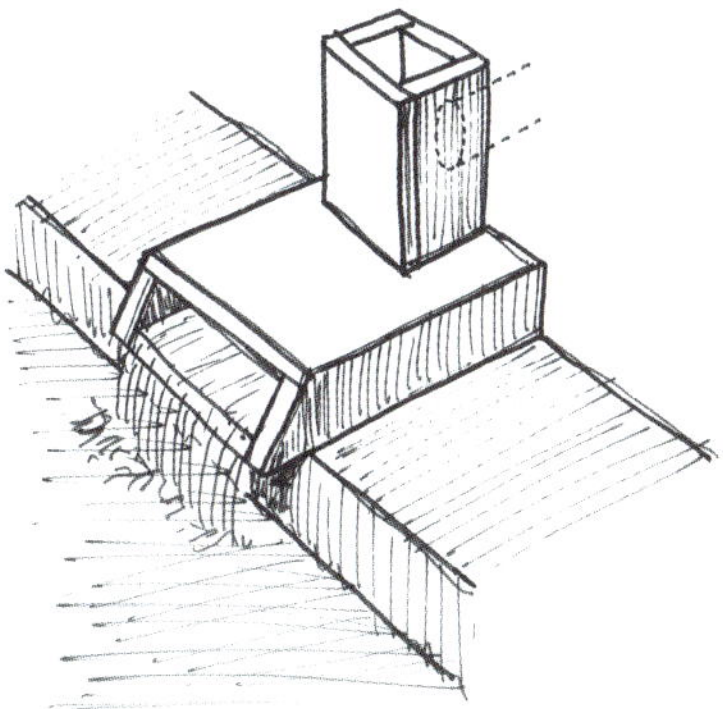

いつか手掛けたいと思っていたかけ流し温泉の吐水口

浴室から洗面を見る

白い素材でまとめた明るい浴室

洗面から浴室を見る

洗面～浴室にかけて白い素材で統一したケース。タイルは雑味の少ない、より白いタイルを選び、浴槽、一体成型のカウンターシンク、便器、タオルウォーマーをすべて白で統一している。暖色系の照明を灯すことで、肌色が映えるだけでなく、タオルをはじめとする浴室、洗面まわりの小物もコーディネートしやすくなる。この写真は少々殺風景に見えるが、暮らしている状態で良いバランスとなることを目指している。

使い勝手のよい浴室

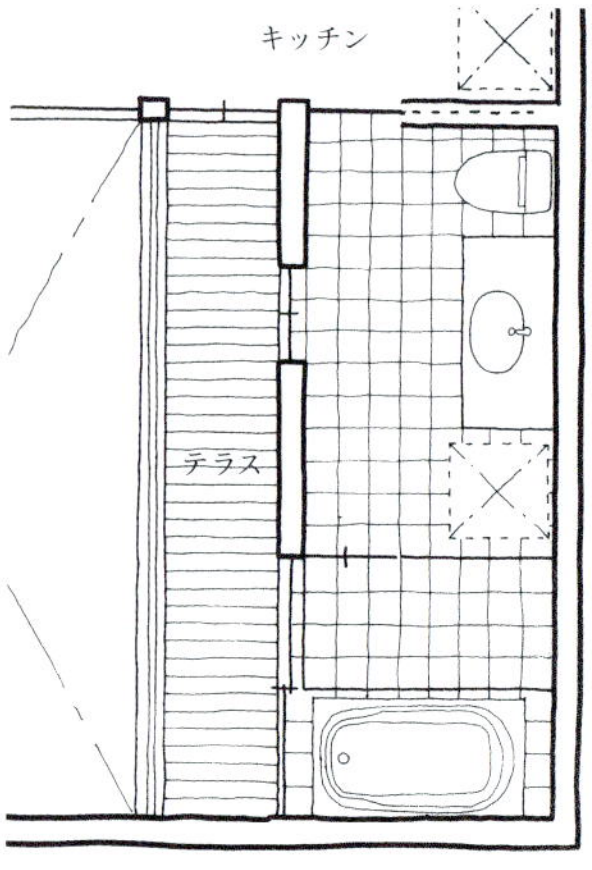

キッチン、テラスが隣接していることで家事が楽にできる

木の香りも楽しめるタイル張りの浴室

腰から上の壁と天井にヒバ材を使った浴室

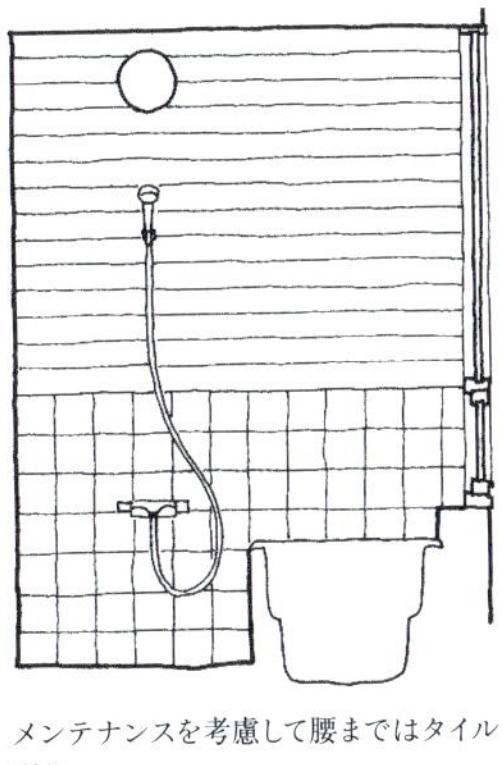

メンテナンスを考慮して腰まではタイル張り

ヒバやヒノキを使った浴室は、とてもよい香りがするばかりでなく、ヒノキチオールという成分によって気分を落ち着かせる効果が高い。そうは言っても浴槽や床まで木で造ってしまうと、換気やお手入れに自信がないという人も多く、この例では腰壁と床をタイル、上部にヒバ材を張って既製の浴槽を入れて、両方の良いところを組合せている。

山に向かって開く浴室

クライアントがこの土地の購入を決めたのは、隣の山に対してオープンにできるからだ。山からは動物以外の視線が入ることが無いので、居間もお風呂も寝室も、カーテン無しで過ごすことも可能である。夜、浴室内の照明を落として、外を照らしながら入浴を楽しむのも良い。

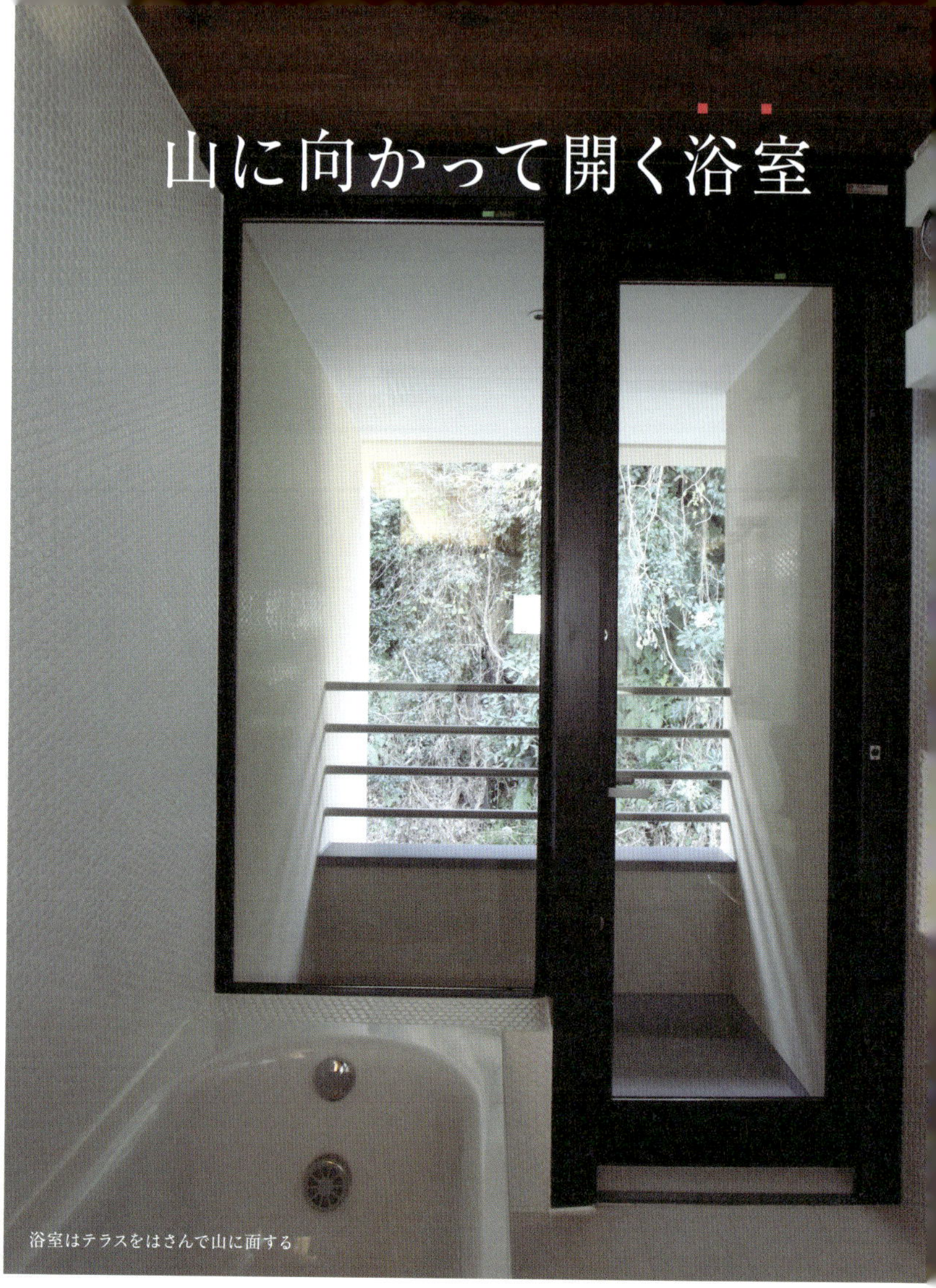

浴室はテラスをはさんで山に面する

最高の開放感

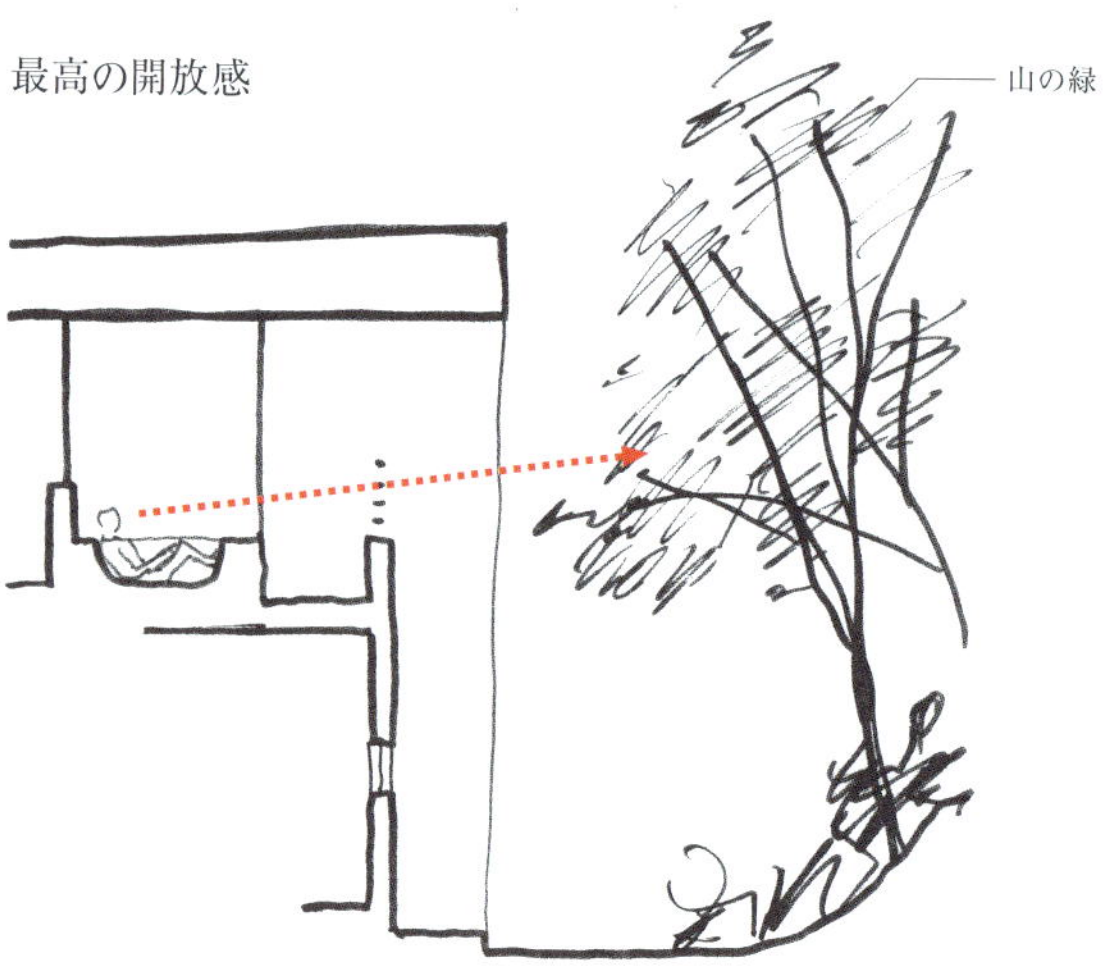

深い軒と袖壁が緑を絵画のように切り取る

いいとこ取りの浴室

庭との関係。光の入り方で独特の雰囲気に

別項にて木と石で造った浴室を紹介しているが、その素材感は愛でつつもメンテナンスに自信が無いという方も少なくない。こちらの例では板張りの壁天井、十和田石を腰まで張った浴室にホーローの浴槽を入れている。そのメリットはメンテナンス性だけにとどまらず、下部が絞られた断面形状により、使用する湯量が少なくて済むこと、製品によっては保温性に優れたものが選択可能であることなどが挙げられる。

木と石と陶器を組合せた浴室

平面図

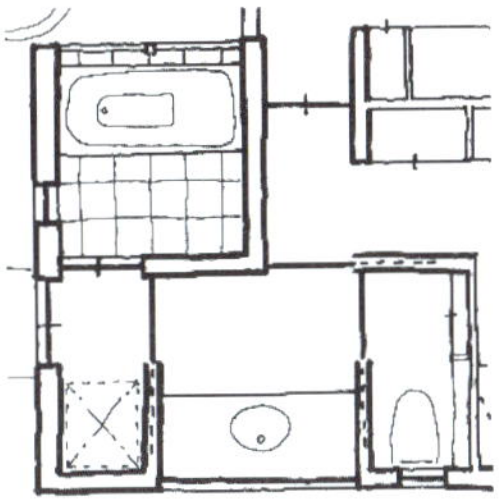

湯量が少なく済む浴槽

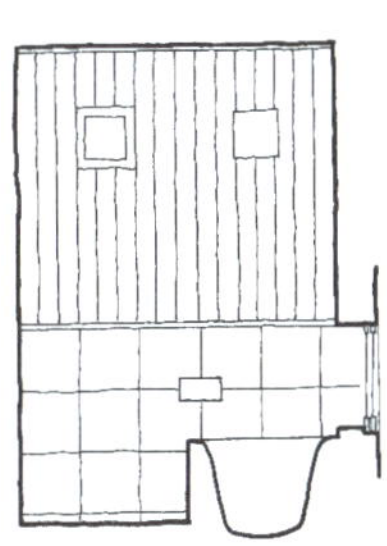

メンテナンスを考えると水が掛かる腰壁までは石やタイル張りがよい

浴室の上手なつくり

シャンプーや洗剤を置く場所を鏡付きのニッチにした例

脱衣スペースが広い
使いやすい浴室

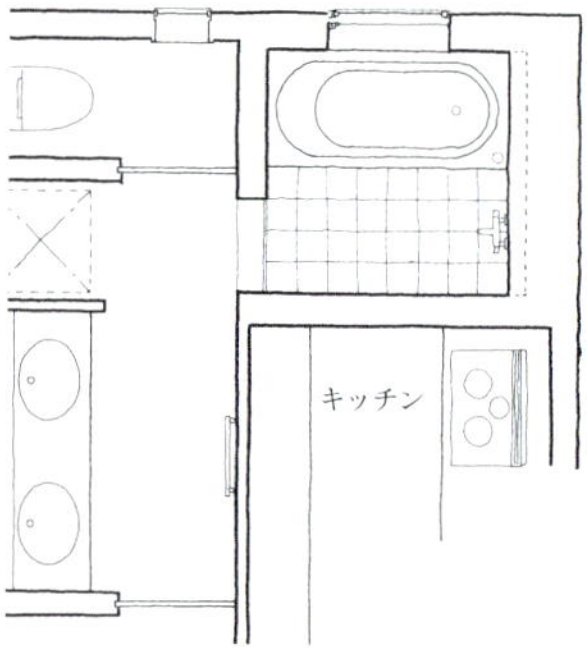

タイルの上向きの面を極力減らすことで掃除がしやすい

浴室はタイル割で考える

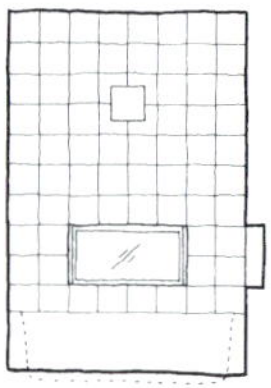

目地幅も考慮してタイルに半端が出ないように

1600タイプの浴槽がピッタリおさまる部屋のサイズ。水切れをよくすることができる

浴室の水掛かり部分をタイルで仕上げる場合、上向きの面に気を付ける必要がある。水やほこりが載って汚れやすいからだ。この例は200角タイルを用いた1坪サイズの浴室である。浴槽の大きさと部屋の大きさを合わせることで、浴槽まわりの上向きの面を無くしている。ニッチの天板を人造大理石などにして、目地を無くすこともある。

木の風呂をつくる

浴槽は高野槇の既製品。壁と天井は米ヒバ張り

浴室に対しては様々な要望があがるけれど、木のお風呂は夢のひとつとして希望されることが少なくない。木の浴槽、木の浴室を選択する場合、大切なのは毎日しっかりと換気することのできる環境の確保である。日中、防犯に配慮した窓を開けることができるような計画が望ましい。

ヒノキやヒバに含まれるヒノキチオールには精神安定作用があると言われるが、それは別としても何とも言えないよい香りである。メンテナンスに覚悟が必要としても人気が高いのはうなずける。コスト的にも通常のタイルとほぼ同額でまとめることもできる。

全部木の風呂

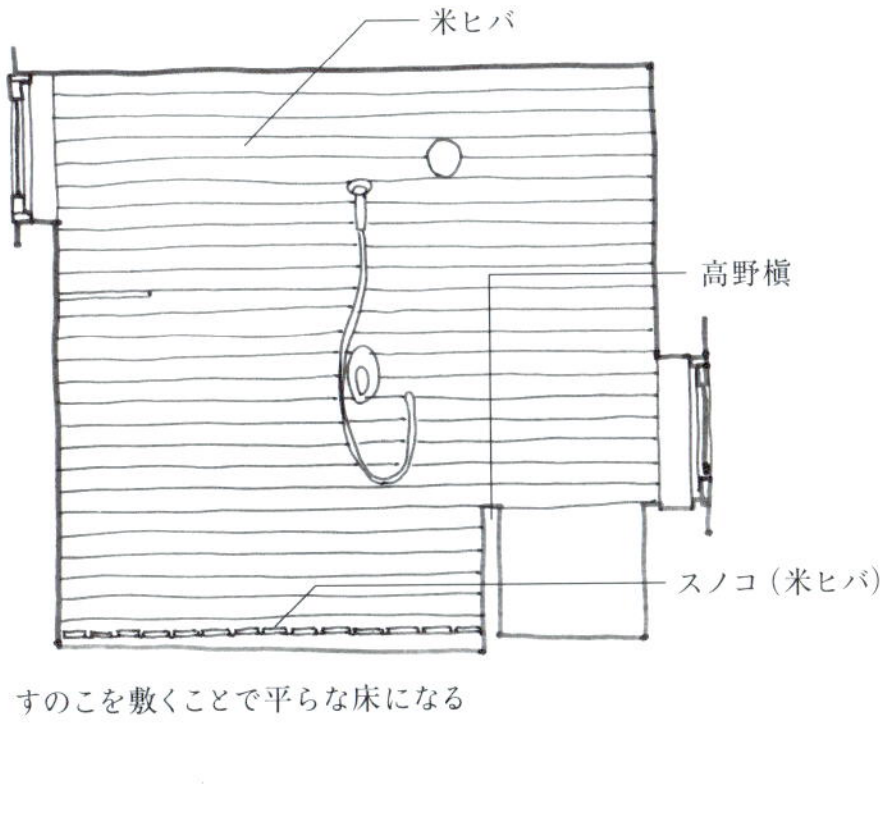

すのこを敷くことで平らな床になる

空を映す浴槽と水盤

浴槽と水盤、両方の水面に空が映る

せっかく地下水を利用して涼をとるシステムを導入したのだから（202頁参照）、この水盤をデザイン的な要素として使わない手はない。温泉などでよく見かける、外の水面が浴槽と連続しているかのような演出。直接つながっているように見える距離ではないが、同時に空と雲を映していることで連続性を印象付けてくれる。朝・昼・夕方そして夜、また季節によっても映る景色の変わる水面は発見することが多く、飽きがこない。

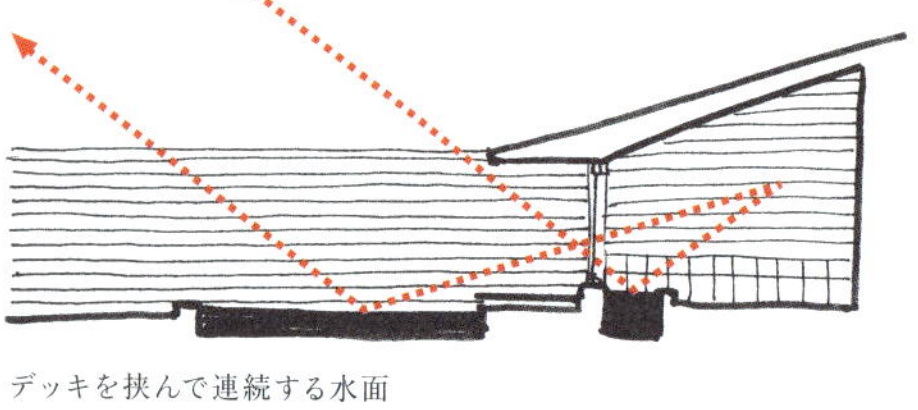

デッキを挟んで連続する水面

3 in 1の浴室

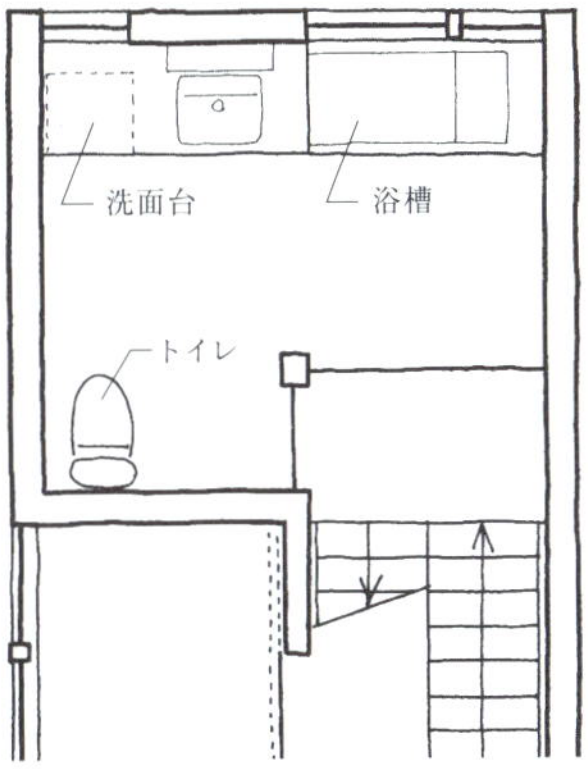

1室にまとめることで広い部屋になる

洗面カウンターと一体の浴槽

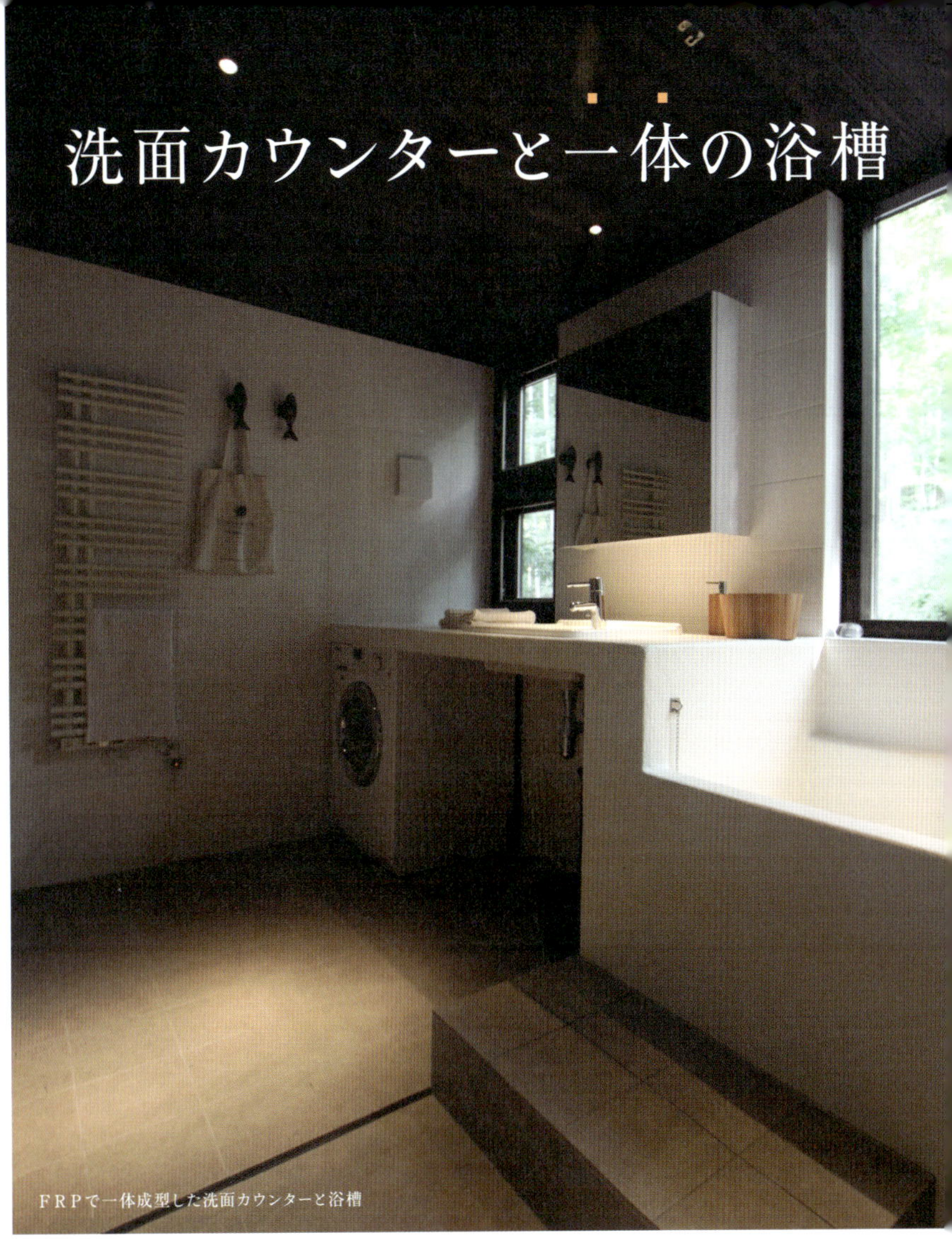

FRPで一体成型した洗面カウンターと浴槽

カウンターと浴槽が一体に

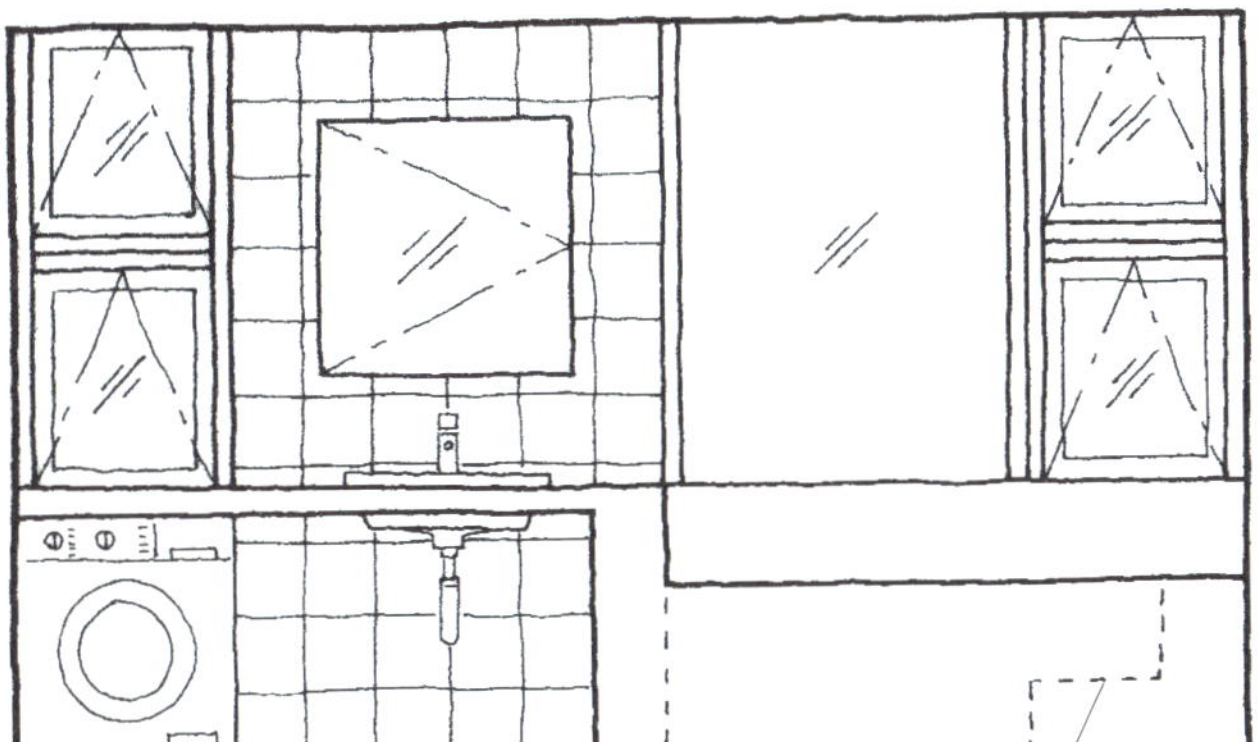

FRPは形の自由度が高いのであらゆる要望に対応できる

ひとつながりの大きな洗面浴室で、隙間なく洗面カウンターと浴槽をつくりたいと考え、FRP（繊維強化プラスチック）でカウンターから浴槽まで一体成型品としてつくってもらうことにした。部屋の大きさや形状にあわせて、いくらでも自由に寸法を決め、半身浴用の腰掛ける場所も思い通りに指定できる。工法としてまだまだ可能性のある選択肢である。

自由なかたちの浴槽

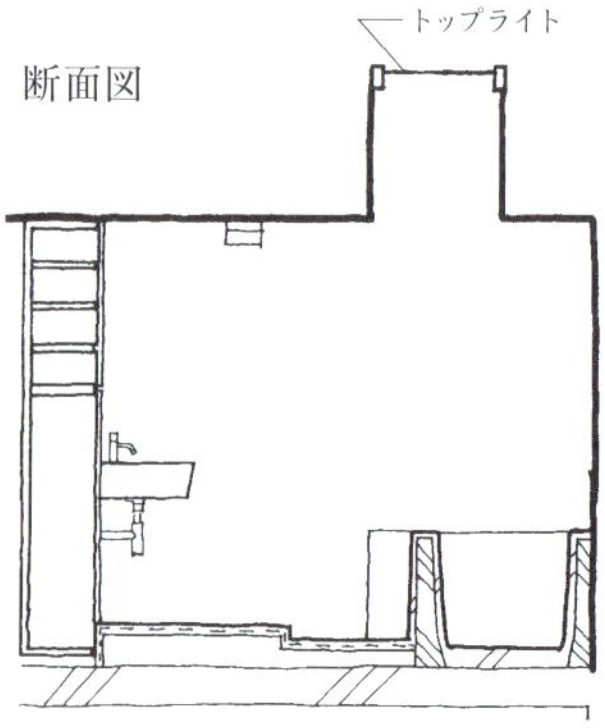

FRP 成型と左官仕上げで自由な形状に

卵型の建物の卵型の浴槽

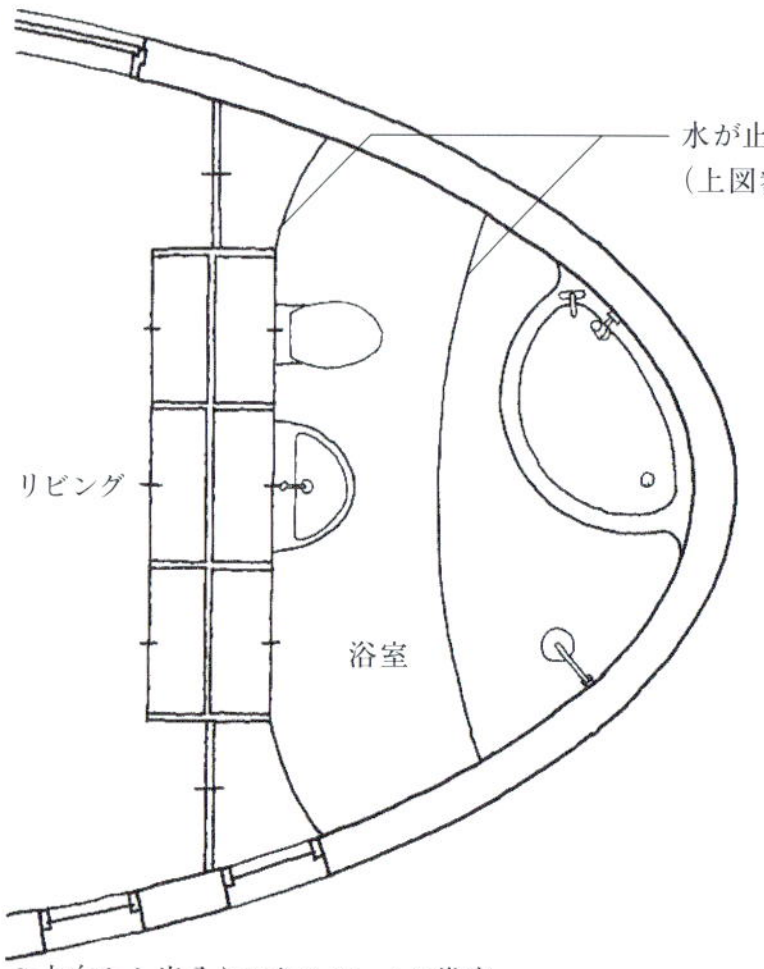

2 方向から出入りできる 3 in 1 の浴室

下地で「かたちをつくる」ことができればFRP防水と左官による成型は、基本的にどんなかたちでもつくることができる。もともと建物の形状から既製品の浴槽を合わせることが困難であったうえ、クライアントから形状と色の希望も受けてでき上がったのがこの浴室である。

A タイプ

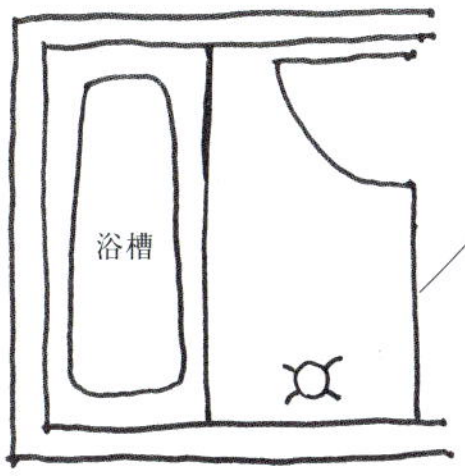

浴槽とガラスが接しない

B タイプ

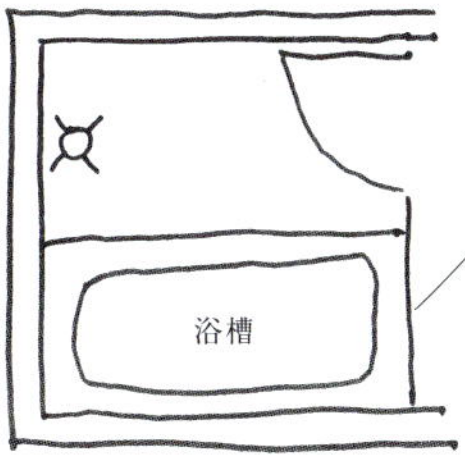

ガラスから浴槽の側面が見える

ガラスパーティションで緩やかに仕切る

ガラスパーティションに浴槽が当たる部分をフロスト仕上げとしている

浴室と洗面脱衣室を一体的に広く見せる方法として、他の例でも紹介しているガラスのパーティションである。Aのように浴槽が奥に入れば、ガラスパーティションと干渉しないが、Bの向きになると浴槽が接することになる。浴槽の裏側は通常隠れるので見せる仕様にはなっていないため、接する部分のガラスをフロスト仕上げとし、更に裏側からアクリル板を当てている。

遠くから浴室方向を見る

断面詳細図

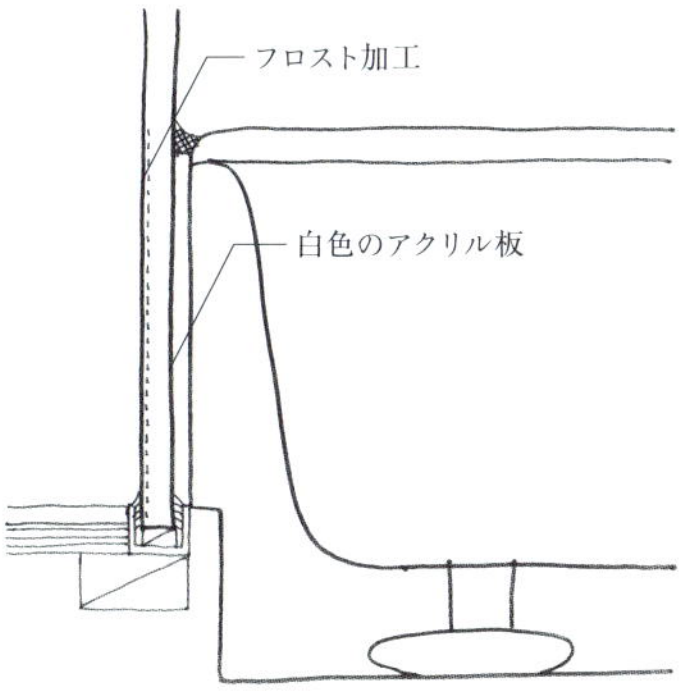

パーティションの強化ガラスの下部をフロスト加工し、
裏から白色のアクリル板をおあてている

オープンな洗面浴室の工夫あれこれ

洗面室側にTVを置く台を設けている

一見よくあるオープンな洗面浴室であるが、建築が好きなクライアント夫妻と話し合って様々なアイデアが盛り込まれている。浴室でTVや映画を鑑賞したいが、浴室用の小型のものは交換も含めて不満があったため、洗面室側にTV台を設け、浴室内に設置したスピーカーにつながる端子を用意した。思いのほか気になる超高層マンションからの視線をカットするために外部にルーバーを設置。浴室内のトイレはまるごと洗い流せる壁掛け式とし、シャワーの水をよけるため、トイレットペーパーは扉の中に収めた。

窓の外、超高層マンションからの視線をコントロールするルーバーを設置

開放的でも視線はカット

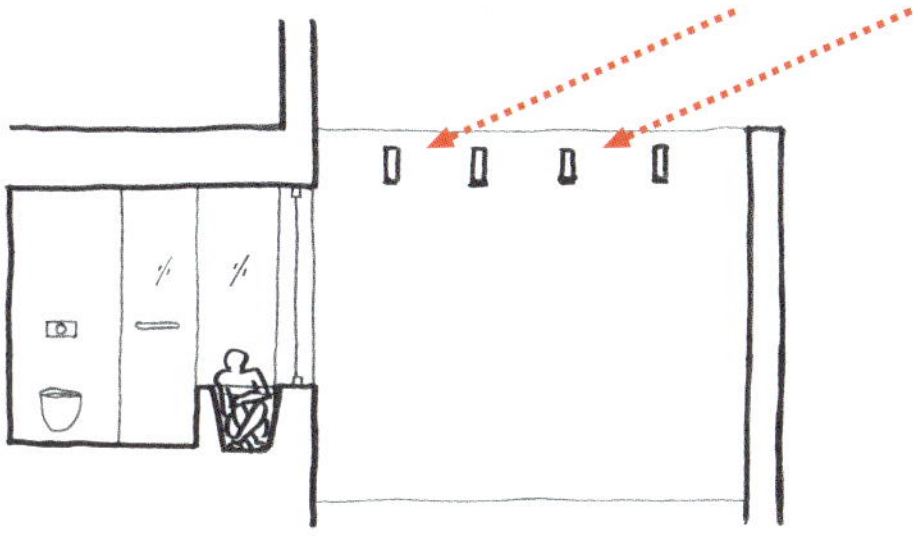

ルーバーによって超高層からの視線をカット

浴室内のトイレ、トイレットペーパーに水よけ扉

外光に導かれる洗面〜浴室

次の部屋に光が満ちているというだけで期待感が高まる

洗面脱衣室から浴室のガラス扉を見た写真であるが、実際には洗面室にも外光が入って写真ほど暗くはない。家全体を広く感じさせる手法として「抜けのあるプラン」を用いることが多いが、抜けとは必ずしも目線が通ることではなく、突当たりに光がある、というかたちでも、別の効果が得られる。

くもりガラスの扉を閉める、開ける

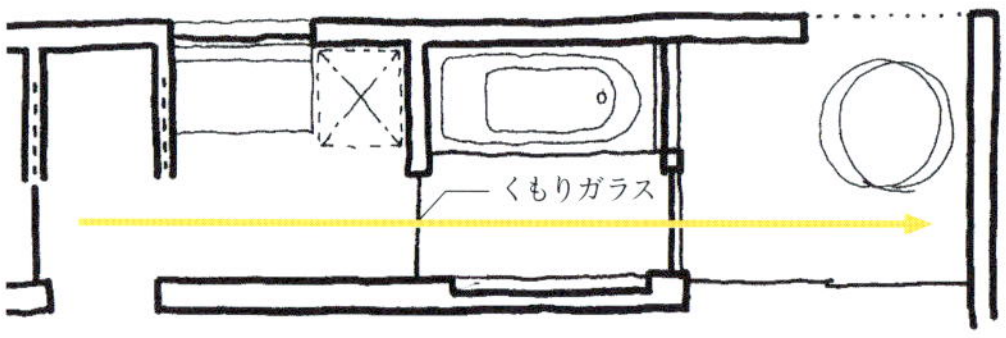

くもりガラスで仕切られるが、光は抜ける。直接見えないことによる期待感の演出

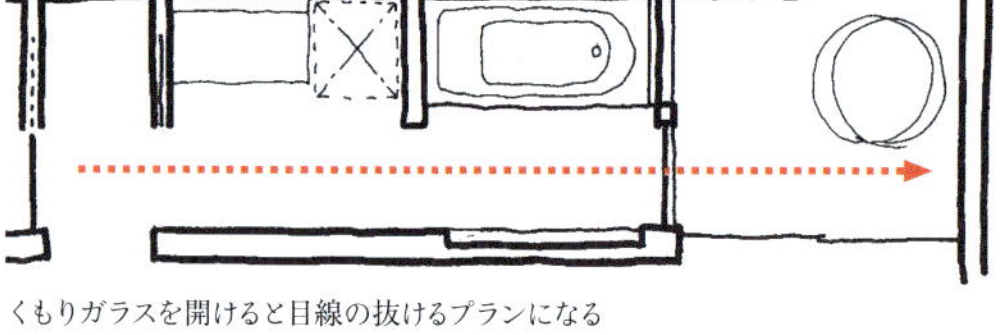
くもりガラスを開けると目線の抜けるプランになる

洗面トイレ、浴室、バルコニーまで ひとつながりの長い空間

東の高窓から入る日射し、南正面の山の風景、連続する鏡に写り込む景色

つながることで一層広くなる

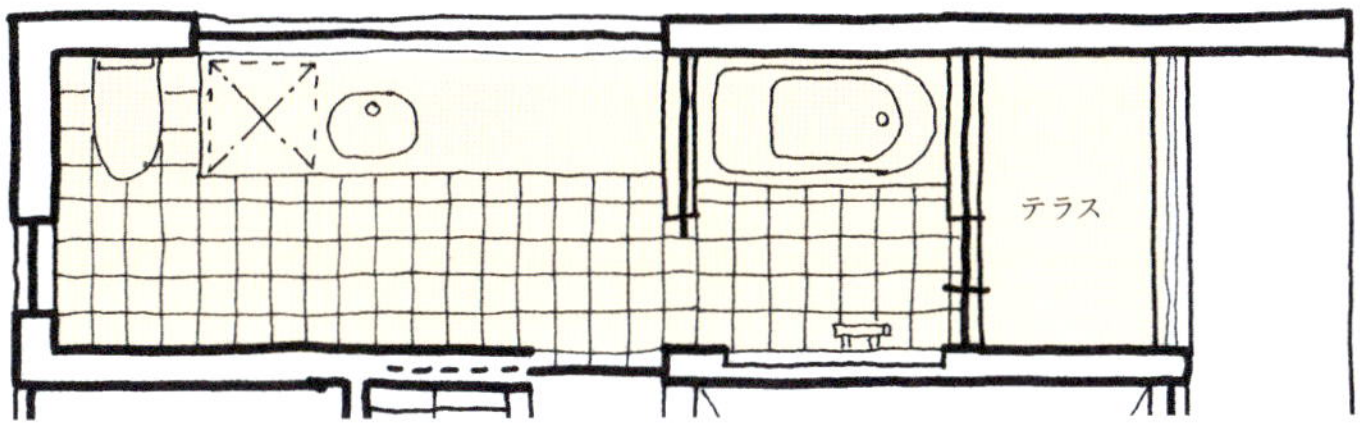

展開図

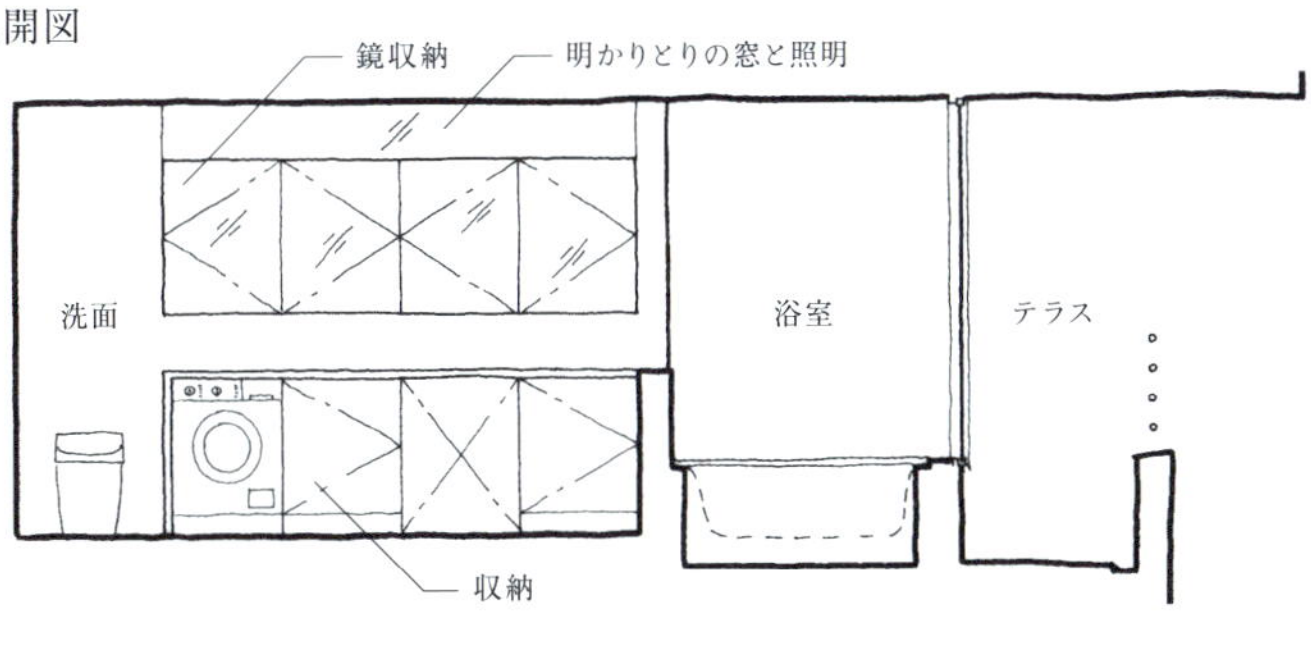

洗面、トイレから、浴室を抜けてバルコニーまで、3間半（約6・3m）の長い空間である。バルコニーの先には山の斜面が迫り、連続する鏡がその景色を増幅する。鏡の上部にある東向きの高窓からは朝の光が入ってくる。

タイルの質感を楽しむ浴室

モザイクタイルと対照的な600mm角の壁タイルを組合せている

昼間の白い光が入っていてもなんとなく温かみのある浴室。この感覚は、タイルの色調と質感によるものである。陶器類は純白、水栓金具は鏡面クロームに統一することで更にコントラストが際立つ。床に300mm角、壁は600mm角の大判タイルを使いながら、ポイントで小さなガラスモザイクタイルを組合せている。シンプルなレイアウトでありながら素材の質感が良い味付けとなっている。

ガラスでゆるやかに仕切られた
3 in 1の浴室

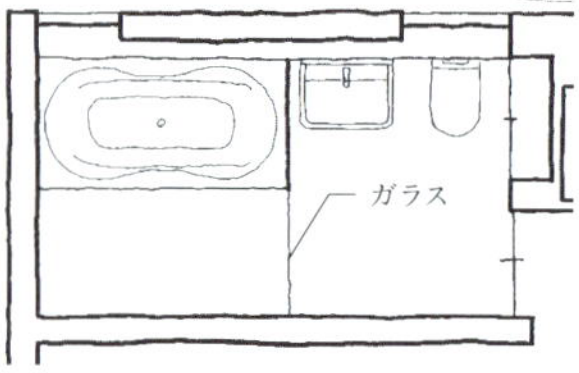

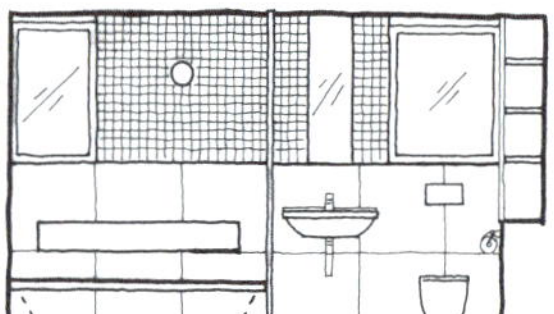

600mm角の大判タイルとモザイクタイルの組み合わせ。掃除がしやすい

浴室とつながる風景

浴室から洗面、トイレまでのつながり

ガラスモザイクタイルを使って特別な空間とした浴室の例である。こういった「特別な雰囲気の部屋」を用意する場合、その部屋とつながる空間との関係性が非常に重要となる。同じ仕上げで洗面脱衣室までつなげることも多いが、この例ではニュートラルな白い空間につなげている。その洗面脱衣室とつながるリビングも白と黒を基調とした空間で、浴室の光と色彩が強調される。モノトーンのリビングも、家具をはじめとする様々なモノや生活が入ることによってさまざまな色が入ってくるので、部屋同士の関係性は保たれ、違和感は無い。

浴室から（洗面のドアを開けると）見えるリビング

浴室と洗面室を一体化させる

強化ガラスを欠込んだだけの手掛け。存在感を消したハンドル

ガラス扉下部。水返しの段差は、浴槽やシャワーとの位置関係、扉が開く方向によって異なるが、およそ30～50mm。汚れを落としやすいステンレスやアルミを用いることが多い

浴室と洗面室（脱衣スペース）を一体化させて広く見せるためにガラスで仕切る方法があるが、ガラスの存在感をより一層無くすために、ハンドルをなくして手掛けにしたり、枠を壁・床・天井に埋め込んでいる。

トイレと浴室をガラスで仕切る

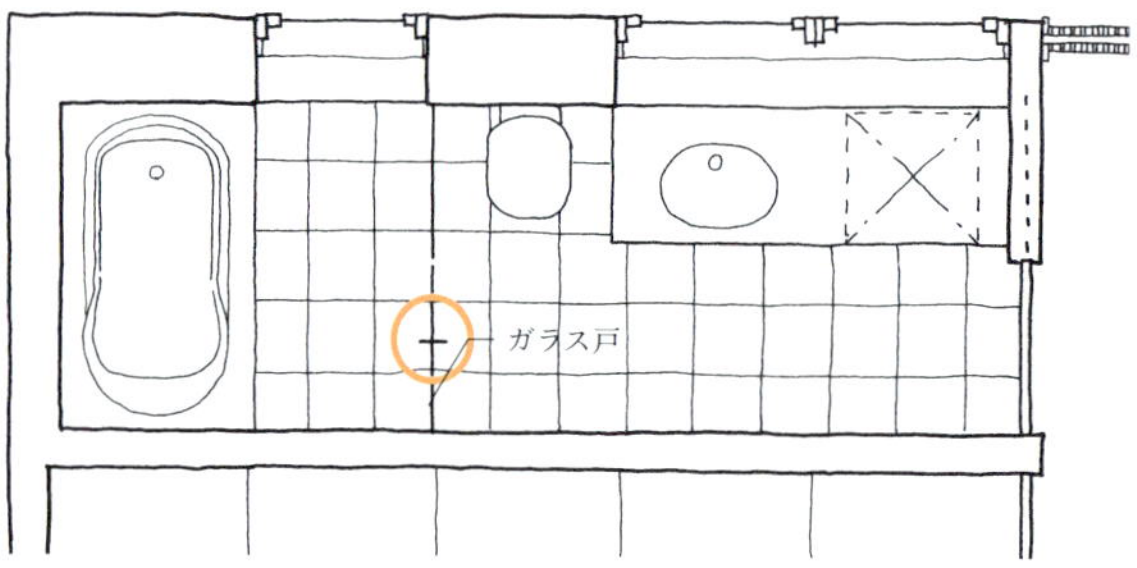

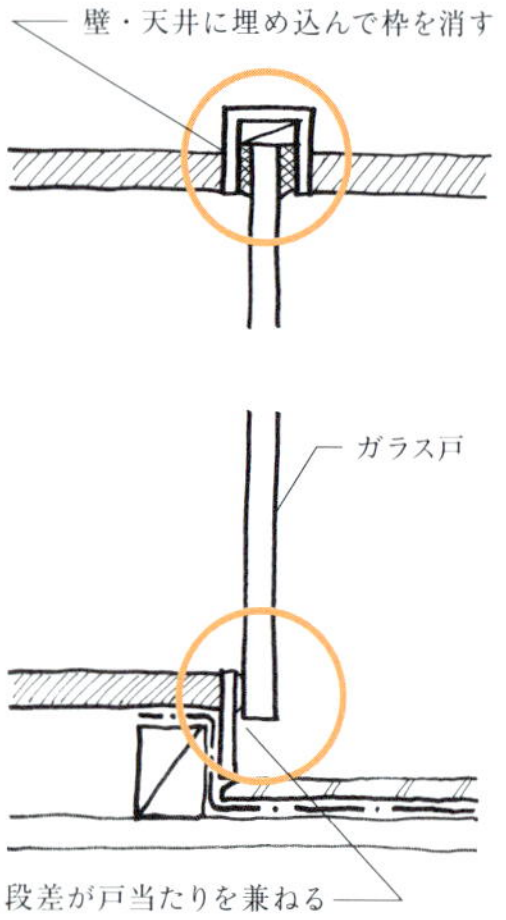

ガラス扉上部。開いていても閉まっていてもスッキリシンプルに

ガラス扉からハンドルが無くなることで、浴室と洗面室がより一体化する

居室のような洗面脱衣スペース

床や壁の仕上げを浴室と一体化させるのではなく、居間から連続するような洗面脱衣スペース

表現の善し悪しは別として「ホテルのような洗面室」という要望を受けることは多い。何をもって「ホテルのような」と感じるのだろうか。決して全面に大理石や鏡を張ってほしいということではなく、違和感なく居間と連続するような雰囲気が重要なのではないだろうか。仕上げ材の選択、組合せ、間接照明によって、落ち着いた雰囲気の洗面脱衣スペースを演出することができる。

リビングと洗面室の床仕上げをそろえる

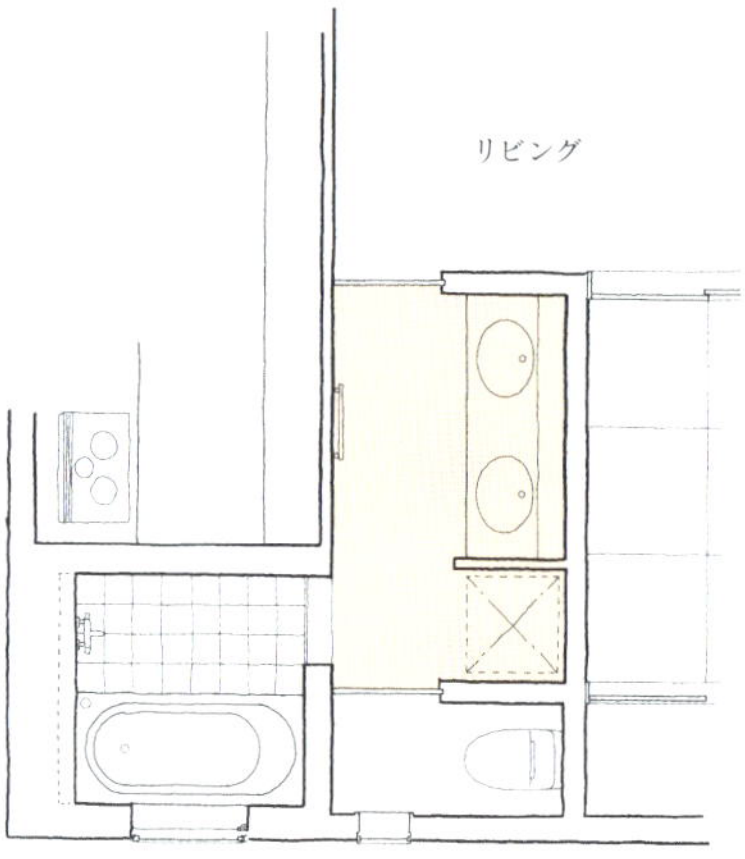

居間から連続する床壁の仕上げ。天井はセランガンバツ

展開図

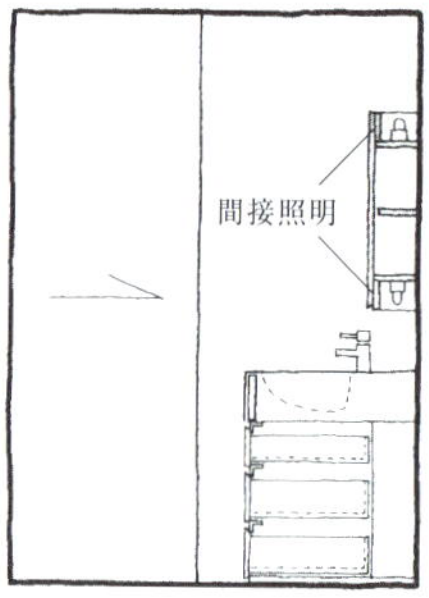

鏡棚の上下に電球色の間接照明

洗面脱衣＋洗濯室をコンパクトにまとめる

一体成型カウンターの下にドラム式洗濯機を設置

一坪の洗面脱衣室に洗濯機が入ると通常はかなり窮屈になってしまう。もしカウンター下にビルトインできるタイプの洗濯機で良ければ、シンクと一体化した一間幅（約165cm）のカウンターが入るため、かなりゆったりとした印象になる。3面鏡になる鏡収納の上下に間接照明を仕込むことで手狭なイメージは払拭され、収納もたっぷり用意できる。

コンパクトな洗面室

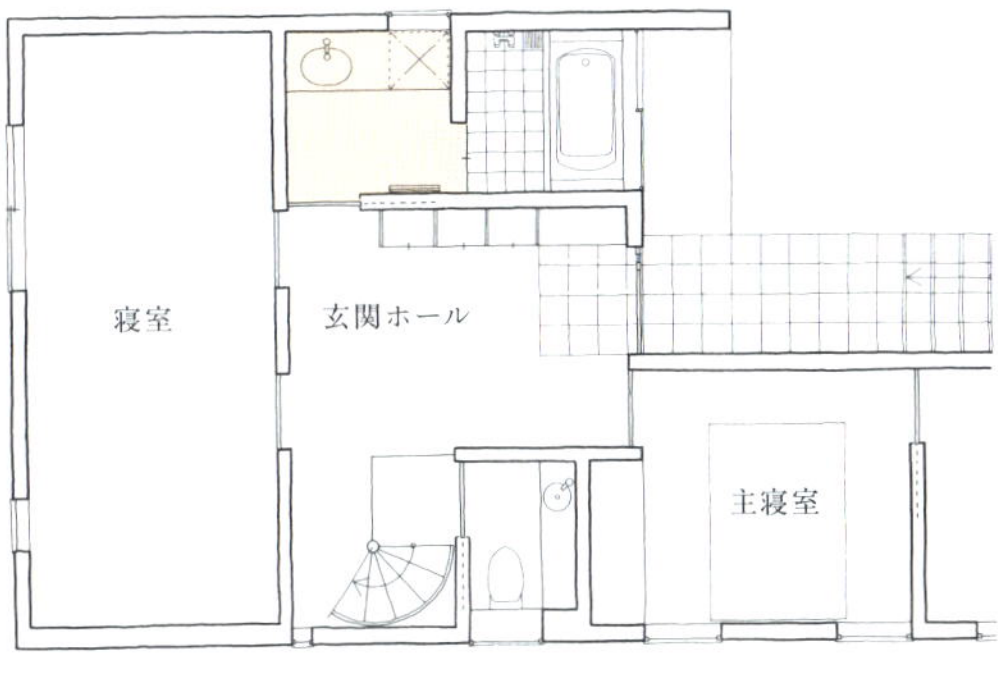

天然石のようにランダムな形状のガラスタイル

アクセントタイルを用いた洗面台

洗面台の部分のみ壁タイルが切り替わる

基本的に、ひとつの部屋の中で仕上げ材を切り替えることは少ないけれど、タイルに関してはその素材の特性上、アクセントやポイントの表現として特殊な素材を使うことがある。多くは施主の要望によるもので、私達はその組合せのバランスについて検討提案し、まとめていく。長く使うことを前提に、飽きがこない範囲で遊びを演出する。

タイルでアクセントを付ける

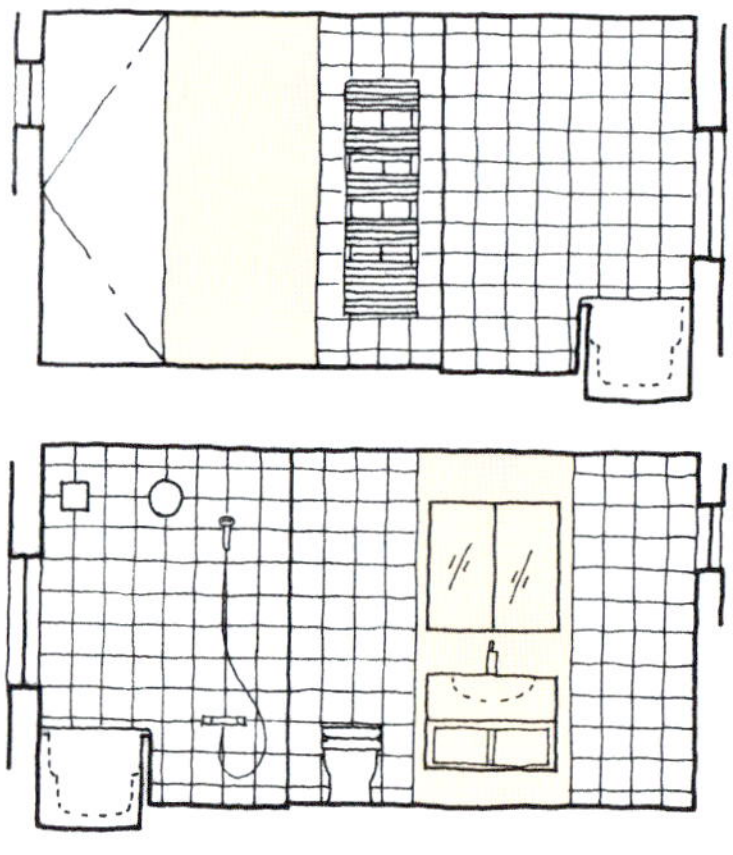

ガラスタイルで光の反射を楽しむ

高窓と地窓のある洗面室

この洗面所には朝日の入る大きな高窓と、風抜きのための地窓が開いている。ちょうど壁掛け便器の横になるので少々大胆な印象もあるが、自分の家の駐車場と中庭に面する窓であるため、外から視線が入る心配は無いうえ、ちょうど目の高さが壁になっている。明るく開放感があって天井の高い洗面所は気持ちの良いものである。

トイレの脇の壁に大きな高窓と地窓がある

外からの視線は入らない

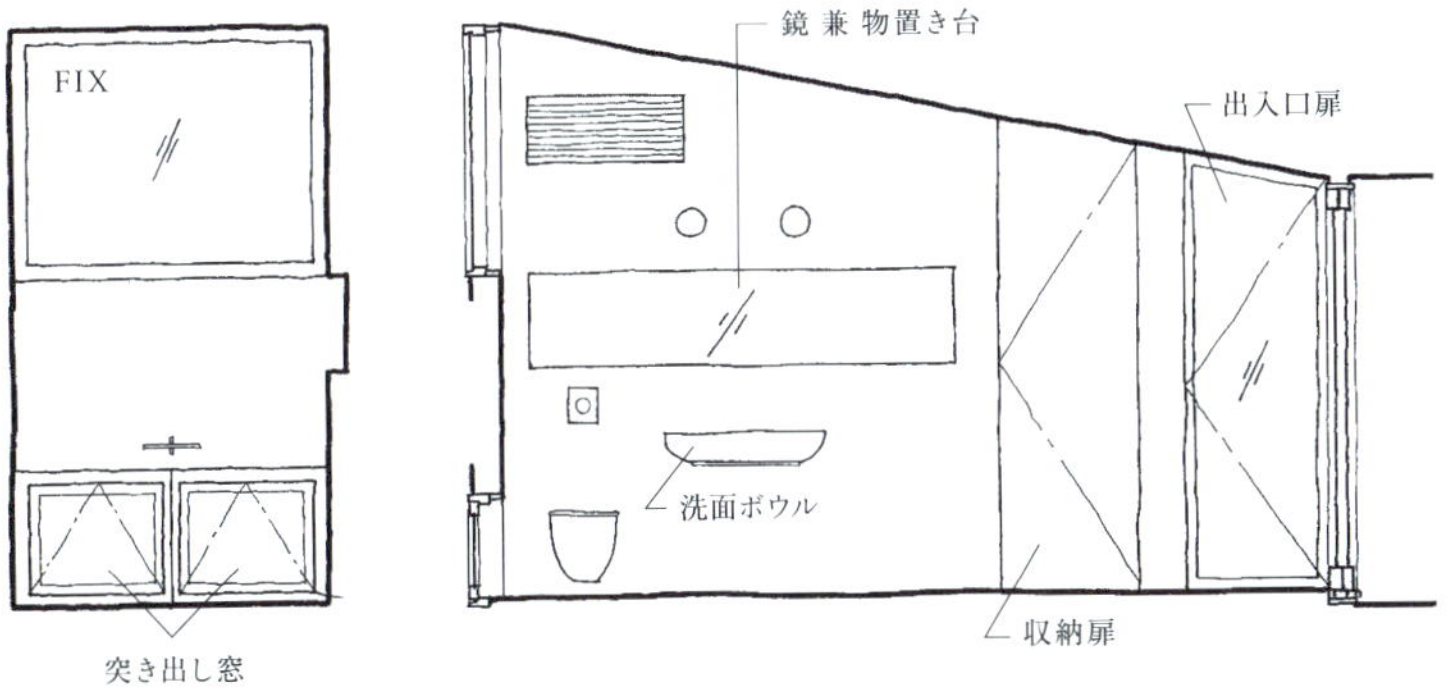

天井の高い洗面所は気分が良い

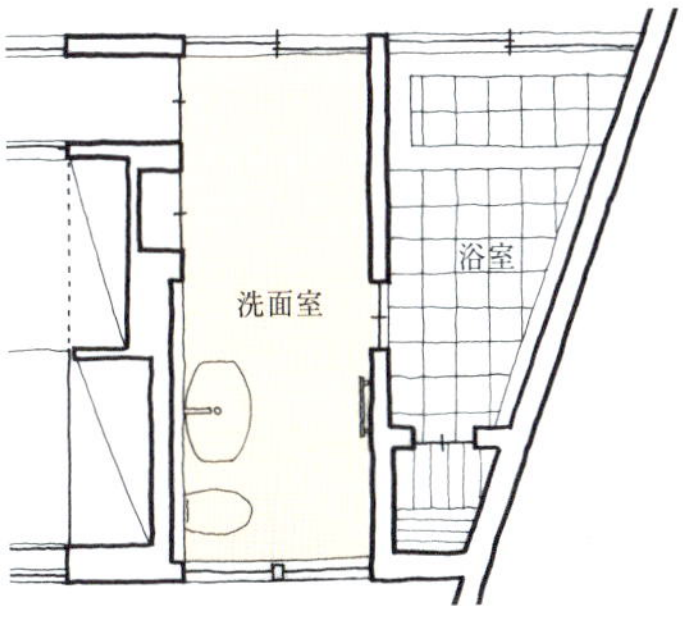

化粧鏡の上下に光と風の入口を

洗面所、鏡の上下から光を取り入れる

敷地の裏側にあたる位置の洗面所。景観も日射しも期待することはできないが、間接光は充分に入ってくる。化粧鏡の上下にスリット状の窓を設け、フロストガラスから柔らかい光が入る。下の窓はすべて開いて換気することもできる。洗濯機は奥のボックスに入るので普段は見えない。

平面図

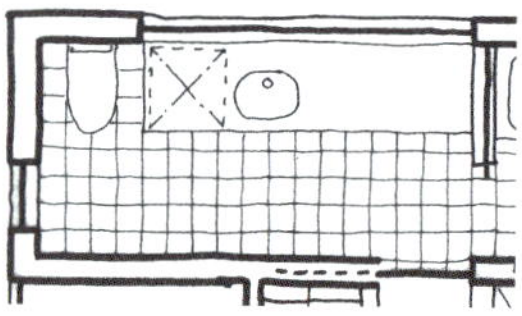

展開図

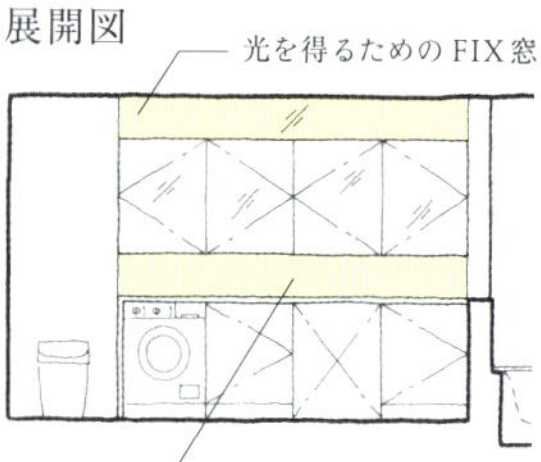

一体成形なのでシンクとカウンターに継ぎ目がない

きれい・よごれにくい、一体成形の洗面カウンター

常に水の付く洗面器まわりのディテールは、最終的にシールに頼ることが多く、掃除や経年変化の問題がいつも話題になるが、その悩みを一挙に解決してくれるのがこの製品（デュポン、コーリアンカウンター＋シンク）である。数種類のシンクの中から適するサイズを選び、カウンターの寸法は自由に変えることができる。前垂れの寸法は薄い板のようにもできるが、この例では20cmの厚みを与えている。まるで大きなカウンター材のかたまりからシンクも削り出してしまったように見える。

前垂れには見えない、石のかたまりを削り出したような洗面器

継ぎ目のないシンク

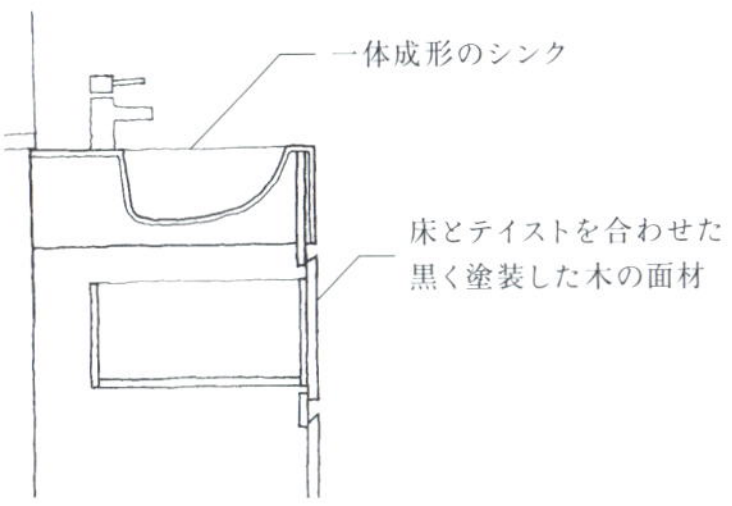

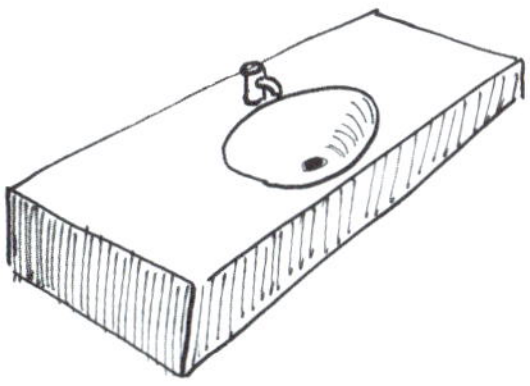

大きな石を削ったようなシンク

乾燥室にもなる明るい洗濯室

4畳程の白塗りの部屋。天井全面がトップライトで床には十和田石が敷かれている。洗濯機を回し、洗濯物を干すために用意された部屋であるが、寒い冬の日など太陽の光であためられた部屋は、物干しだけに使うことがもったいなく感じる。

季節によっては1日に3回干すことができると聞く。なかなかここまで特化された部屋を用意することは難しいけれど、いつでも外のように明るい、普通の家にはない特別な空間である。

洗濯機と洗濯シンクが置かれる

全面トップライトから陽が降り注ぐ

全面トップライトの洗濯室

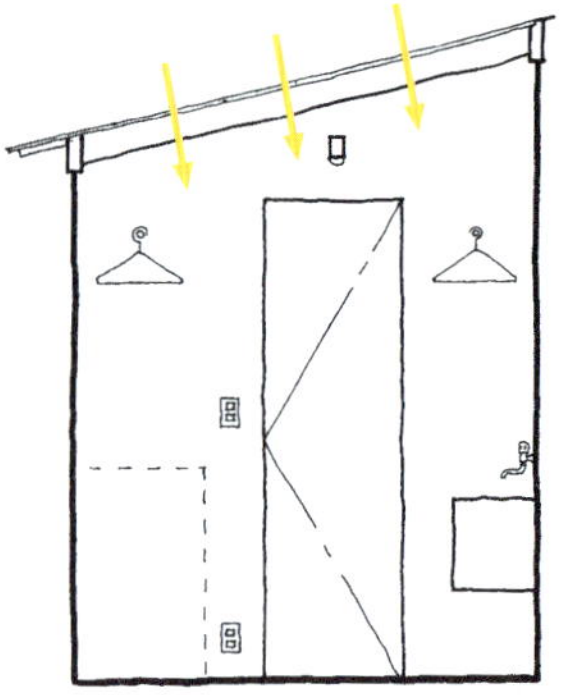

天井がすべてガラスで非常に明るい

家事動線に配慮

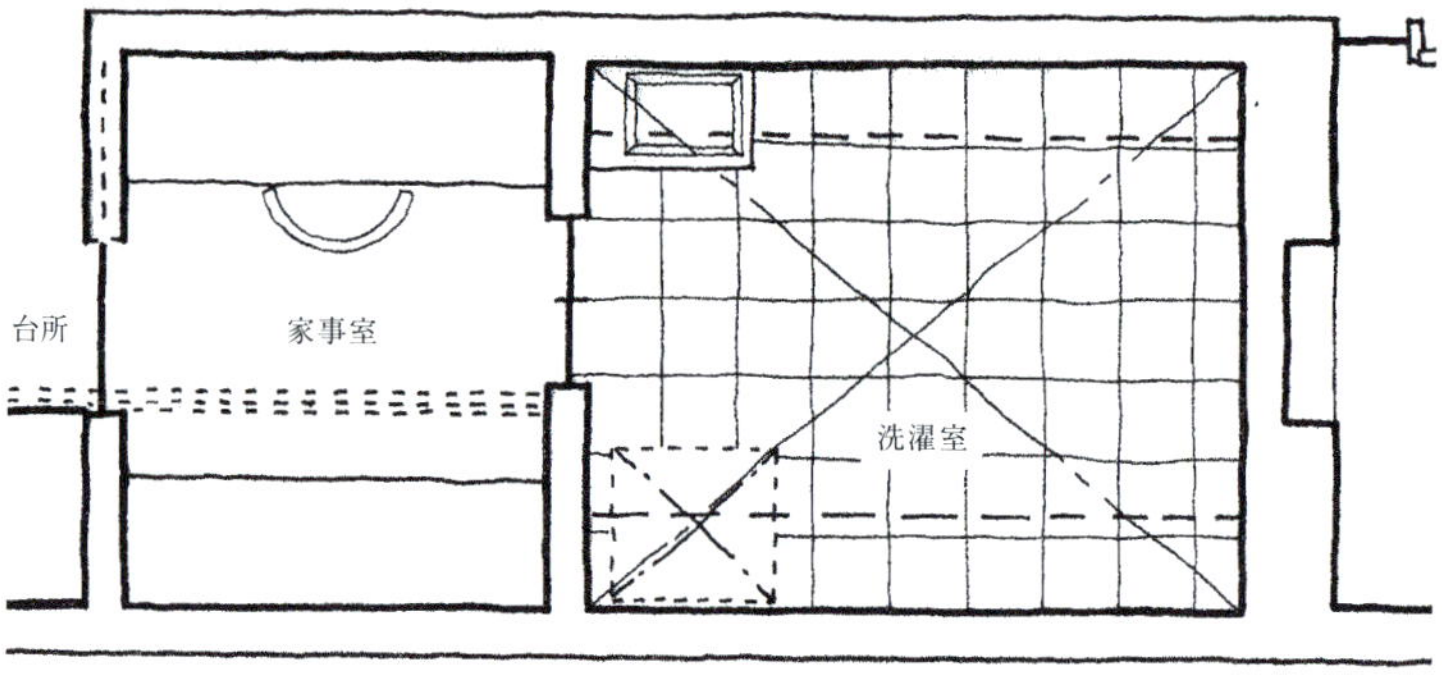

隣接する家事室でアイロンがけもできる

天窓見上げ。寄棟屋根のような天井の真ん中に天窓がある

明るく心地よい天窓のあるトイレ

ブラインドによって光の量を調節できる

お手洗いは、家の中でも裏側の陽当たりの悪い方に寄せられてしまいがちな部屋である。利用頻度は高い部屋なのに、環境的に恵まれないことが多い。そこでこのトイレには部屋の中央に天窓を付けている。トイレにいながらふんだんに光の入る場所。時間とともに明るさが変化する。空に向かって思い切り窓を開けることもできる。トイレの雰囲気が明るいとこんなに気分が違うものかと驚かされることがある。

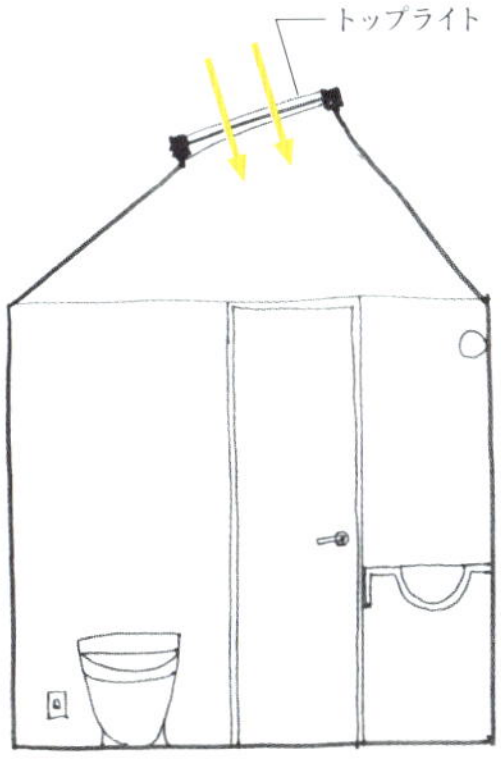

天空光の入るトイレ。日中は照明いらず

トイレは30cm広げるだけでゆったりする

尺寸のモジュールでプランニングをしていると、一畳の大きさのトイレとなることが多い。トイレの幅を30cm程広げることができたら、手洗いカウンターを通してかなりゆったりとしたイメージにすることができる。この例では更に壁掛け便器を用いてスッキリとおさめている。

一般的には76cmの幅を110cmにしたトイレの例

鏡の裏は収納に

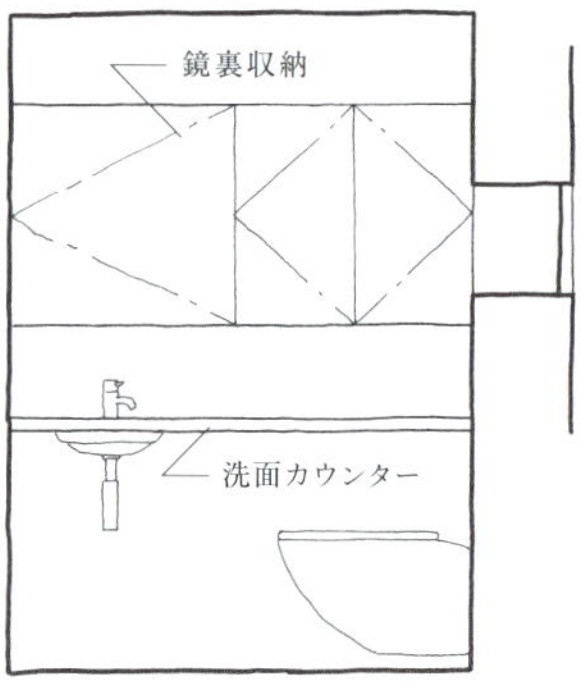

カウンター分だけ広げてゆったりと

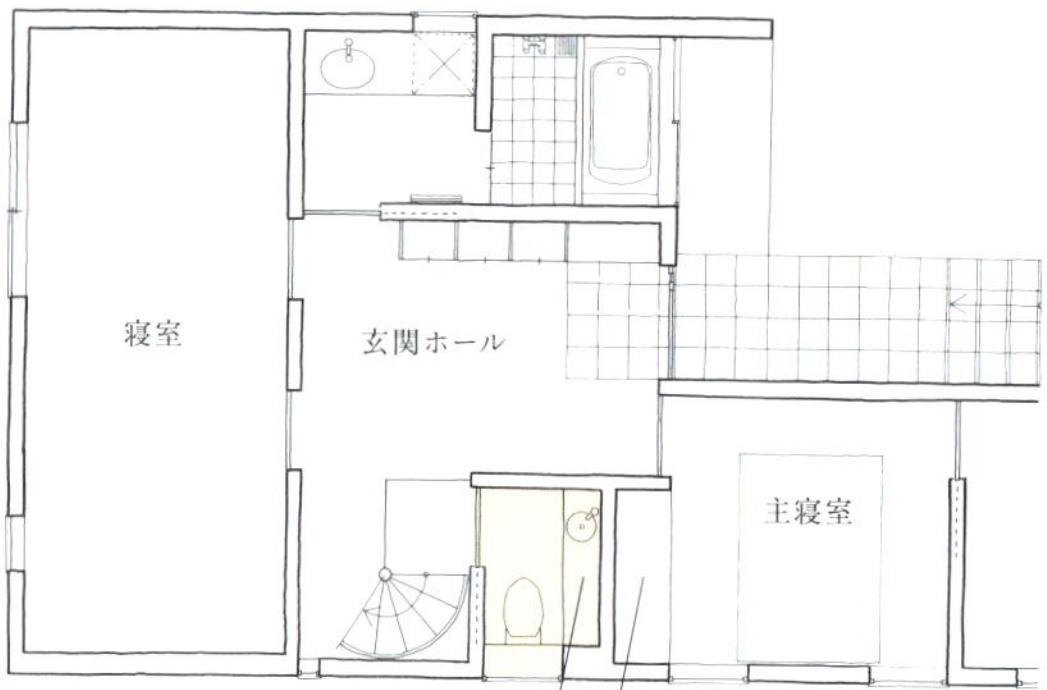

壁掛けトイレのある景色

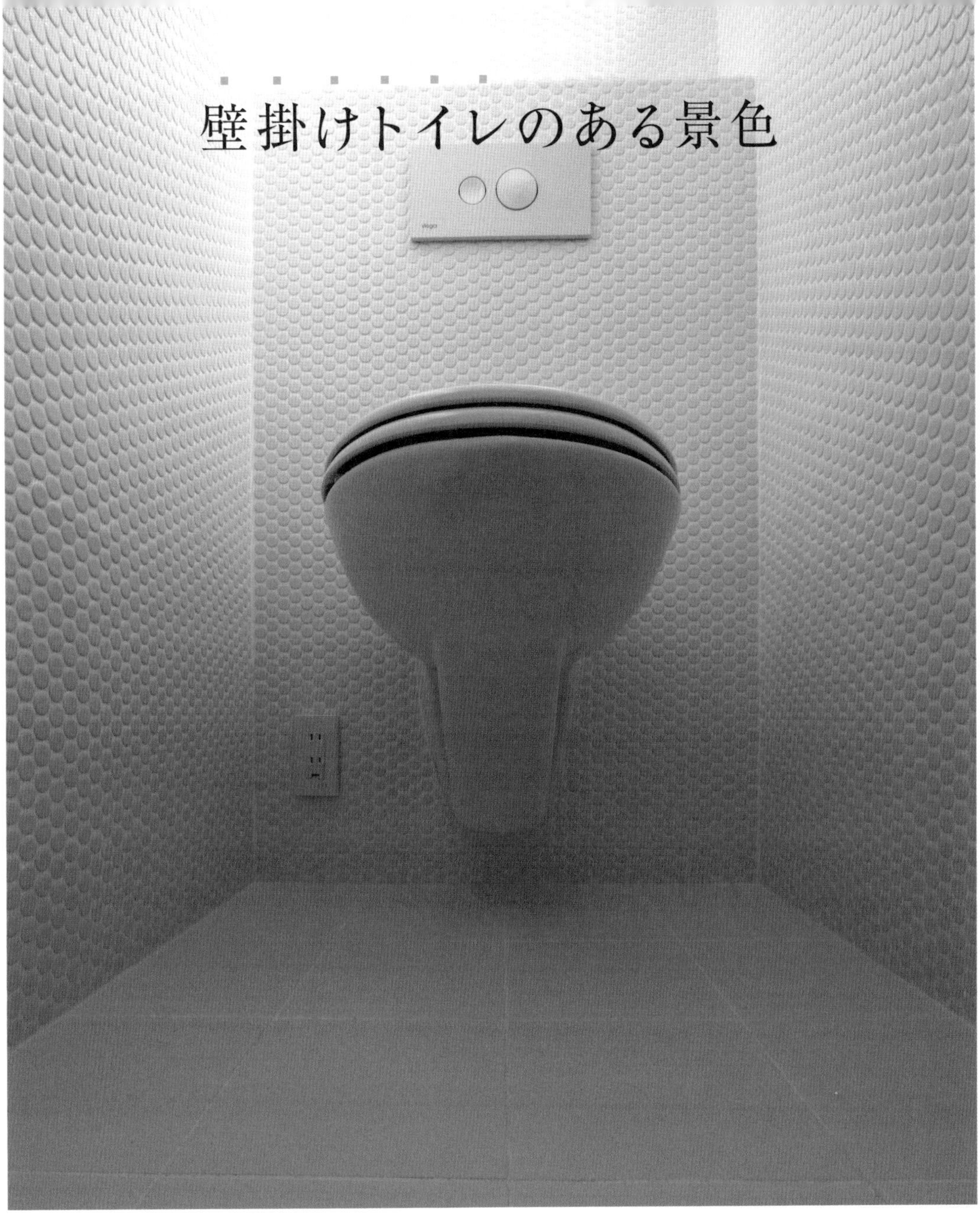

アート空間のようにも見えるトイレ

丸モザイクタイルの壁、白い床と天井、シンプルなかたちの壁掛け便器の組合せに、高い位置の窓から光が入る。スッキリとした気分の良いトイレであるが、少し目線を下げてみたら、現代アートのような不思議な空間が出現した。

白で統一されたもの、特に丸モザイクタイルの微妙な凹凸に当たる光の加減がこの雰囲気を演出している。毎日何度も使う場所だけに、光の当たり方によって見え方が変化するであろうし、ここに置く物を選ぶことも楽しい。

犬洗い専用のシンクをつくる

大きさを指定してシンクをつくる場合、今まではステンレス以外の選択肢はなかったのではないだろうか。ステンレスもその素材の特性からシンクに適しているが、冷たい質感はどうにもならない。ＦＲＰ防水で作ることで、細かい部分までかたちを自由に決めることができる上、周囲とあわせた色に着色することもできる。この例では希望の大きさで作成しただけでなく、ペット専用のヘアトラップも組み込んでいる。

平面図

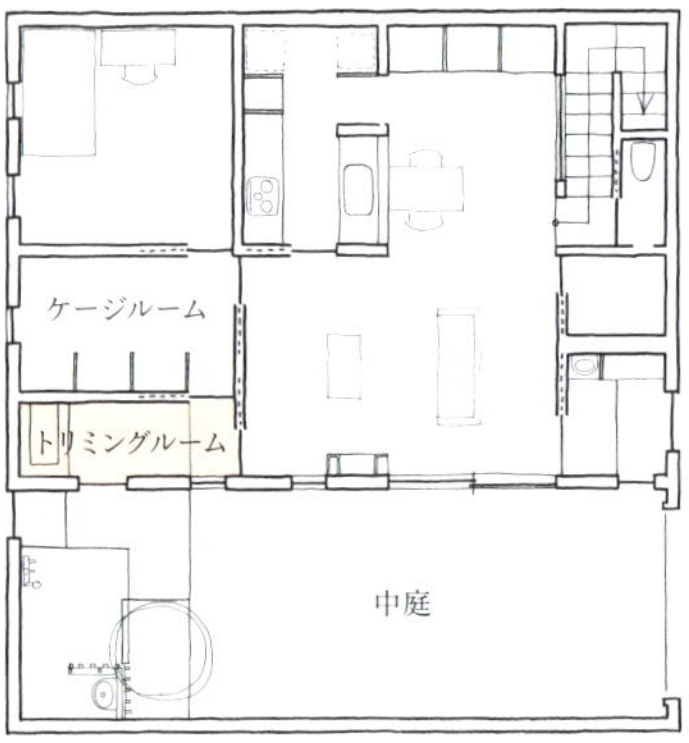

トリミングルームは室外と室内の中間に配置

トリミングルーム（断面図）

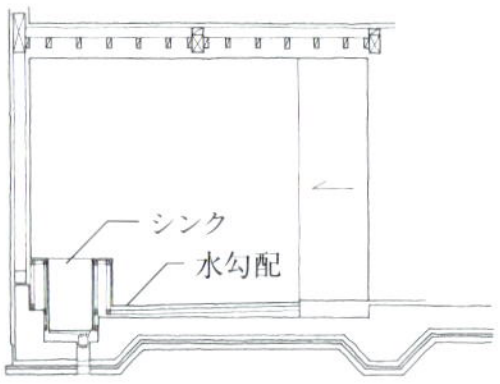

FRP（繊維強化プラスチック）防水で作った犬洗い専用シンク

住まいの善し悪しを決める窓・階段

3

モンドリアンの絵のような アルミサッシ

寝室の小窓も不規則な割り方

家具の入った風景

アルミサッシを組合せてモンドリアンの絵のように

2層吹抜けの空間にはめられた大きなサッシ。構造的には1階と2階のあいだに梁があるため、二つのサッシに分かれてしまう。この梁をサッシと同色に塗装して、枠を1階から2階まで通すことで、大きな一つのサッシに見えるようにした。「モンドリアンの絵のようにできないだろうか」という施主の要望にこたえて、サッシを不規則に割り付け、ひとつの見せ場をつくっている。

サッシを絵画のように割り付ける

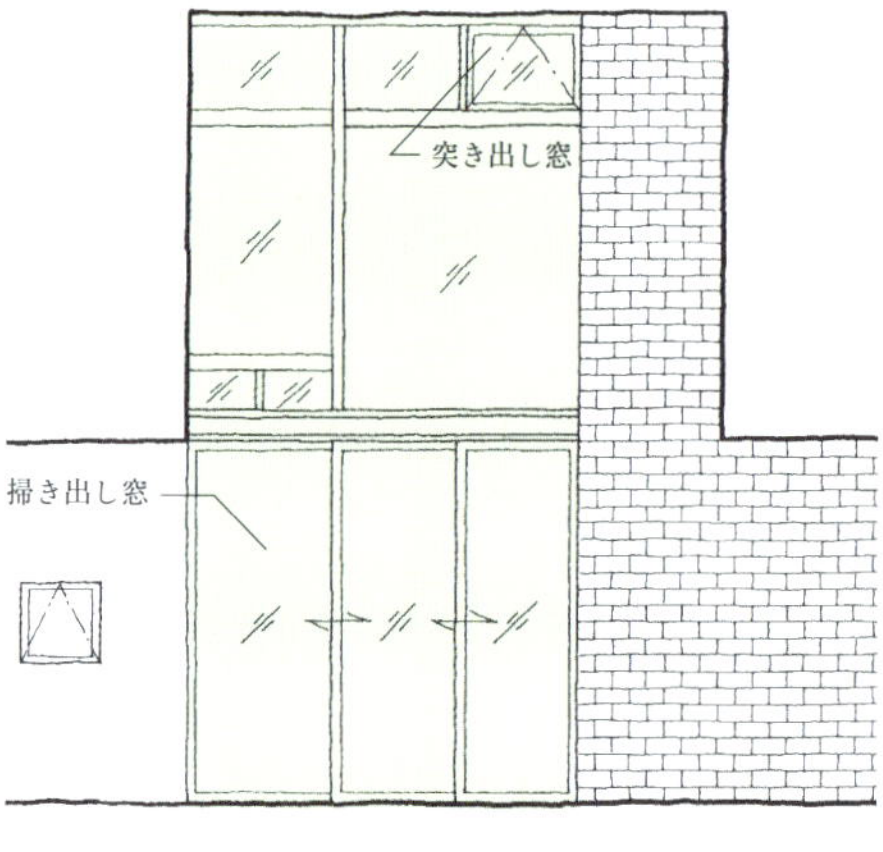

吹抜けの大開口

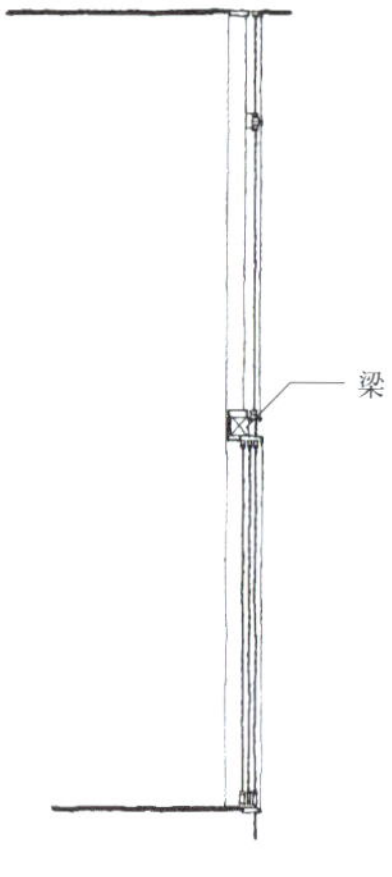

北側の部屋の奥まで光を届ける中庭と大きな窓

リビング両側の大窓

中庭は光の筒のような効果に

北側のダイニングキッチンにしっかり光が入る

光が奥まで入る

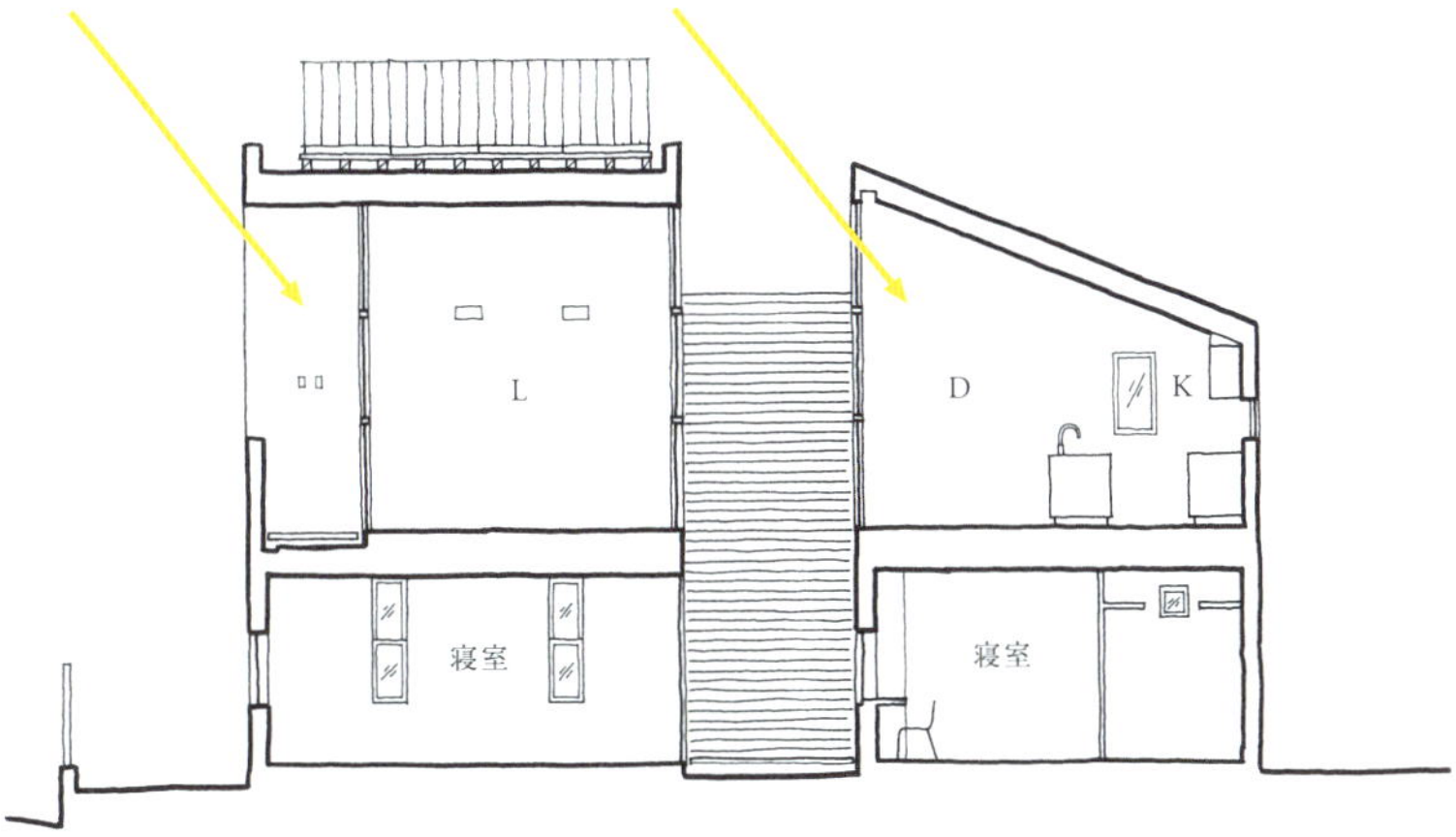

北側の部屋まで明るい陽の光を入れたいとき、中庭をとることは多いけれど、この家は更に2階の天井を高くとり、天井高さいっぱいのサッシを入れることによって北側の部屋の奥まで光が届くようにしている。この場合、気を付けなければいけないことは、逆に日射の制御である。ここではリビング側には深い軒を、ダイニングキッチン側には電動のブラインドを設けている。

スリットから漏れる光

ガラスブロックのスリット

スリット脇の壁に照明を埋め込み、夜間も光で満たされる

スリットから漏れ入る光。光の広がりが感じられる

小住宅では可能な限り「通路」をなくしてプランを考えるが、意図的に「通路」を作ったり、必要に迫られることもある。隣家が密接していれば、通路の先に窓を設けることさえままならないことも多い。そこで、見通しはなくても光だけは取り入れることができるスリットが登場する。様々なタイプのスリットからここでは「ガラスブロック製のもの」と「間接照明入りのもの」を紹介する。

間接照明の仕組み

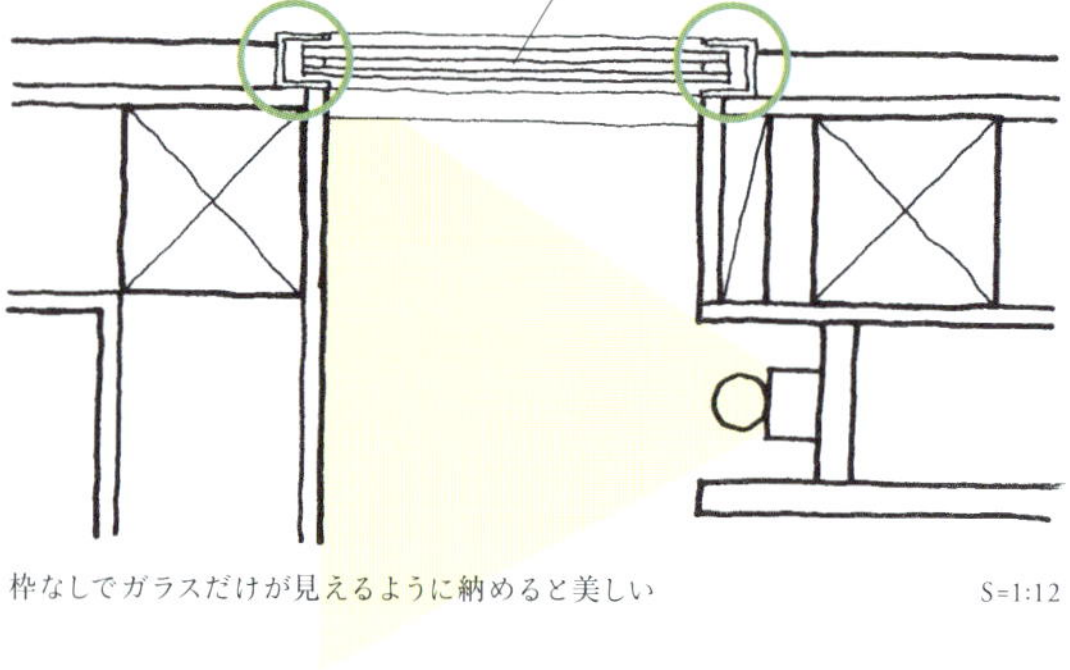

枠なしでガラスだけが見えるように納めると美しい　S=1:12

入口を「光の漏れる洞穴」にする

照明が灯もると光の漏れる洞穴に

表札とインターホンにも明かりが灯もる

昼間はポーチが洞穴のように見える

シンプルな形状の建物に入口の穴があいていて、そこから光が洩れている、という絵は、「家の暖かい風景」を象徴しているように思う。できれば入口の奥が若干広がっていて、光源が直接見えない位置にあることが望ましい。

洞穴のような玄関

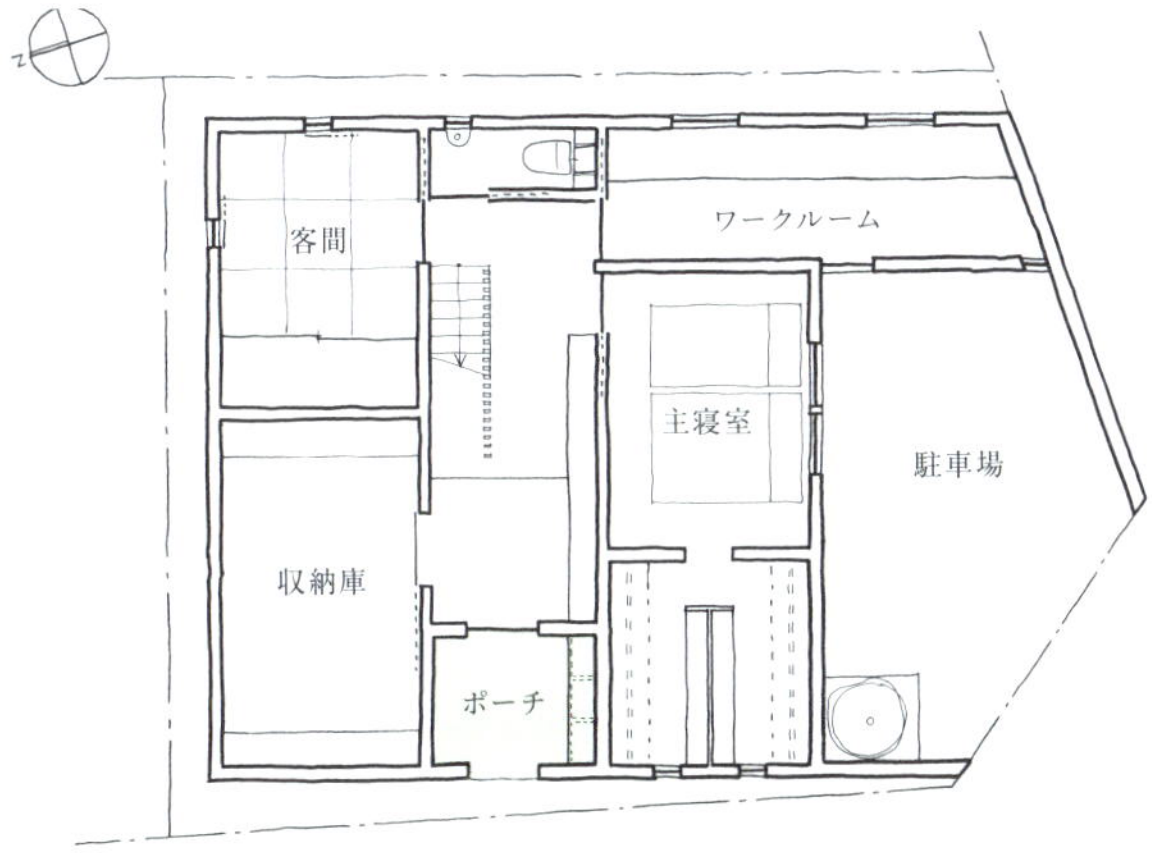

建物の隙間から光を取り込む

階段下の化粧スペースには自然光が降り注ぐ

家の奥のほうまで自然光が届くようにしたい、という要望の住宅だった。化粧スペースは建物の中央部で、中庭にも面しているが、とにかく自然の光が入ってくるようにしたいとのリクエストを受けて、「出窓トップライト」＋「出窓サイドライト」を提案した。通常の出窓は正面がガラス窓になるが、この出窓の正面は化粧鏡で、上部と両サイドが窓になっている。天空光は思いのほか明るく、横の窓は風抜き窓としても有効である。

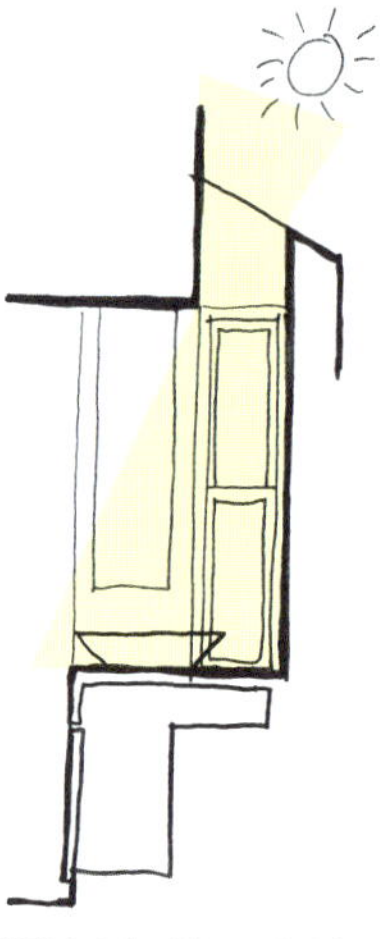

天窓から光が落ちる洗面台

奥の明るい部屋

写真は、駐車場兼駐輪場兼倉庫。奥の壁全面から乳白の柔らかな光が注ぐ。正面が普通の壁であれば何の魅力もない物置になってしまうが、逆光の中に置かれたものは、それぞれが特別な存在感を放つ、大切なものに見えてくる。

部屋の奥全面がポリカーボネイトのFIX窓

倉庫の奥から光が射し込む

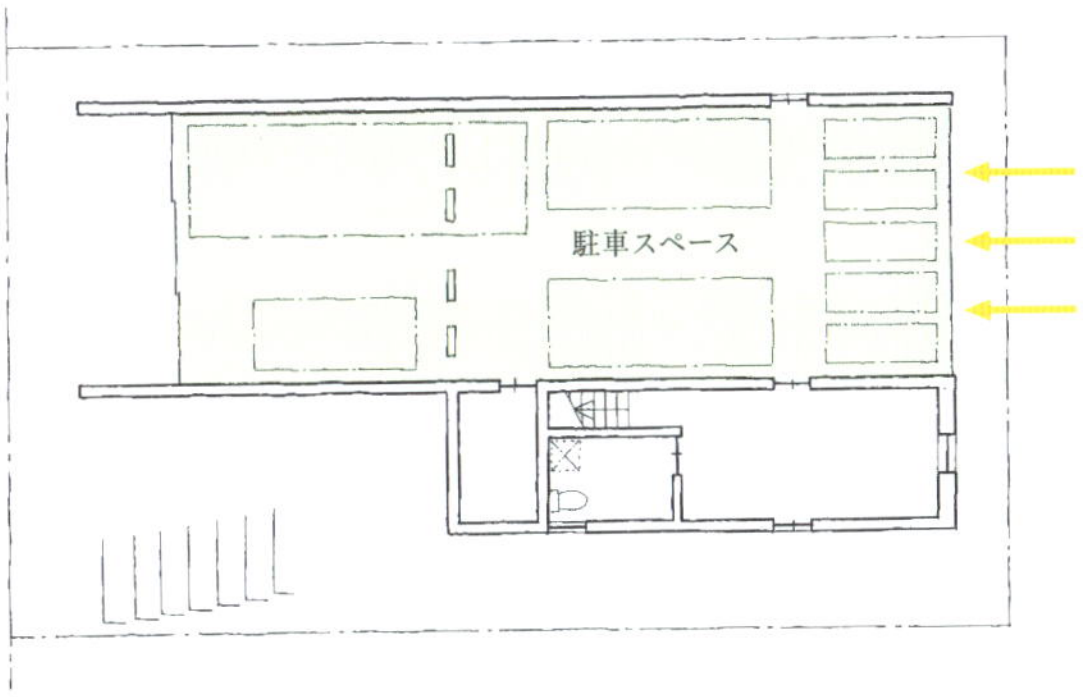

光と影が織りなす綾

ソファに落ちた光の模様は刻々とそのかたちを変える

床に落ちるブラインドの影

都内の住宅地にあって、1階で窓を開けたまま眠りたいという要望から付けられた縦の格子戸に横ルーバーの木製ブラインドが取付けられた。南の光をふんだんに取り入れることもできる窓であるが、無段階に縦横の格子模様を加えることで、涼しげな雰囲気を演出することもできる。

仄暗い空間を演出する

ダイニングからリビングと玄関を見る

キッチンからダイニングとリビングを見る

実際に生活する上で十分な明るさの空間であっても、まばゆい外光とのコントラストによって心地よい仄暗さを感じる場所を演出することができる。最終的には家具の配置、床、壁、天井の素材と反射率、光の方向と強さによって雰囲気が決まることになる。

開く窓・見る窓・通る窓

①左右で開く窓と見る窓の組み合わせ

②見る窓と開く窓

③通る窓と開く窓と見る窓

窓は、外を見るためのものであるばかりでなく、開くことで風を通し、人も通ることができる。当然全部開く窓にすればすべて兼用できることになるが、開かない窓はシンプルでガラス面積が大きくとれるという特徴もあり、上手く組合せることが窓デザインのポイントである。

①は中央にビューウィンドウとして左右から風を抜き、②はあえて均等でない大きさに割り付けている。③は用途ごとに組合せを変えている。

風通し用の窓は多少の雨でも開いておくことができる突出窓を基本としている。

それぞれ用途の違う窓

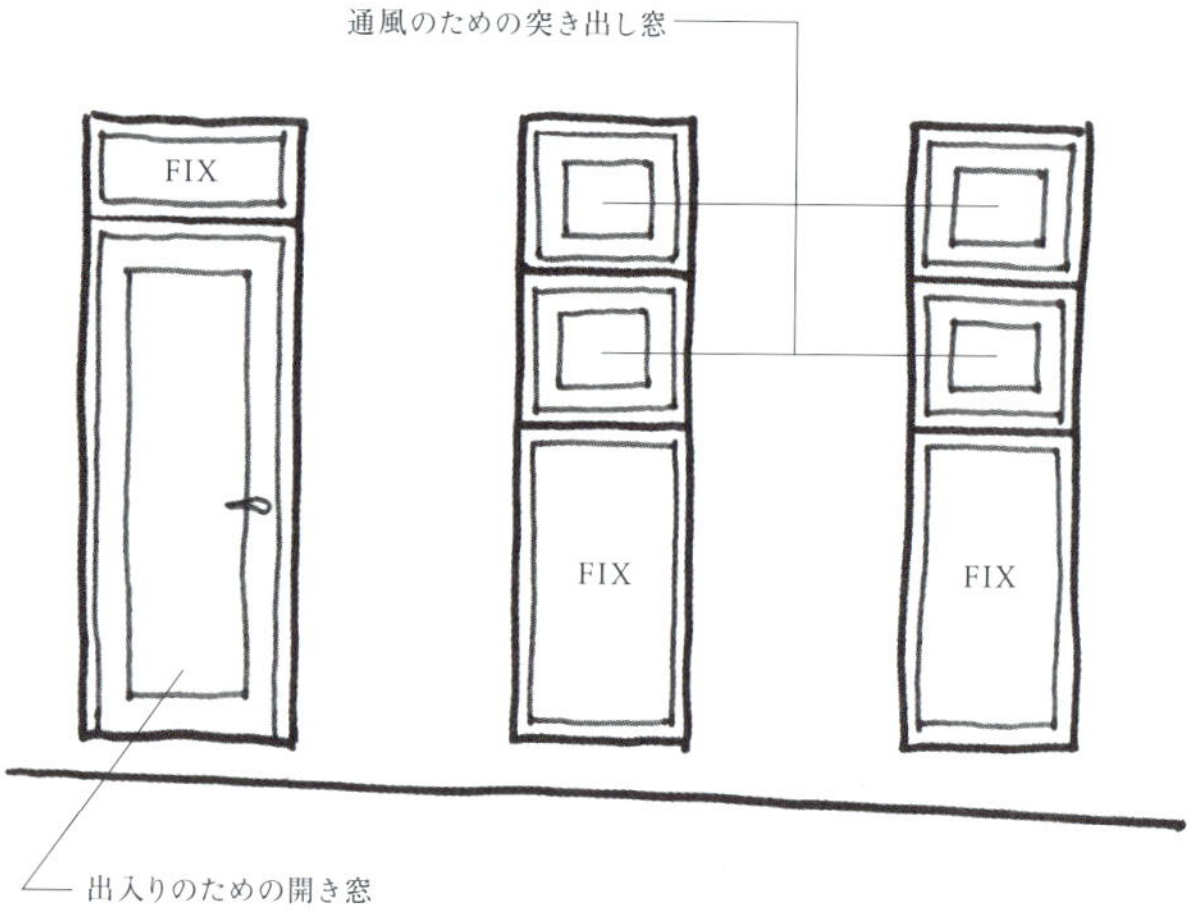

北東向きに撮った写真、間接光と反射光が入る

良好な光が得られる北側の窓

「日当たり良好！」という謳い文句があるけれど、直射日光がすべて有難いわけではない。間接光と反射光だけでも十分に明るくすることもできるが、直射日光はコントロールする必要にせまられることも多い。

写真は北東を向いて撮ったものであるが、北側の大きな窓（写真正面）からは、上階ダイニングの窓に反射した光が入っている。東側の入口から見える光（写真右側）は両方とも間接光である。

光を集める

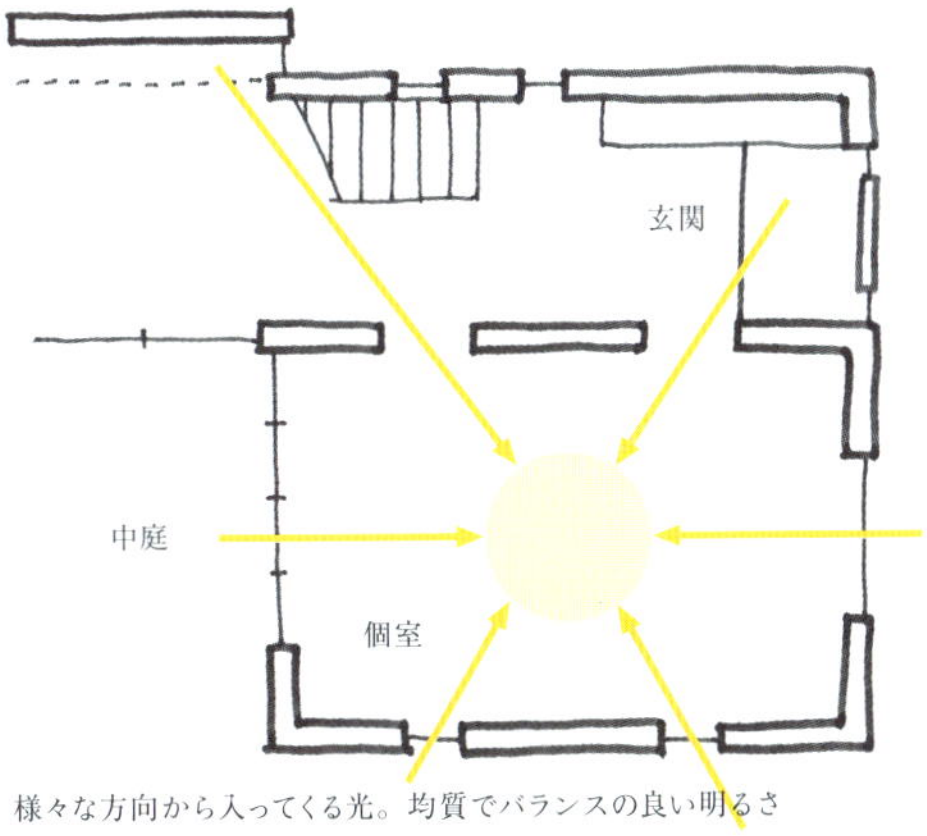

様々な方向から入ってくる光。均質でバランスの良い明るさ

ペットが出入りできる網戸

「網戸は必要だがペットが自由に出入りできるようにしたい」という要望は少なくない。ドアに取付けるペット用出入口は売られているが、狙い通りに使ってくれないこともあり、まして網戸用というものは見かけない。ここで用意した網戸はとにかくシンプルで、調整可能なもの。上部はしっかりとした網戸で、出入用の穴は後から布や網をピン留めで垂らして、様子を見ながら交換することができるような仕様としている。

カーテン部分から出入りする

人が出入りする通常の開き戸としても使うことができる

下部に通り抜ける穴を設けている

レールの見えない縦長障子

小窓３つに対し、床から天井まで縦長の障子が付いている

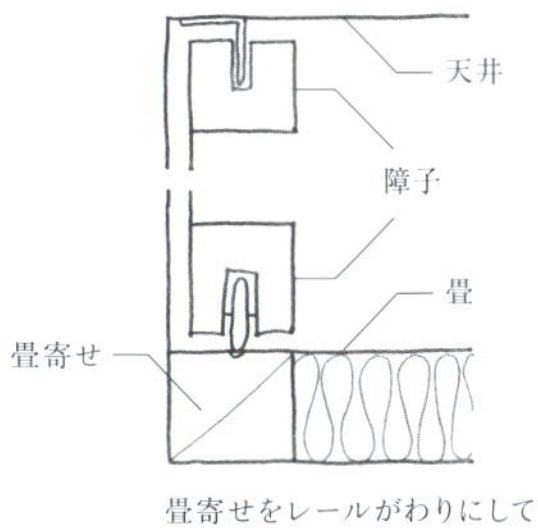

畳寄せをレールがわりにしている

敷地奥の角にある和室には、採光と換気のための小窓が６つ設けられた。上手く障子をはめる方法がないか検討した末、窓３つ分を覆う床から天井までの高さの障子を設置することにした。レールは畳寄せをそのまま利用し、天井には倒れ止めの金物を一ヶ所取付けただけである。

サウナのための削り出しの取手

天然石と板張りの浴室からサウナ室に入るドアの取手を探していて、なかなかピッタリと合うものがなかった。サウナの入口なので、あまり金属の取手は使いたくなかったが、木製の既製品は見つけることが困難だった。そこで工務店さんにお願いして木の取手を削り出してもらうことにした。扉と同じ塗装をかけて、扉に馴染む取手となった。

木を削り出して作ってもらったサウナの取手

取手の詳細

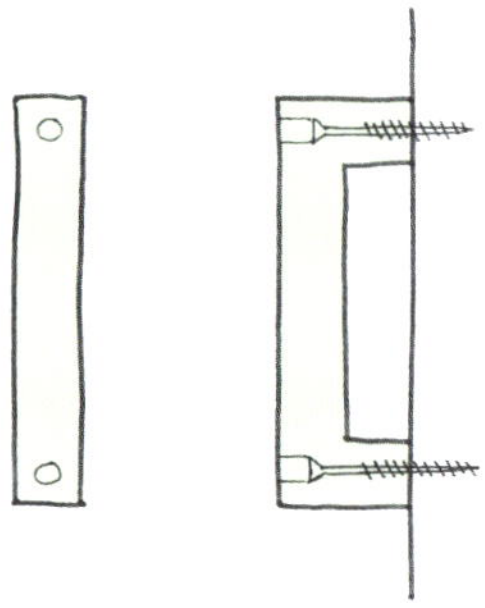

・全体を一本の木から削り出す
・固定用のビスを埋木によって隠す

サウナ扉

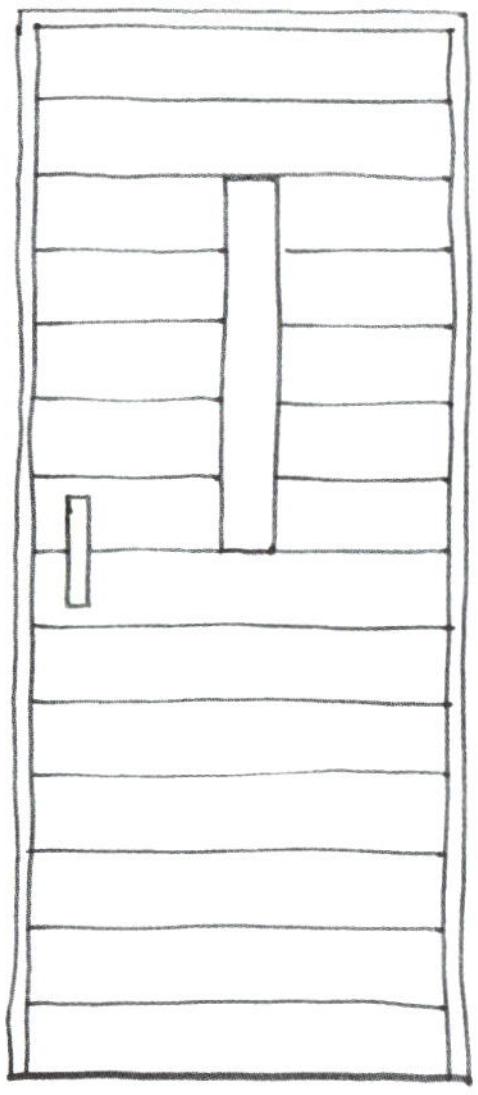

・板割に合わせたガラス窓
・取手形状と大きさもバランスで決める

平面図

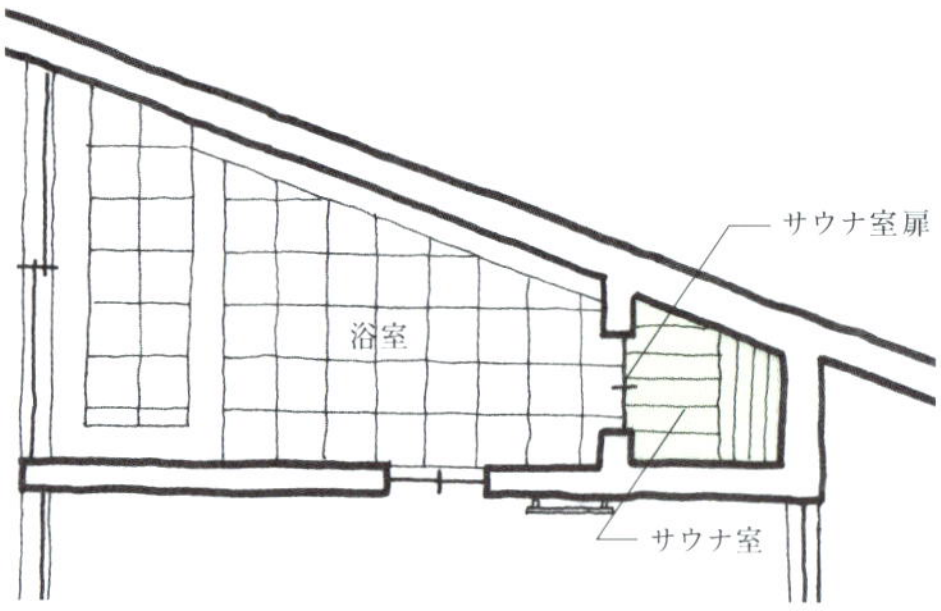

一間角の襖

床の脇の収納は１枚の襖の裏に

床の間の脇にある、一間角の襖のうしろは押入れ収納になっている。襖が床の前にすべり出すのも非礼。床柱が無いのもイレギュラー。襖紙に使っているのは床の間の内張りと同じ文様の唐長（京都の唐紙屋さん）の唐紙である。和室を構成する要素を少しだけ組み換えることで新しいイメージが創り出される。

襖に見えない襖

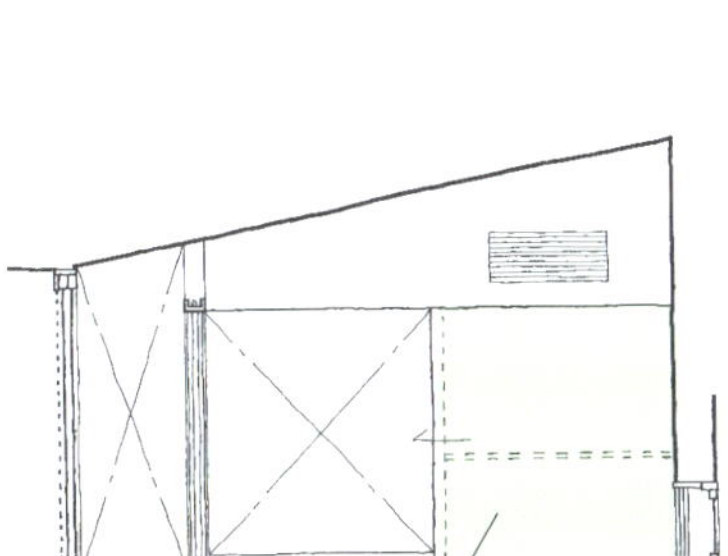

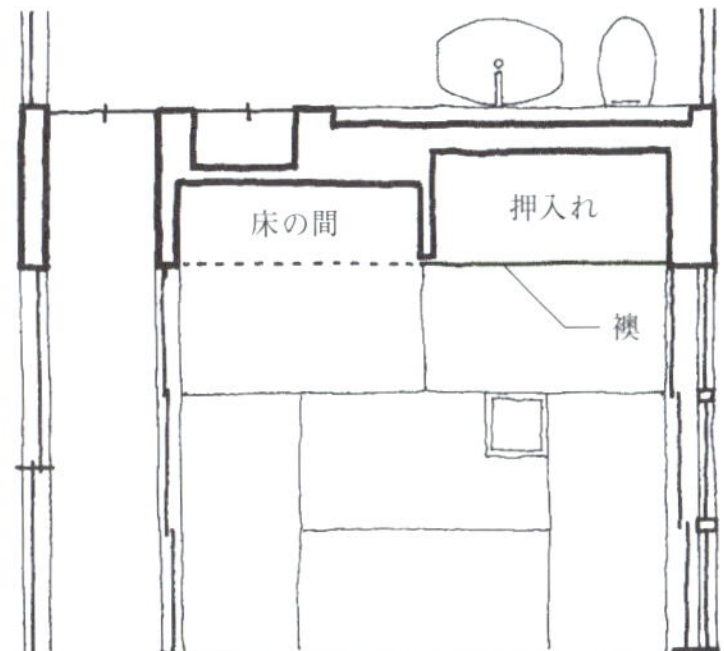

襖の後ろは押入れ収納

7枚の連続する引き戸

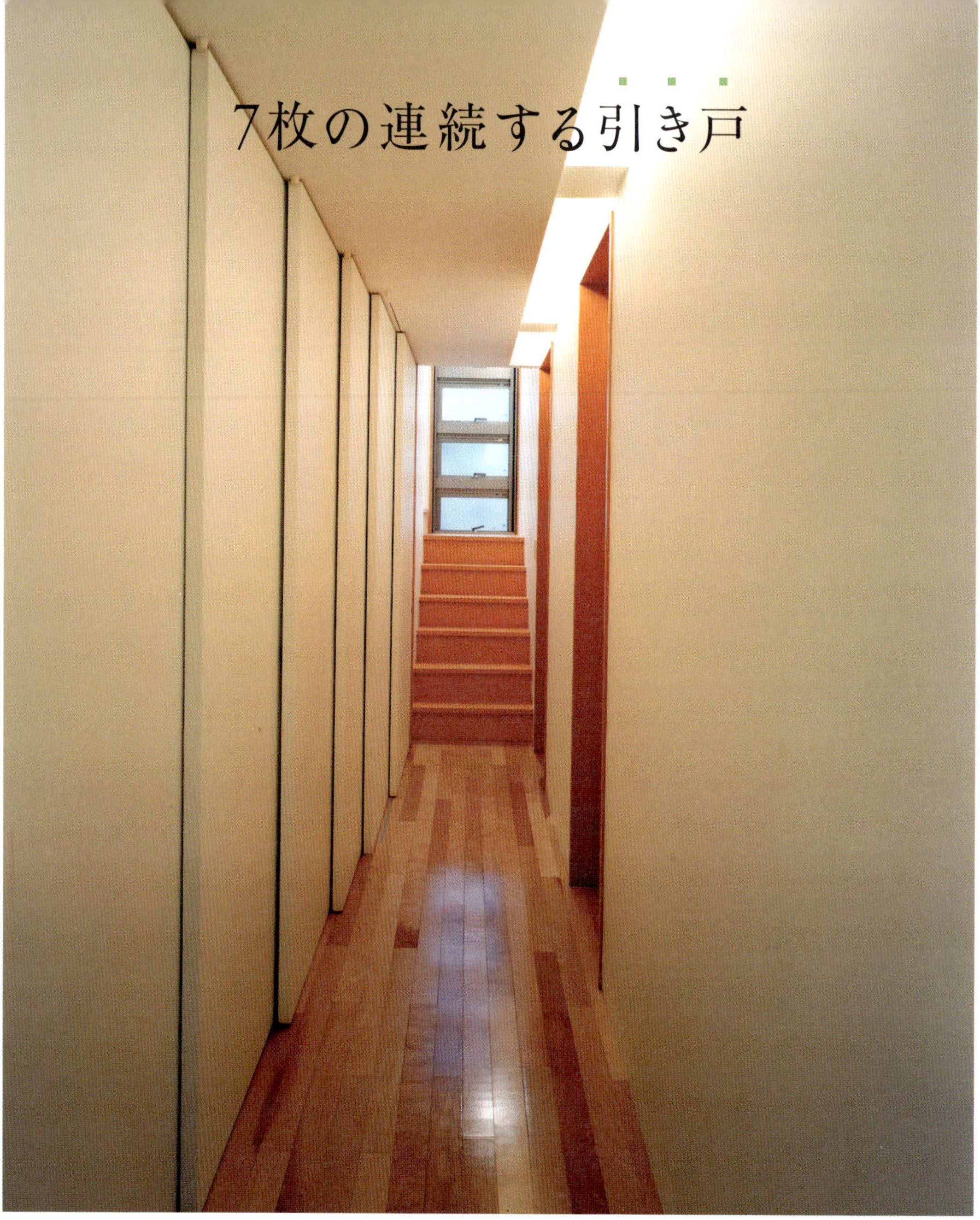

通路の隣りは全開にできる収納スペース

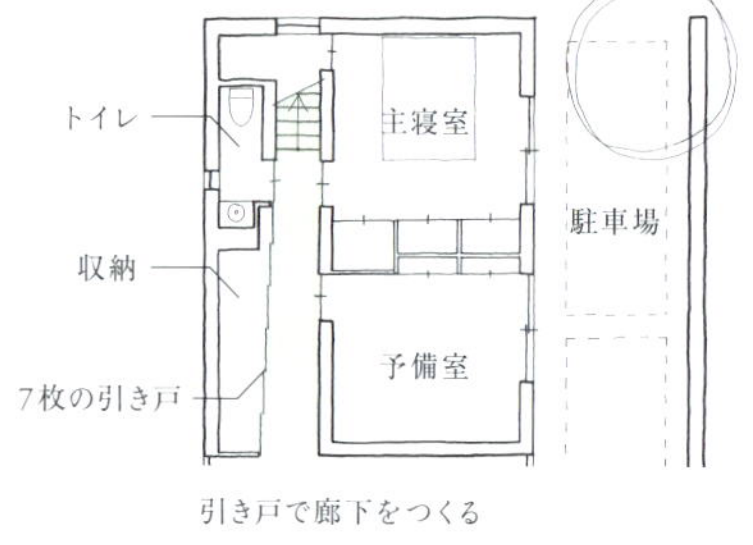

引き戸で廊下をつくる

大きなものや、大きさの異なる棚を並べて収納するため、全開にすることのできる収納スペースを設けることになった。ただし7枚ある扉のうち収納スペースの扉は5枚のみで、一番奥から二番目の扉は固定のパーティション、一番奥の扉はトイレに入るための引き戸になっている。天井面の間接照明、奥で半階分登る階段とあいまって、中廊下の空間を特別な雰囲気に演出している。

大部屋の奥に光と風を導く天窓

南の大窓と北の天窓。部屋の奥まで明るくなる

大きな部屋で南向きの大窓がある場合、北側寄りの部分は暗くなりがちである。そこで、北寄りの壁際に一列天窓を設けることで、明るさのバランスをとることができる。さらには風の抜け道を確保でき、天窓の作る影を時間とともに楽しむこともできる。

階段より天窓を見上げる

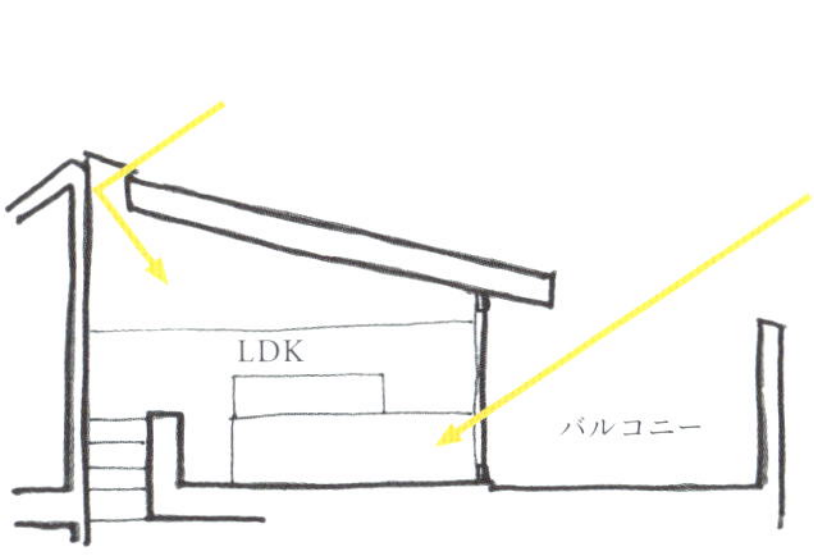

北に寄せた天窓からは直射日光が壁だけに当たるので暑くならない

空に開く

住宅地に建てる住宅は、どうしても近隣や道路と窓が干渉してしまうが、空はどのような土地に対しても公平にオープンである。家の中から空を見上げる。家の中に陽射しが直接入り、ルーバーが影を落とす。都市の中で天窓は大切な自然との接点となる。

壁に落ちたルーバーと水溜りの影

明るい階段室

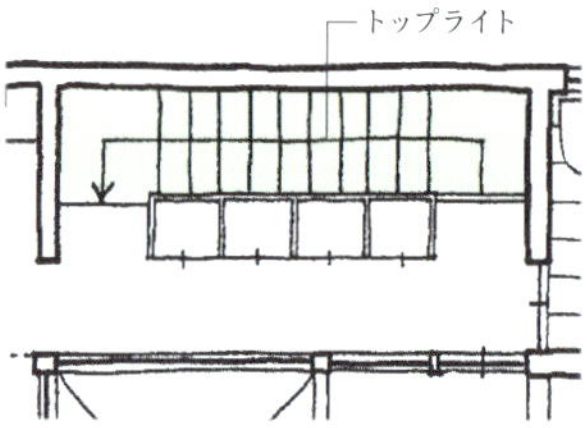

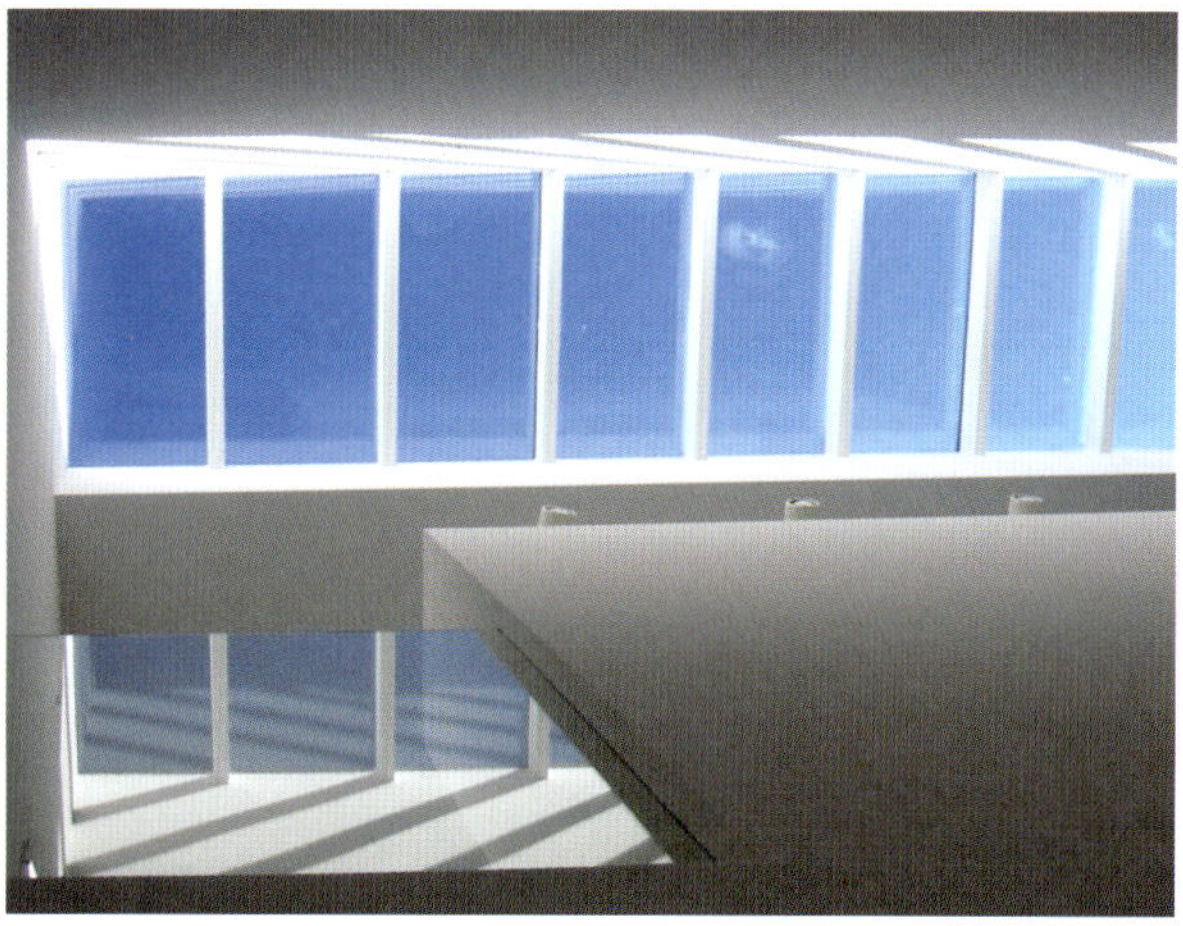
家の中に青空

シンプルなつくりで防水性を高める

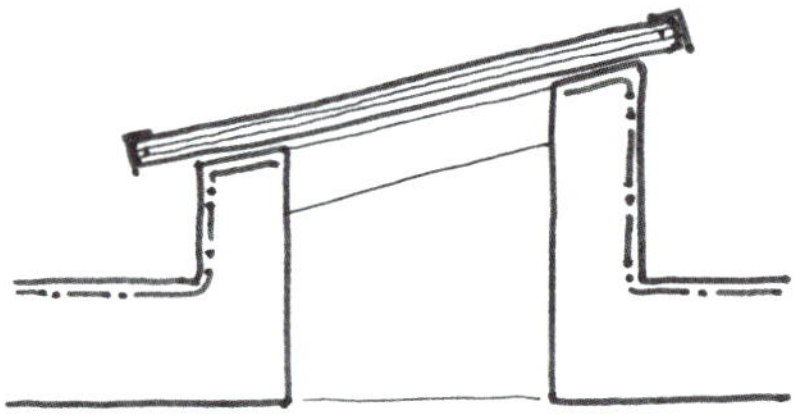

トップライトをつくる場合の注意点
・ガラスでトップライト全体を覆う
・アルミアングル等でペアガラス端部を保護する
・防水をガラス下まで立上げ大きくラップさせる

家の端から端までトップライトを通す

屋根をかたちづくる三角形のトラス

屋根が二つに分かれているかたちになるので配管、配線経路にも検討が必要

北側のダイニングキッチンにもしっかり光が入る

周囲の景観に期待できない住宅密集地において、空は唯一の、そしてとても大きな自然である。この家では切妻屋根の棟の部分を端から端までトップライトにしている。通常の切妻屋根は、棟木に垂木を架ける構造になるので、棟部分を軽くしてガラス張りにできないため、3角形のトラスを連続させる構造とした。日射と熱気のコントロールにも注意を要する。

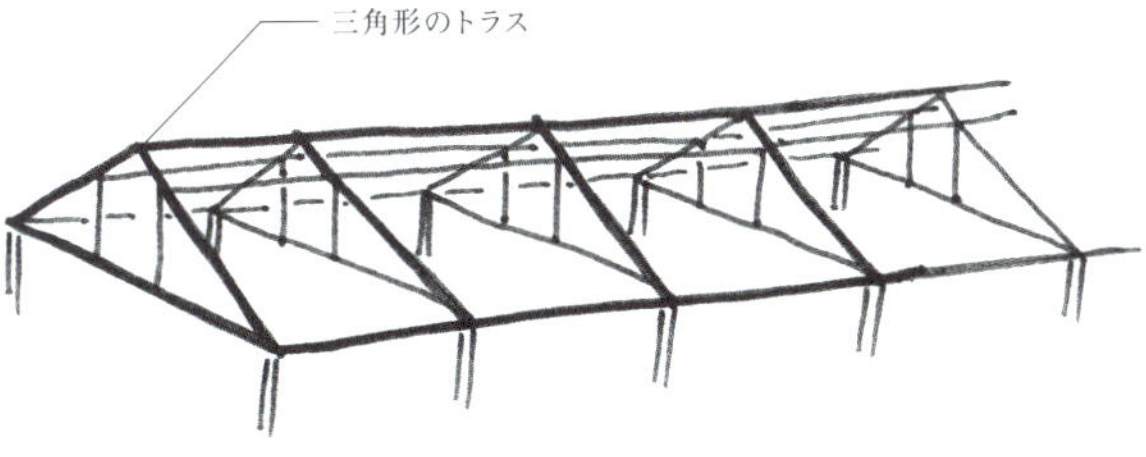

トラスを連続させる屋根構造

階段越しに光を採り入れる

光を浴びた階段は玄関を入った時の見どころにもなる

手摺の形状もシンプルで細く

階段越しに光を採り入れるため、極力細いフォルムの階段としている

住宅地では、さほど密度が高くない場合でも直接陽の光が当たる場所が限られることが少なくない。庭のような外部のメインスペースとは別に隣家の隙間から射す光が重要になることも多い。この住宅ではちょうど階段スペースが隣家の隙間と一致していたので、光を取り込み、手が届く場所には開閉できる窓を設け風を抜く場所としている。階段のつくりも、それに呼応して軽くシンプルにまとめた。

隣家のすき間から光が入る

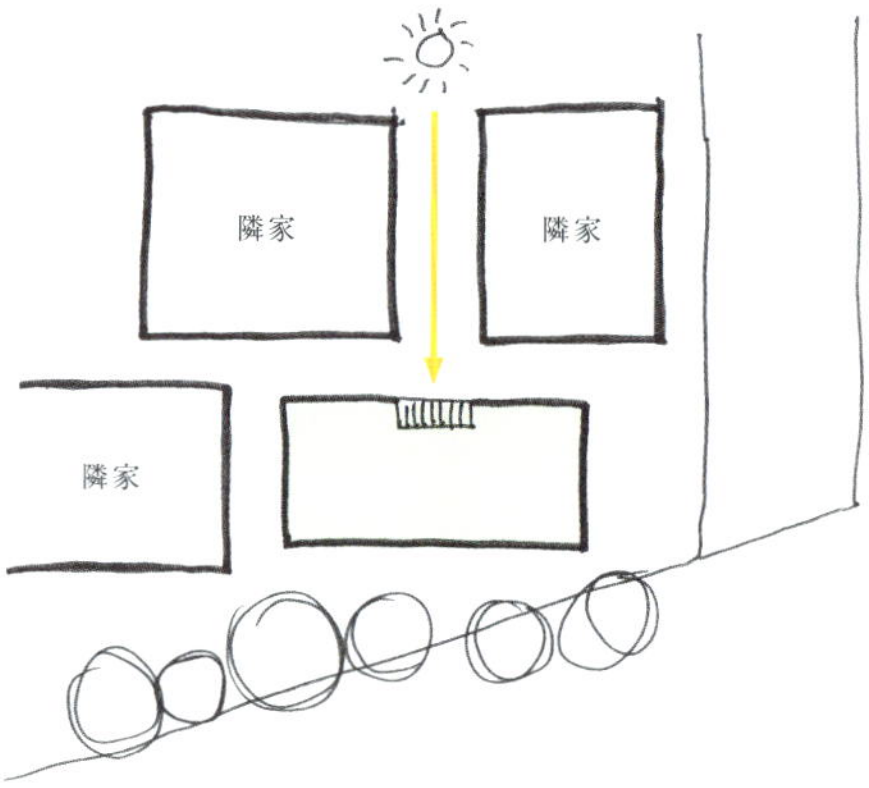

半分収納、半分光が抜ける階段

踊り場から注ぐ光を玄関に届けるため、階段の上半分は蹴込み板を抜いている

踊り場下部は外から使う外部倉庫となっている

住宅のプランを考えるとき、景色のよい方向にメインの部屋を置き、多くの場合階段はその逆の位置に置かれる。裏側になりがちな階段から光が注いでいたらどんなに気分がよいだろう。ただ、効率を考えると階段下が収納などに使われるケースも多く……。といったありがちな展開で、二つの要素を両立した事例。踊り場の下は外から使う外部倉庫、上は蹴込み板を抜いて下階まで光の届く階段としている。

光とともに風も通すことができる

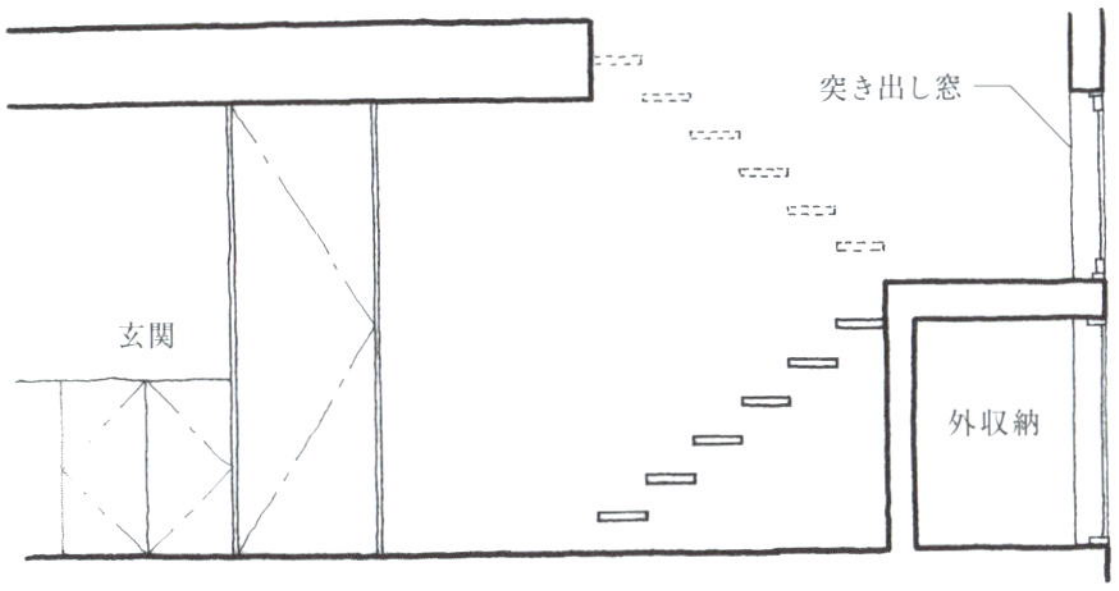

螺旋階段に沿って昇る光窓

螺旋階段に沿って12個の光窓が昇る

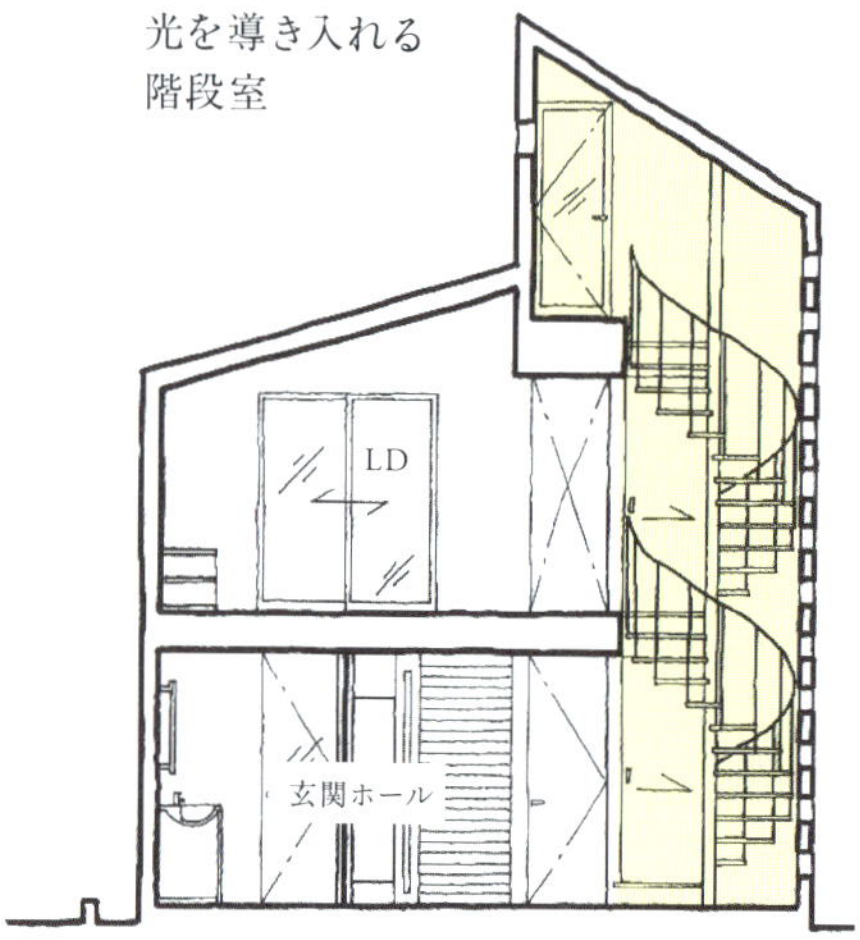

光を導き入れる
階段室

ほかの項でも書いているように、階段は「楽しい場所」、「好きな場所」になって欲しいと思っている。建物の中の上下の移動はストレスになりやすい場所だから、そこを楽しんだり好きになってもらうことができれば、家全体のイメージアップにつながるはず。ここでは20cm角の光窓が12個階段に沿って昇っていく。一番上のペントハウスからもふんだんに光が落ちてくる。

光井戸の階段

天に向かう上昇感

都市中心部の住宅街などでは、1階が駐車スペースになったり、開放できる窓を求めるなどの理由で生活のメインの場が2階となることが少なくない。そうすると家族全員が2階を中心に生活することになり、階段の利用頻度も自ずと高くなる。繰り返しになるが、階段が良い場所になれば、それだけで苦痛が逆転するきっかけとなる。ここでは大きな天窓を設け、天に向かう上昇感を強調している。段板の片側は壁に持たせ、もう片方は天井から9φの丸鋼で吊っている。片側一辺が壁に固定されているため、思いのほかしっかりと安定している。

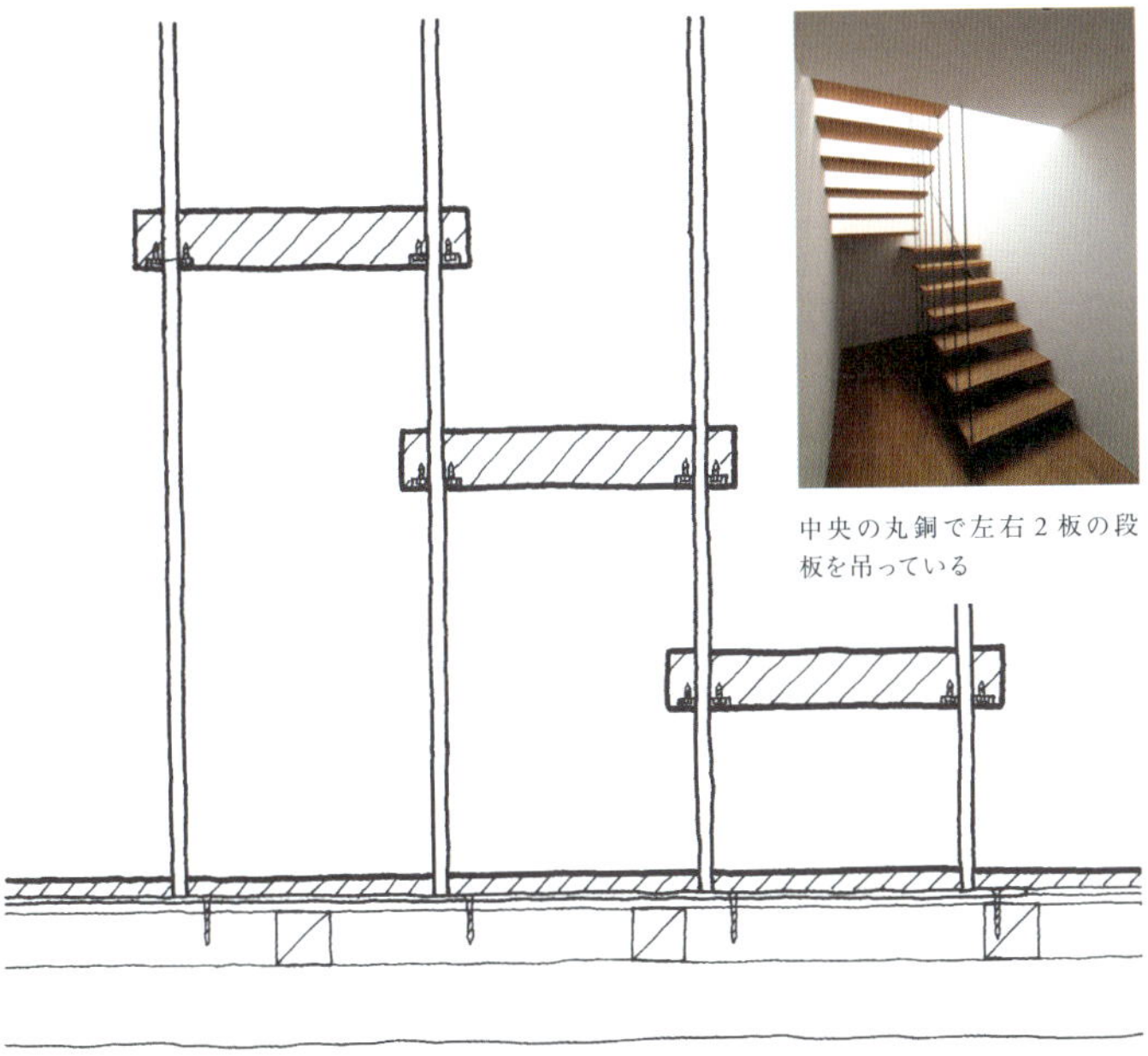

中央の丸鋼で左右2板の段板を吊っている

異空間の階段

日々の生活の中で、階段は必ず通る場所となる。ここに家の他の部分とは全く違う雰囲気の場所を作ったらとても楽しくはないだろうか。そんな考えに同意をいただき、できたのが階段のトップライトである。仄暗さを楽しめるような、民家的意匠の家に設けられたこの階段が、この家を単一的なイメージから解放する明るく楽しい場所となっている。

和風の住宅に光の満ちる円筒の階段が特別な雰囲気を与える

丸く絞られたトップライトから光が入る

民家風の家の中にあってこの空間は全く別の雰囲気を持つ異空間として存在する

円筒形の階段頂部がトップライトに向けて円錐状に窄められている

家全体と階段室が全く別の雰囲気の空間に

木製の折れ板階段

壁に折り紙で作ったような階段が付いているようにも見える

ジグザグに折った厚紙のような階段。見た目だけでなく、昇り降りする人の体重を支えるのは大変なことである。この階段では、縦の蹴《け》込み板が壁から片持ち梁状の構造になっている。

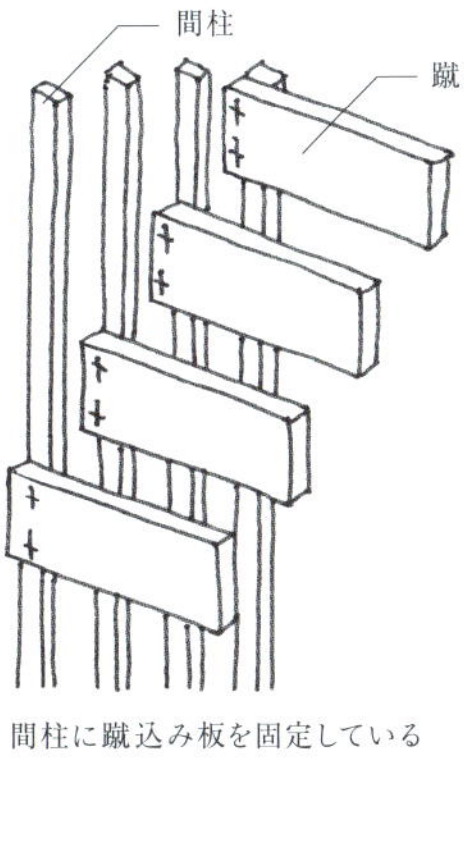

間柱に蹴込み板を固定している

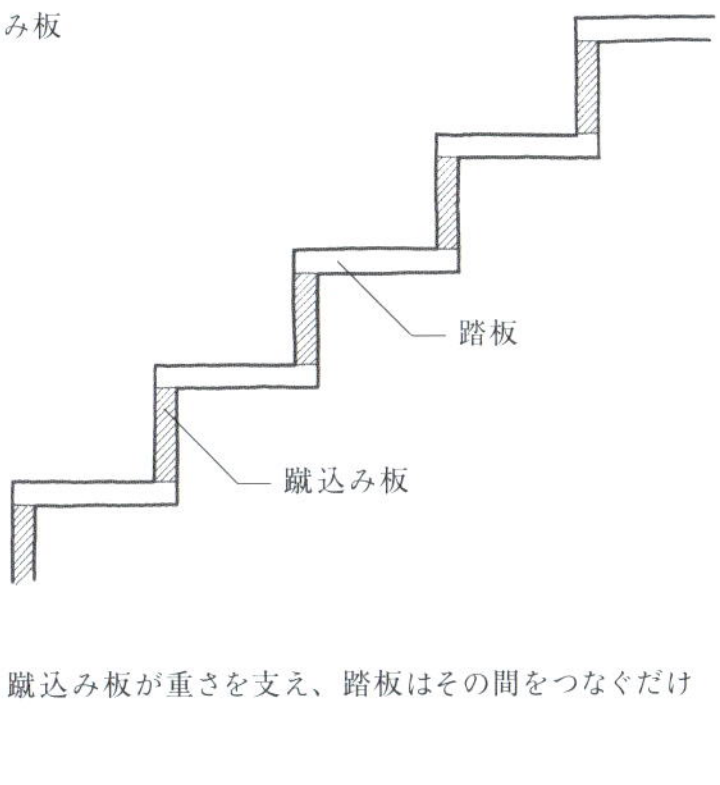

蹴込み板が重さを支え、踏板はその間をつなぐだけ

鉄板で補強した折れ板階段

手摺の支柱や固定金物にも単純に見せる工夫が詰まっている

木造住宅で再度折れ板階段の要望があった。今回も縦の蹴込み板を壁にしっかり固定することで重さを支える構造としているが、今度は厚さ9mm、幅100mmの鉄の板を骨のように壁側の鉄板（ササラ板）から持ち出している。別項（152頁〜）の片持ち階段で得たノウハウを応用することで、アクロバティックなデザインでありながら安定した昇降を可能としている。

階段の詳細

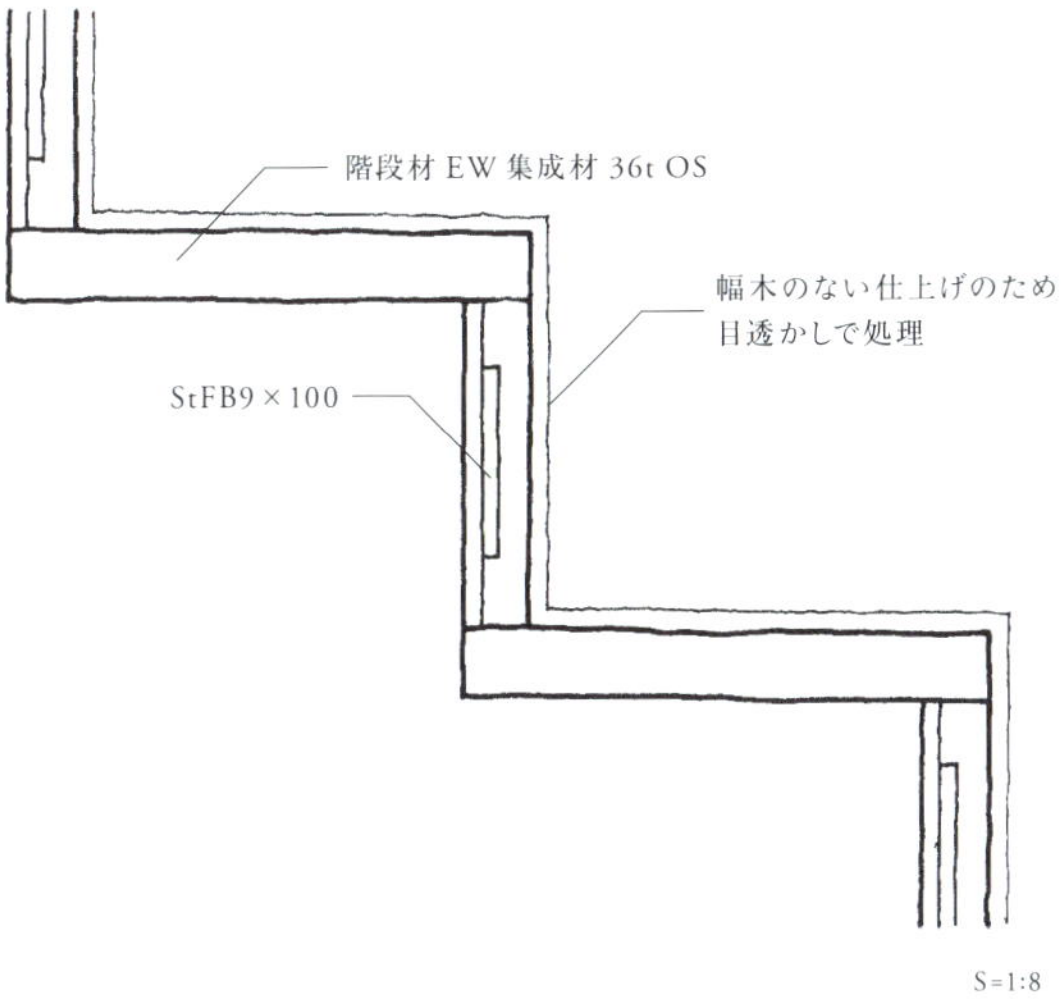

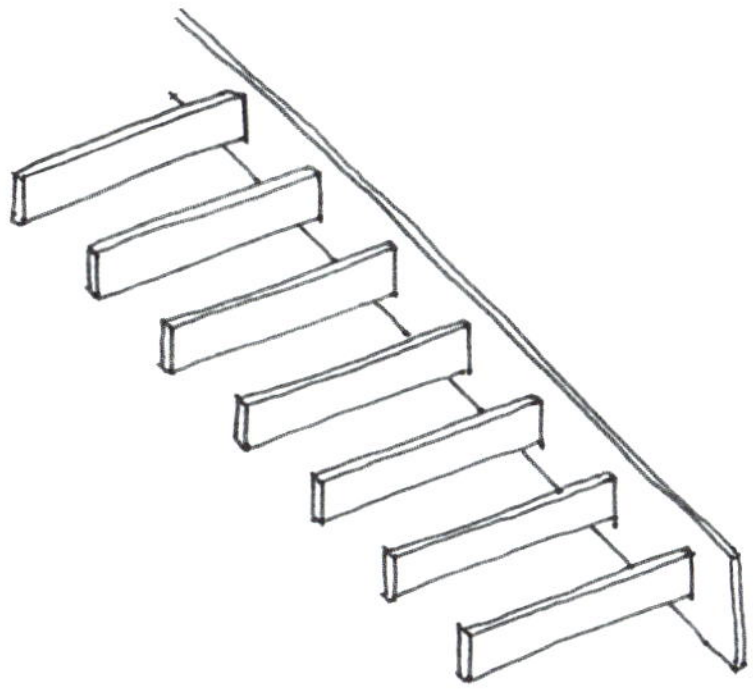

工場で製作して搬入した鉄板のササラと蹴込み板の芯

手摺の詳細

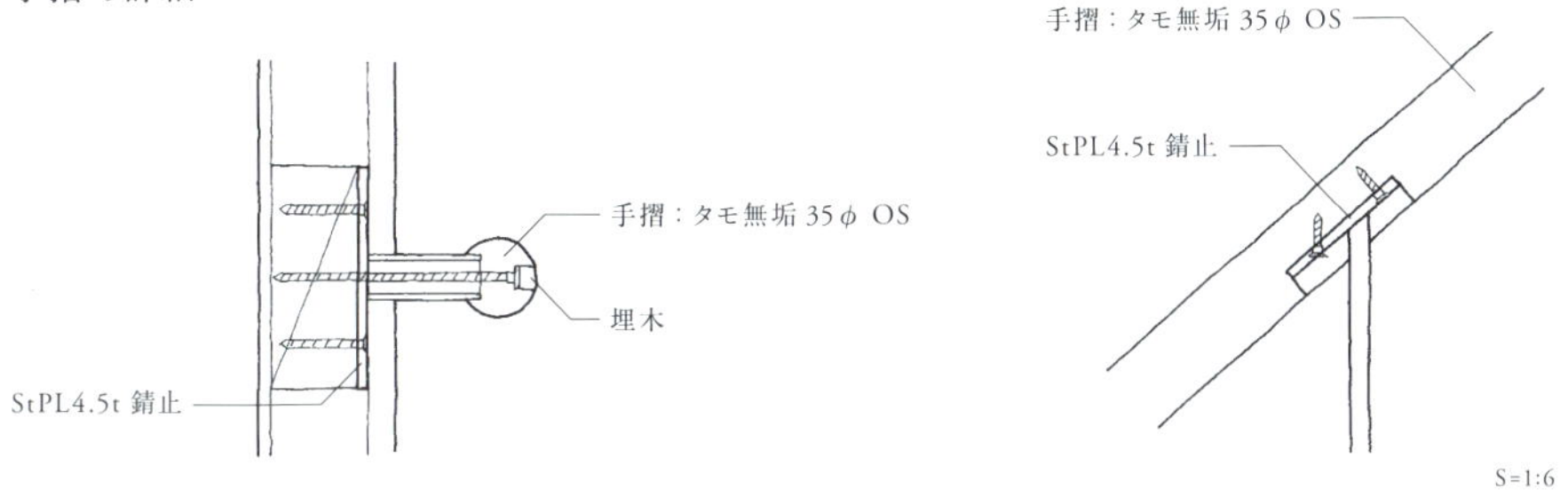

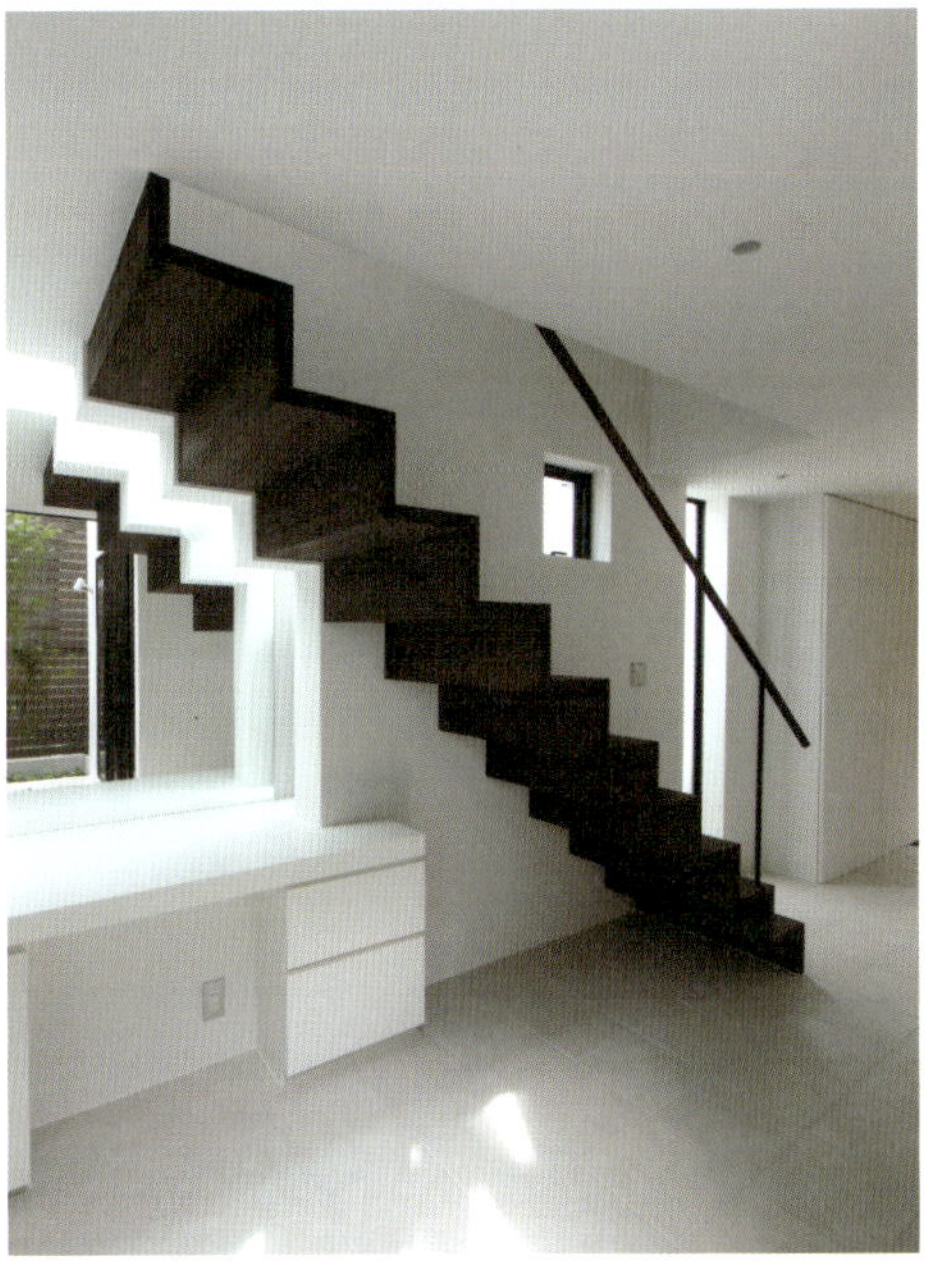

裏から見ても支えているものは見えない

折れ板が天井から降りてくる

コンクリート壁＋壁から生える階段

鉄骨の芯がキレイに並ぶように先端が仮留めされている

片持ち階段。裏側の仕組みは複雑

出来上がりだけ見ればコンクリートの壁から木の階段が生えている状態。でも実際にはコンクリート壁に鉄骨の芯が埋め込まれている。段板がきれいに揃うように、コンクリート打設のときは鉄骨の芯の先端を仮止めしている。

鉄骨の芯をコンクリート壁に埋めて一体化。

鉄骨で補強した段板の断面

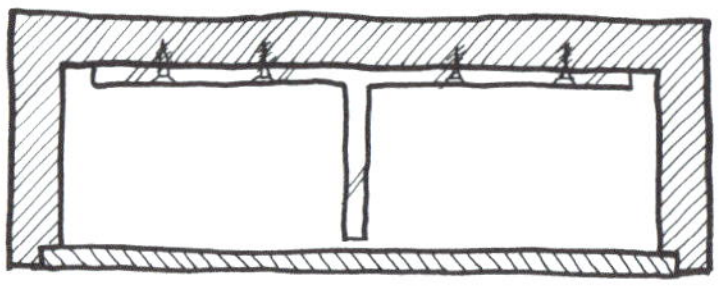

板材：ホワイトアッシュ集成材 O.S.

階段の仕組み

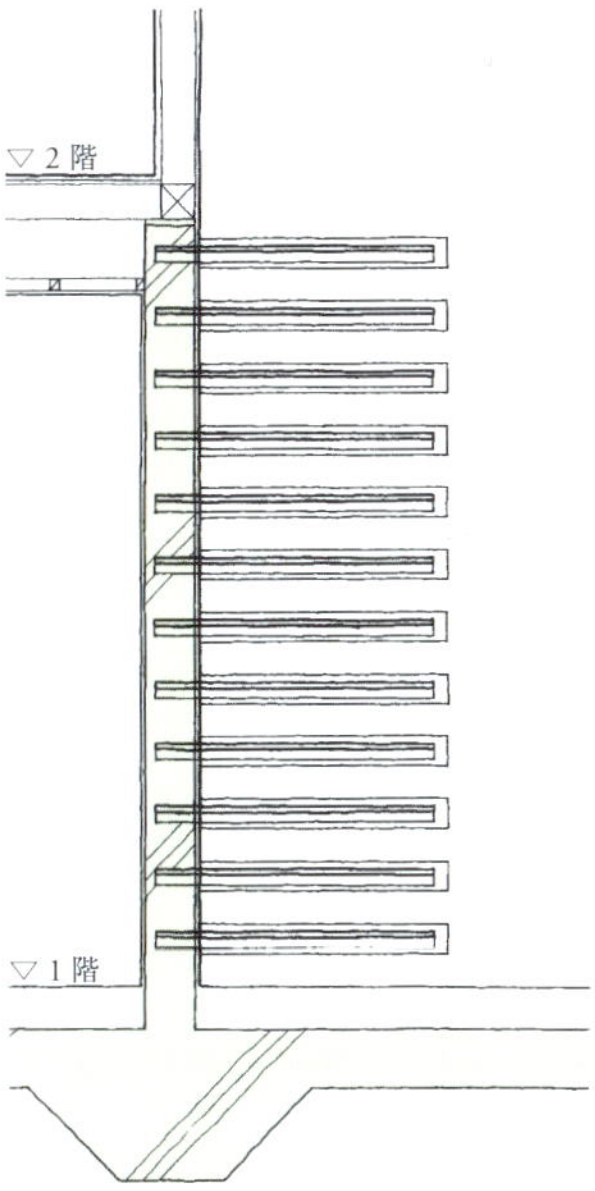

2階まで基礎のコンクリートを立ち上げている

木造住宅に付いた片持ち階段

白壁から生える木の階段。ワイヤーは吊っているのではなく、落下防止の手摺子の役目

以前手掛けたコンクリートの家を見たお施主さんに、木造住宅に壁から生えたような階段を付けられないかと相談された。そこで木造住宅の基礎を一部高く立ち上げる形でコンクリート壁にして実現したのがこの階段である。

鉄骨下地＋壁から生える階段

下4段は壁からの片持ち階段。5～12段目は鉄骨階段、残りは木造の階段という組合せ

ここでも木造の家で、下4段だけ壁から生えたような階段になる造りになった。今度はコンクリートではなく鉄骨だけで骨を造ることを考えた。コンクリートに比べて施工性がよく、精度の高い下地ができる。

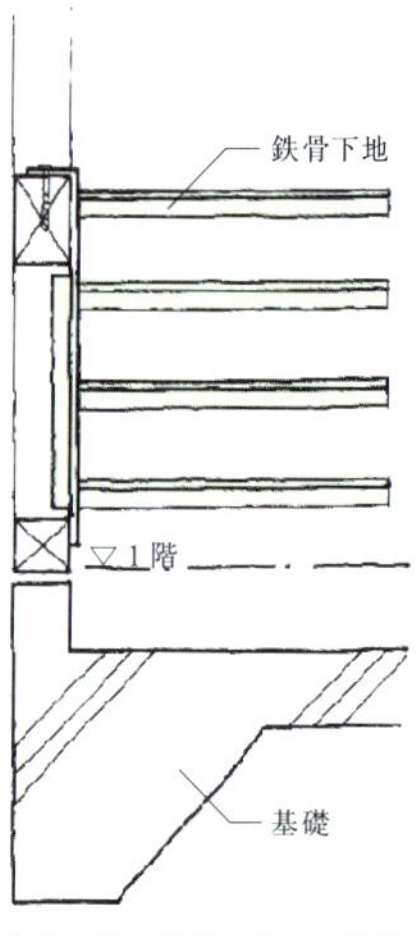

木造の壁に鉄骨で造った階段の下地を埋め込んでいる

木造の住宅でも工夫次第で片持ちの階段を造れる

また木造住宅で片持ち階段の要望があった。鉄骨下地で思いのほか安定した歩行感が得られることを経験したので、今度は1階から2階まで鉄骨下地で作っている。段板の厚みも152頁と153頁が100mmであったのに対し、右の154頁で80mm、今回は70mmで仕上げている。

手摺も床から直接延びて上階の床に届く

階段がリビングを演出する要素の1つに

鉄骨下地の様子。木製の段板を取り付ける前だが現場用階段としてはこのままでも十分の強度がある

究極の壁から生える階段

木造住宅に鉄鋼下地の片持ち階段が上手くフィットすることがわかり、片持ち階段特有の分厚さについても70mmでなお余裕を持って安定することもわかった。この階段は下地を工夫することで厚さを60mmとし、腕の良い大工さんにも恵まれて究極の片持ち階段に至ったのではないかと思われる。

厚さ60mmの片持ち階段。全周トメ加工で仕上げられている

段板詳細図

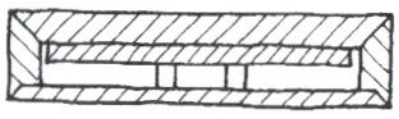

鉄骨の下地形状を変えてより薄くしている

段板だけが見える階段

白い階段に板を載せているように見える

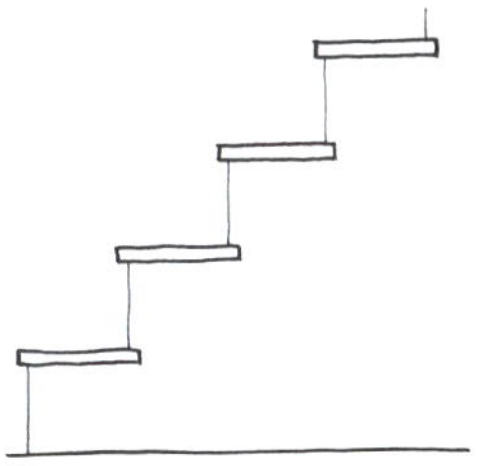

段に踏板を載せたプリミティブなかたち

家の中で階段は、縦方向の移動を可能にする構造物として特別な存在感を放っている。段が昇っていく様子にも様々な表現が可能となるが、他の構造物は極力姿を消して、段板だけが昇っていくようなイメージを好んで使うことが多い。一番基本的なかたちは白い段に木の板を載せた、写真のような階段である。

光を通すパンチングメタルの階段

水平方向にも抜ける階段

光を通す軽やかな階段という要望を受けた。2階からロフト階を経て屋上階まで昇る階段であり、屋上階やロフトから入る光を2階、そして更に1階まで届けたいという発想だ。ここで重要になるのは、階段としての安心感と光の透過率のバランスである。極限まで透ける階段にするのではなく、階段としての安定と安心感が重要な尺度となる。

鉄パイプのフレームでつくられた軽い階段

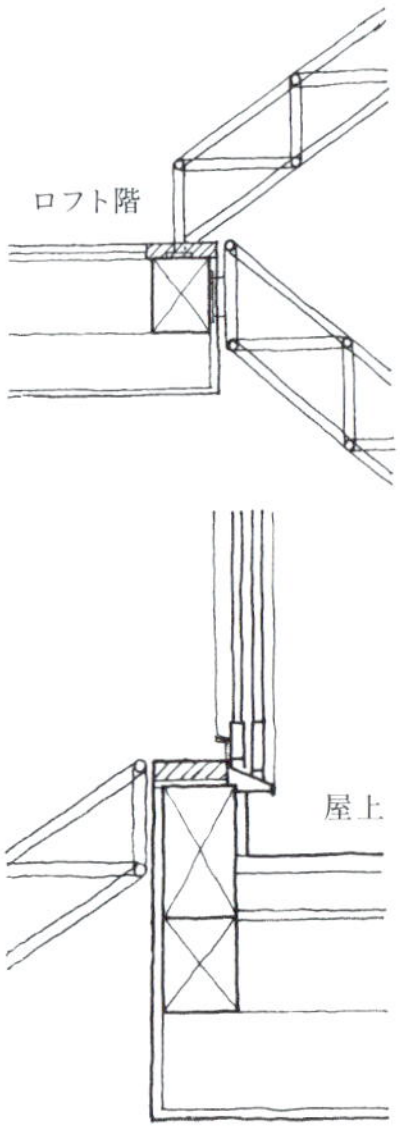

パンチングメタルの階段は下階に光を落とす

縦格子に段板をもたせる

格子のあいだを昇っていく階段

壁と壁のあいだを階段板が昇っていくといった構図の階段をいくつかつくっているが、この階段は壁ではなくて縦格子になっている。当然格子のピッチと段板を計算してピッタリ合わせなければならないが、完成すると縦格子に対しては段板が良いリズムで入っており、階段にとっても縦格子が絶妙な組合わせとなっている。

格子と手摺

縦格子と段板。現場での大工さんの技術も重要

家の中心にあって象徴的であると同時に、気分的に邪魔にならない存在感の階段

梯子のような階段

前庭から入った玄関の階段越しに後庭が見えるプラン。分節しゆるやかに仕切られたひとつながりの空間の中で、この階段は中心に位置している。象徴的な存在であってほしいと同時に、視線の抜けるデザインとするため、もっともシンプルな梯子状の階段とした。極力部材を細くしている。

華奢な階段

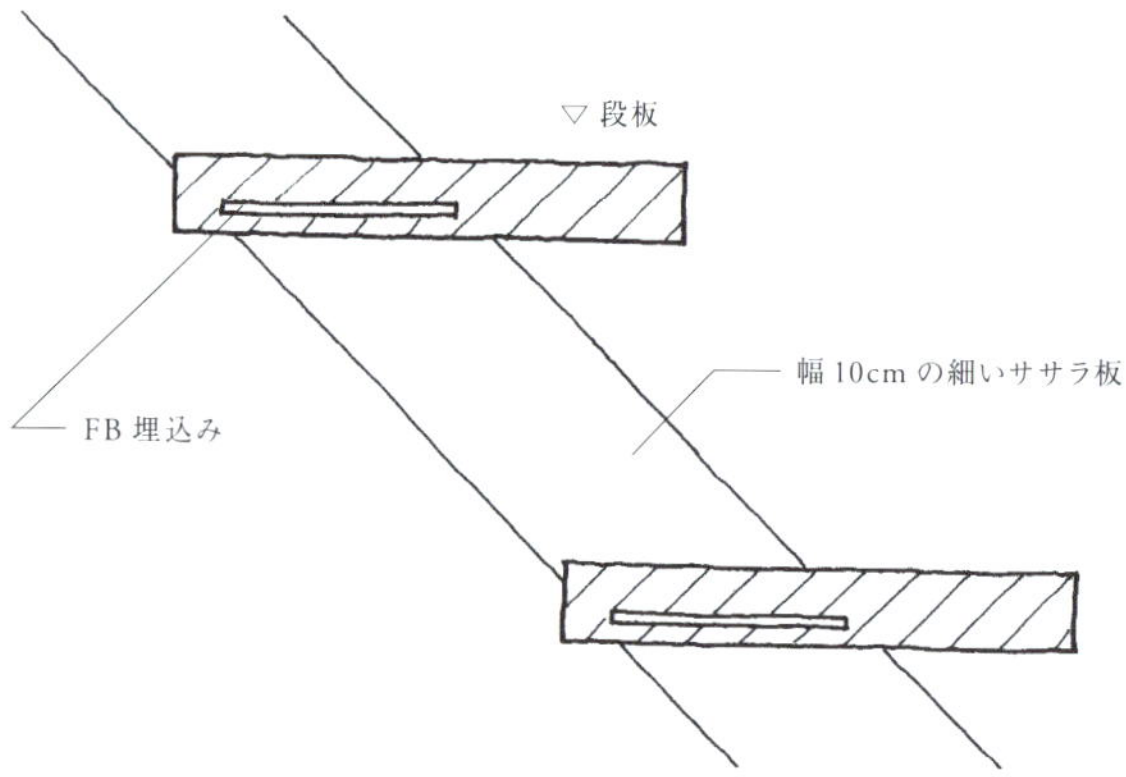

光も風も通すシンプルな階段をつくる　S=1:8

小屋裏部屋に登る梯子階段と手摺

小屋裏部屋に登る梯子状の階段

家の中で、階段の位置は、プランの善し悪しを左右する大きな要素となる。特に小屋裏に登る階段などは安全で登りやすくあってほしい半面、設置面積は最小限にしたいと望むものである。この例は「階段としてはやや急勾配であっても梯子としてはかなりゆったりしたもの」という考え方でつくった。足をしっかりと置けるため、使用感は決して悪くない。

公園の車止めのような
ロフト階の手摺

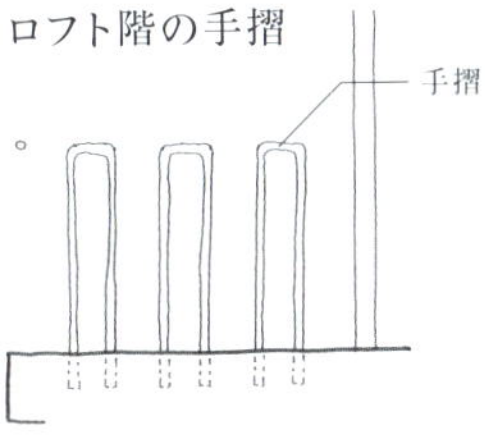

梁と同じ幅のササラ材

急勾配でも安定感がある

構造材の見える小屋裏部屋

柔らかな桐板階段

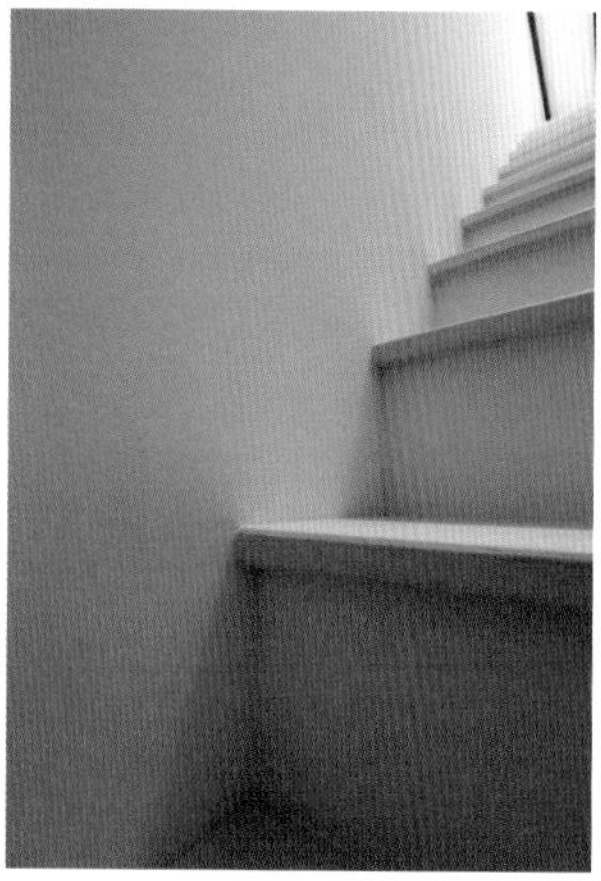

元々家具用の厚板であった材料を加工して
階段板に

両側の壁と蹴込み板は白く、踏板だけが木の表情を持つ

桐と言えば箪笥を連想する人が多いのではないだろうか。木材の中でもとりわけ柔らかく、傷も付きやすいが修復も容易である。空気を多く含むため、サラッとして足触りがとてもよい。成長が早く、建材として使い終えるまでに充分次の苗木が使える材料に育つという意味で、大変エコロジカルな材である。

壁の中に隠れているササラ板

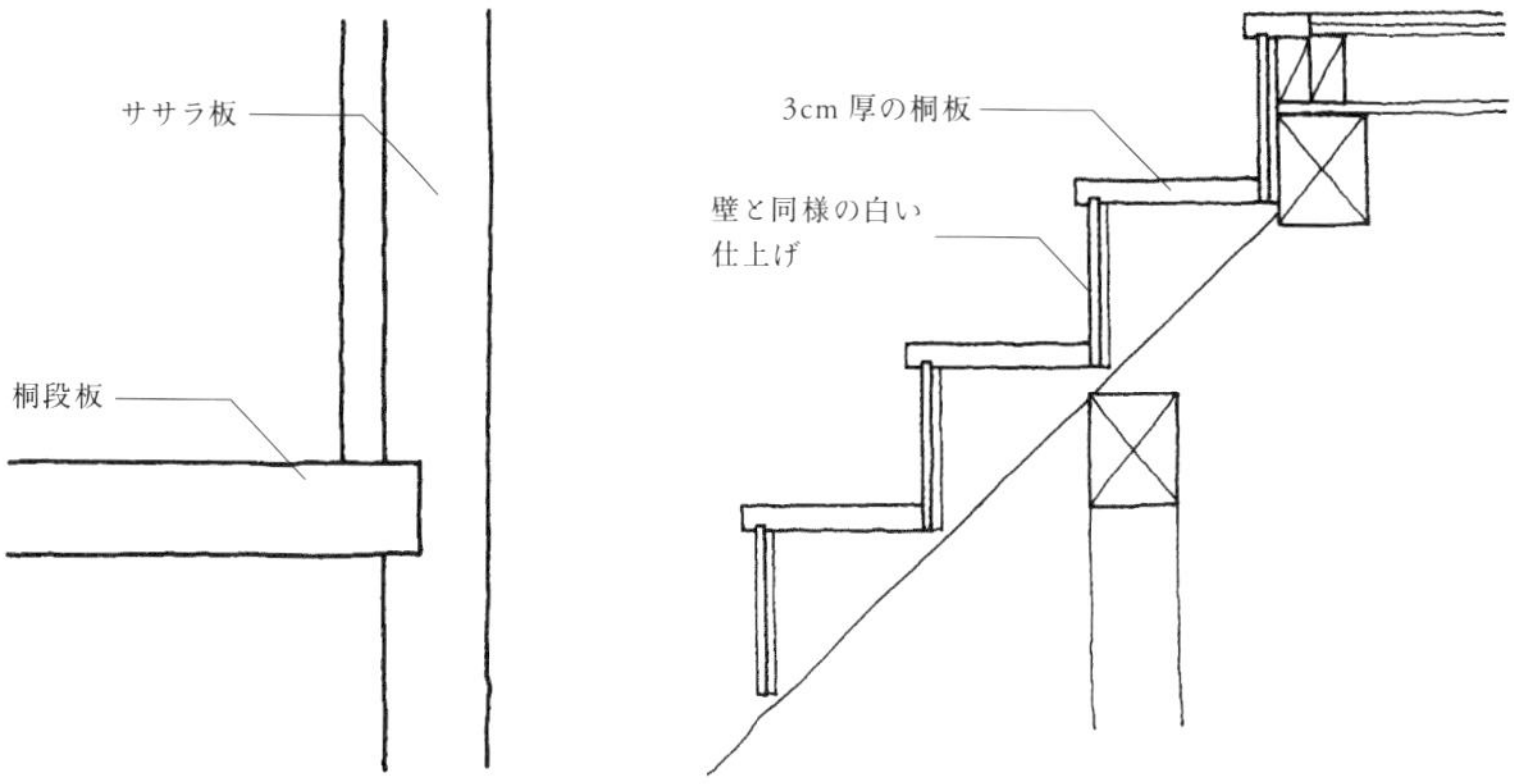

階段幅木やササラ板が見えないすっきりとした階段

光の螺旋階段

上から下まで光の入る階段室と、光の抜ける螺旋階段

多層住宅において、階段は非常に重要な要素である。階段が好きな場所、楽しい場所、時間によって変化する場所であれば、上下の移動を楽しい体験にすることもできる。

この家は建坪10坪くらいで、地上3階地下1階建て、地階から屋上階まで5層をつなぐ螺旋階段がある。密集地にありながらちょうど隣家の隙間に位置して光が当たる位置にあったため、地上3層分をガラスブロックの壁とし、天窓も付けている。

光の筒

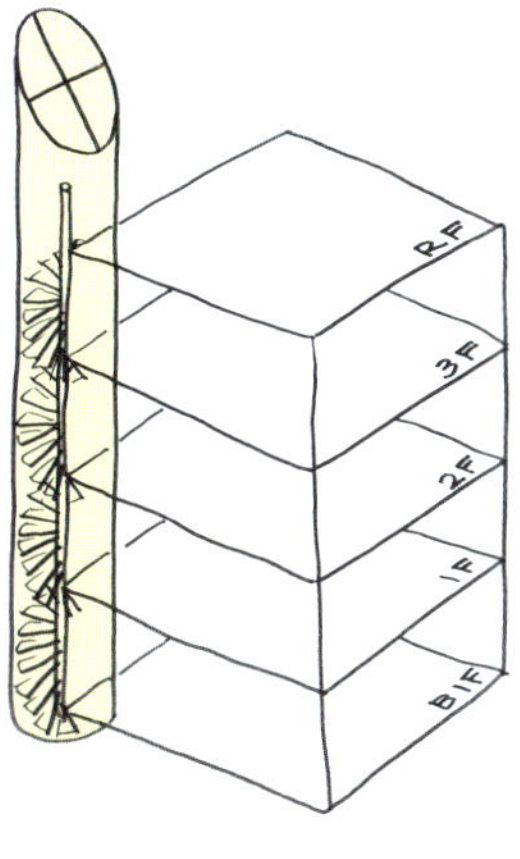

和の空間の中の螺旋階段

木の床組が見える天井。奥に螺旋階段が配されている

和の民家的空間と螺旋階段。一見相性が良くなさそうに思えるが、木の板と黒い鉄が合うように、違和感なく組み合わせることができる。この家のクライアントも当初は、民家風の家に見られる梯子状の階段を希望していて螺旋階段には抵抗があったが、平面計画上、直階段を入れると成立しないため、螺旋階段を選択した。今では玄関を入って奥に見える階段が、お気に入りの風景の一つになっているという。

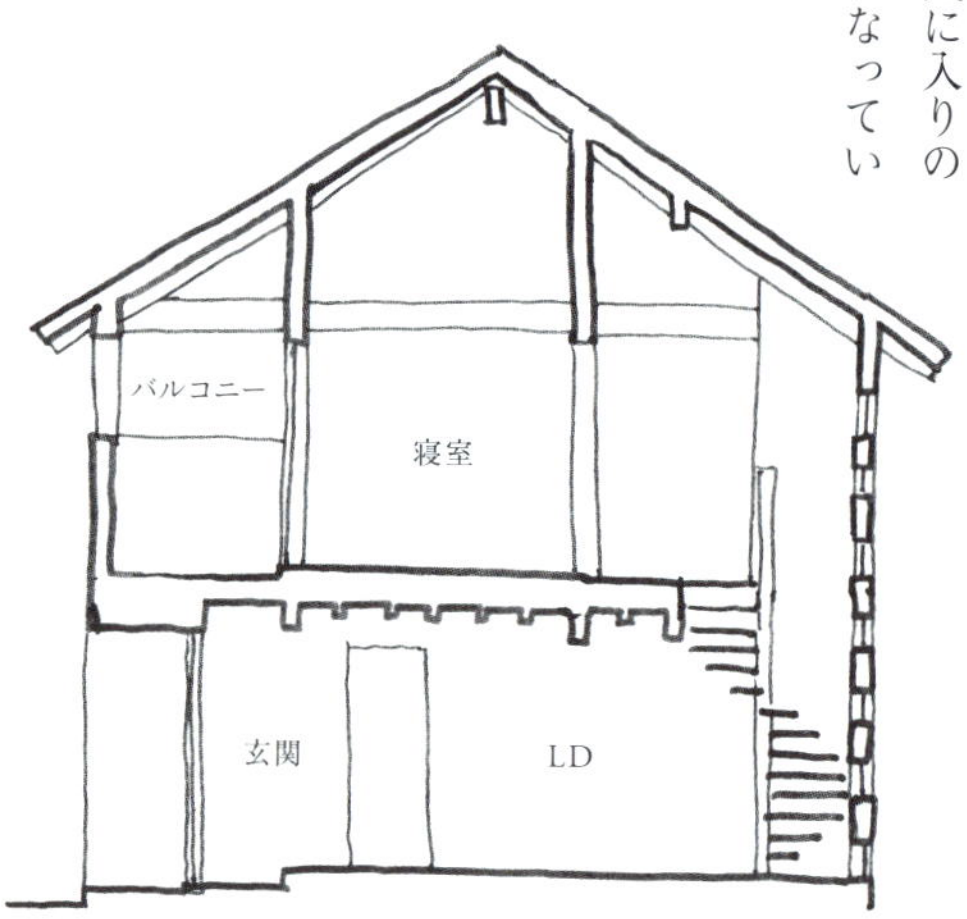

構造材が見えている民家風の住宅に鉄製の螺旋階段

螺旋階段の自由な手摺と屋根架構が調和する

羽根板状の螺旋階段

羽根板がパラパラと舞うように昇っていく螺旋階段

段板は周囲の壁と中央の芯に支えられている

建物の中央部に螺旋階段を設けることになり、周囲をシリンダー状の壁で囲うことにした。そうすると段板は中央の柱とシリンダー状の壁でしっかりと両端を支えることができるので板だけが渡っているデザインにした。その形状を強調するために、板だけを黒く塗り、柱は壁と同じ白とした。

螺旋のササラが昇っていく階段

帯状のササラ板が螺旋を描いて昇っていく

特にかたちにこだわりのあるクライアントから、螺旋階段の外側の板（ササラ板）が渦を巻くように昇っていくかたちのデザインという要望があった。中心の軸をなくしてしまうという考えもあったが、螺旋階段の場合中央の軸が手摺にもなり、形状の安定、安全性の多面的理由で残すこととなった。問題は階段の手摺と、床に空いた丸い穴に対する手摺である。屋上から地下まで3本の丸鋼を通し、その丸鋼の内側に階段の手摺、外側に水平の手摺を固定することで解決している。

アートな階段

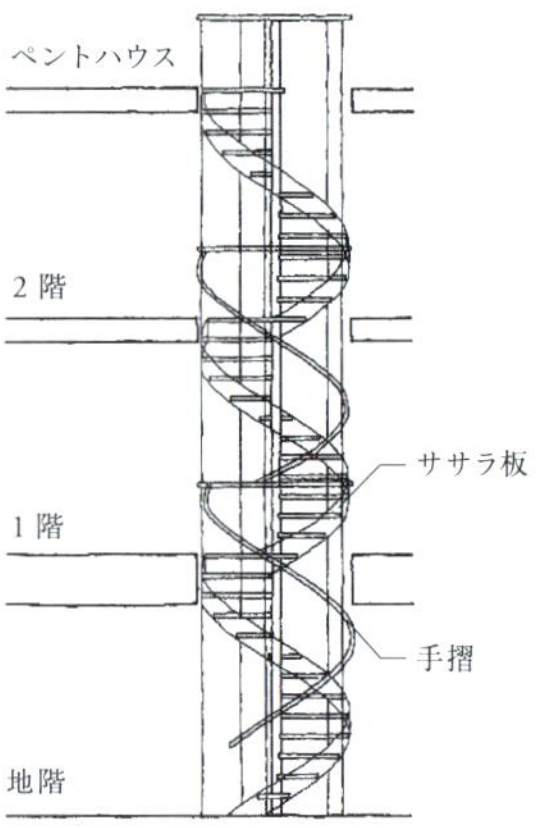

最もシンプルな螺旋階段

段板と手摺と手摺子。非常にシンプルなかたちの螺旋階段

螺旋階段を計画する機会は非常に多く、毎回改良したりマイナーチェンジを加えたりしながら、現段階で最もシンプルにまとまったものがこれである。もちろん、手摺子を取ってしまえばもっとシンプルになるし、段板に木を使わなければ、より彫刻的表現も可能かもしれないが、安全性と歩行感を考慮して

・1段に1本手摺子を入れること
・段板には木を使うこと

を条件とした場合のかたちである。

段板を支えるために6mm鉄板をコの字型に加工していること、木の段板を4mmほどとび出させて、段の角を木としていること、手摺子を段板に貫通させていること、以上3点がこのシンプルな形状を実現する鍵になっている。

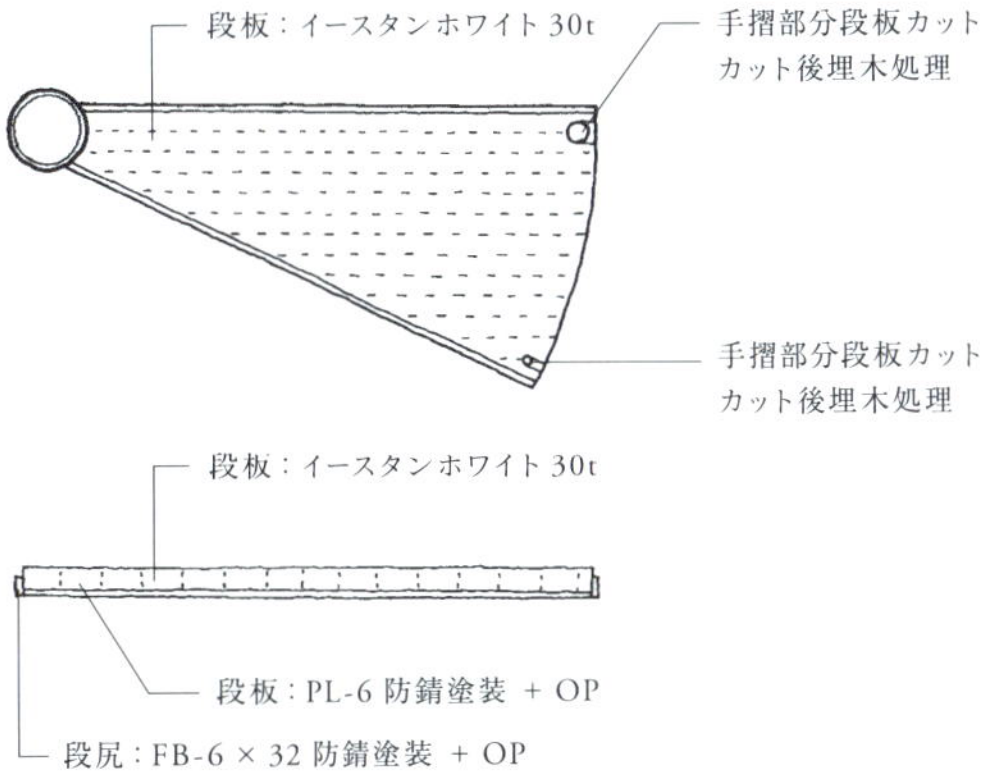

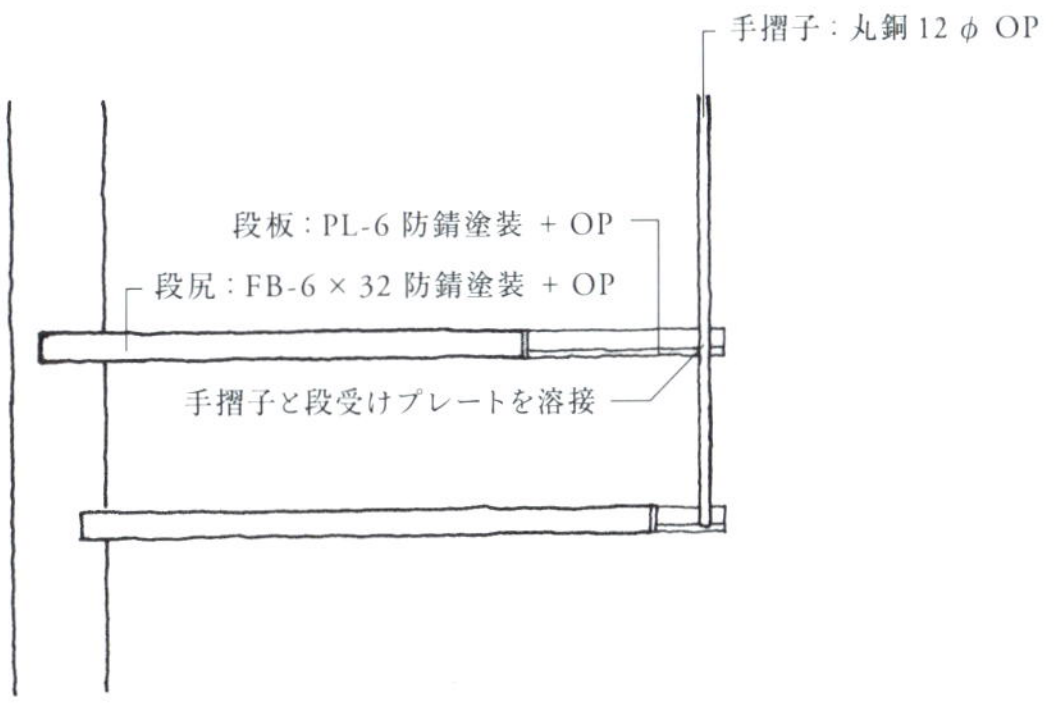

螺旋階段の手摺の行方

立体的な曲率の決定は現場で相談して決めている

円周上を回転しながら一定量の上昇をする螺旋階段の手摺であれば、ほとんどの鉄工所で製作してくれるけれど、これが他の手摺（この場合は2階の手摺）につながっていくとなると、一挙に難しくなる。まして、手摺端部や手摺子の取付けが埋め込みとなればなおさらだ。3次元座標を解析しても、現場作業に反映させることはできない。ここでは接続方法を伝えて、現場でかたちを見ながら調整を加えている。

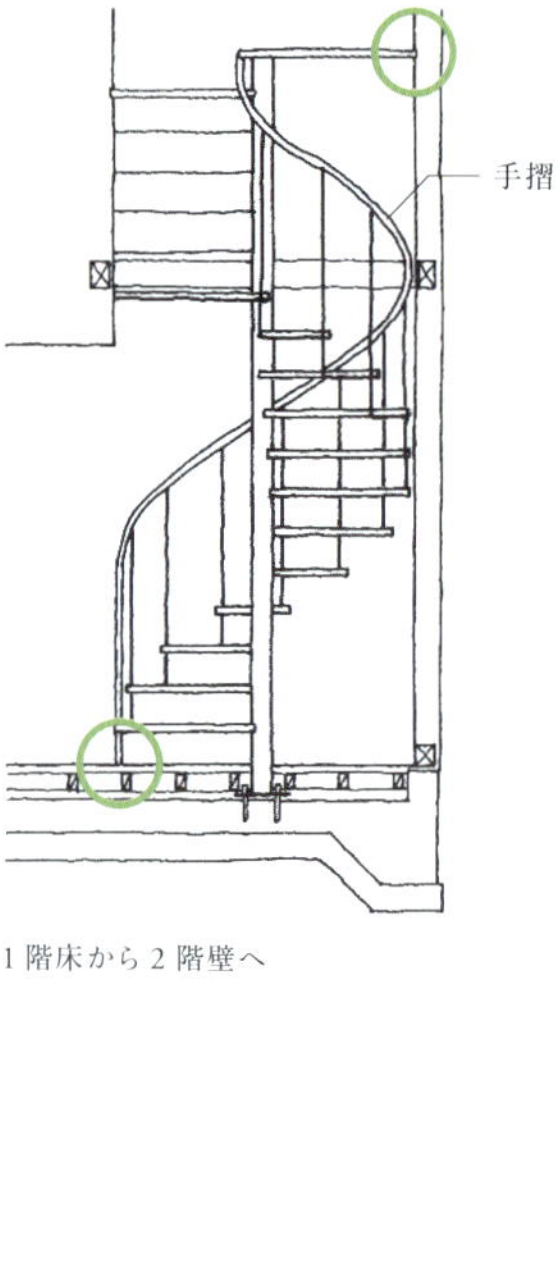

1階床から2階壁へ

2点支持の手摺

二階の手摺も壁から生えて壁に戻る。手摺と手摺も接することはない

階段板に一切触れることのない一本の手摺

片持ち階段の造形を邪魔しない、究極的にシンプルな手摺を考えてみた。片持ち階段は根元が壁に接しているのみで、他の部分がどこにも触れていないからこそ緊張感がある。だから一切の手摺子（手摺と階段板を結ぶ材）を排除して、手摺は1階の床から生えて2階の床に着地する材料1本のみとした。これは肉厚の鋼管を用いることで実現している。2階の手摺とも接しないことで純粋な独立性を保っている。

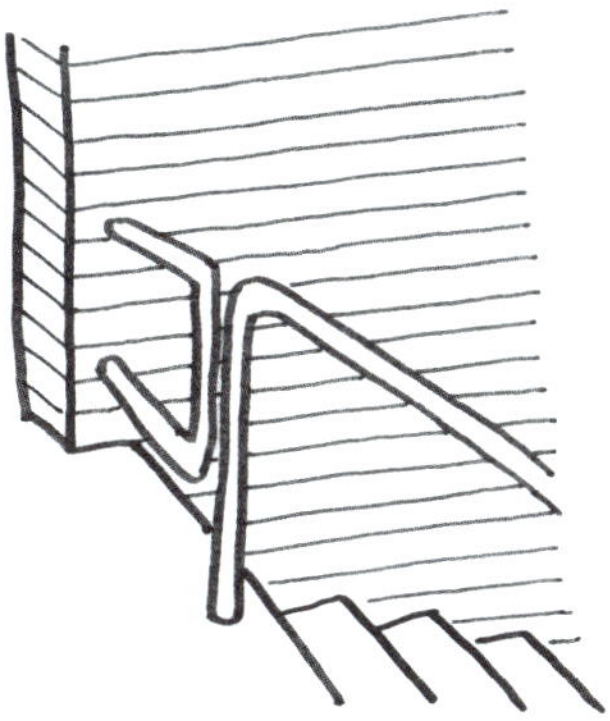

階段手摺と２階の手摺は別のもの

あみだくじ状の手摺

手摺を支える部分があみだくじ状に

手摺そのものは一本の丸鋼で、ロフト階まで延びている

住宅のプランの中で出会うことの多い「平行する通路と階段」。これを仕切る手摺または壁の在り方についていくつか検討された案の中から選ばれた一例である。他には壁に丸い穴の開いた案、三日月状の穴の案、曲線的な手摺の案が出された。最終的に窓など他の要素との意匠的な整合性、上階から落ちてくる光の量、コスト対効果を検討した結果、現在の案が選択された。

満月案

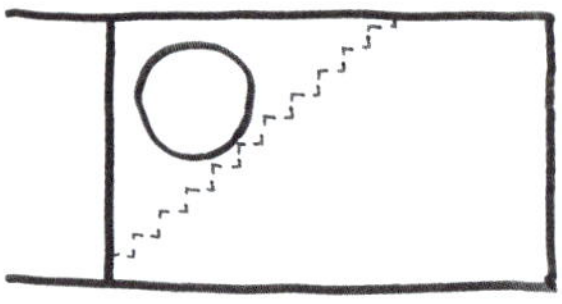

三日月案

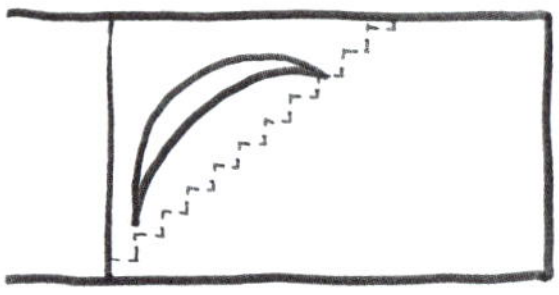

弓案

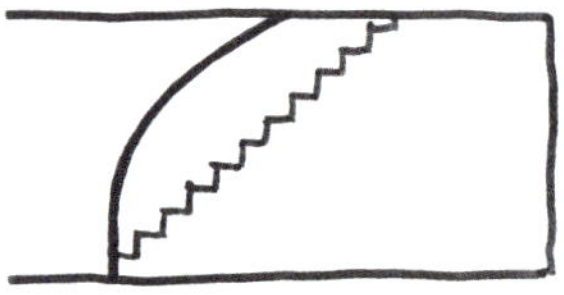

あみだくじ案

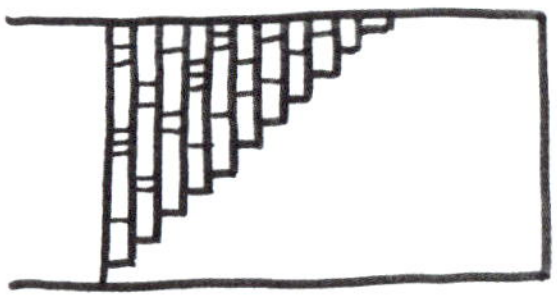

いくつかの案の中からあみだくじ案が採用された

シンプルな木製手摺

シンプルな軸だけで固定された木製の階段手摺

表面から固定用のビスが見えない

既製品の手摺受け金物の形状が気に入らず、色々試す中で行き着いたひとつの解答。つくりは極端にシンプルだが、ビス1本で固定することになるので、下地調整をした上で、構造体にしっかりと固定する必要がある。

すっきり手摺の仕組み

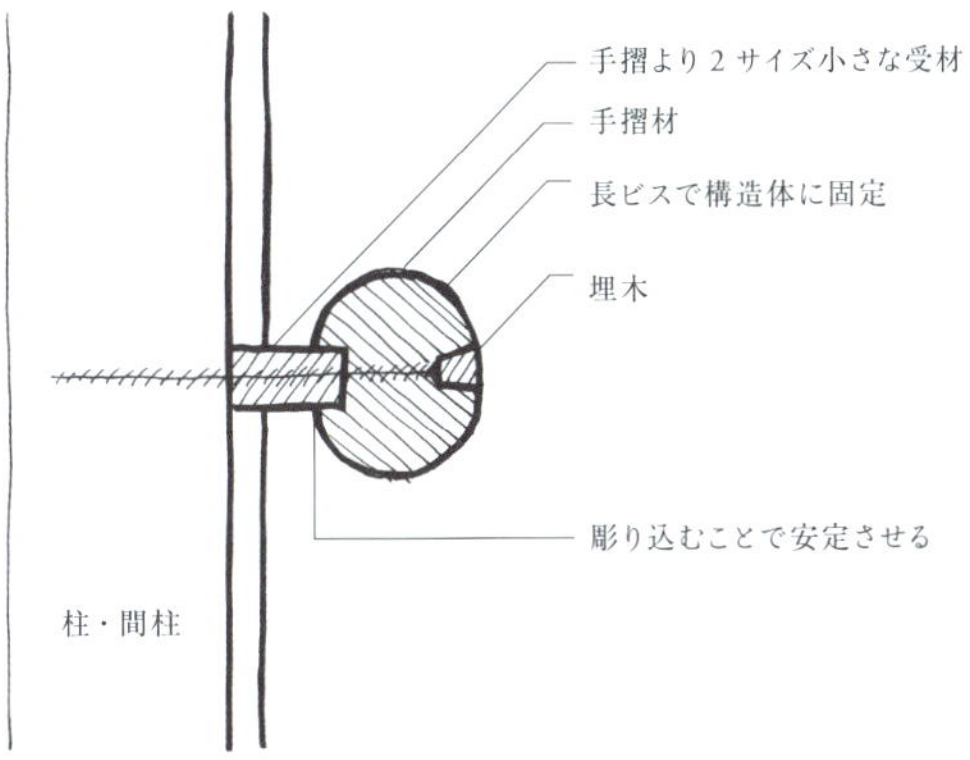

ひと筋の線だけが見えるシンプルな手摺

犬の居場所にもなる階段

階段に陣取った犬たちからリビングが見える窓が付いている

犬用にカーペットの敷かれた緩やかな階段

10頭いる犬たちのうち何頭かは、いつも階段に陣取ってリビングダイニングの様子を見守っているという。その「犬たちがゆったりと座ることができ、リビングダイニングを一望できること」が、この家の階段設計の条件になった。特殊な事例ではあるけれど、これだけゆったりとした階段は昇り降りもとても楽である。ちなみに、昇りやすく降りやすい階段は「踏面+蹴上≒４５０」となっているそうだ。

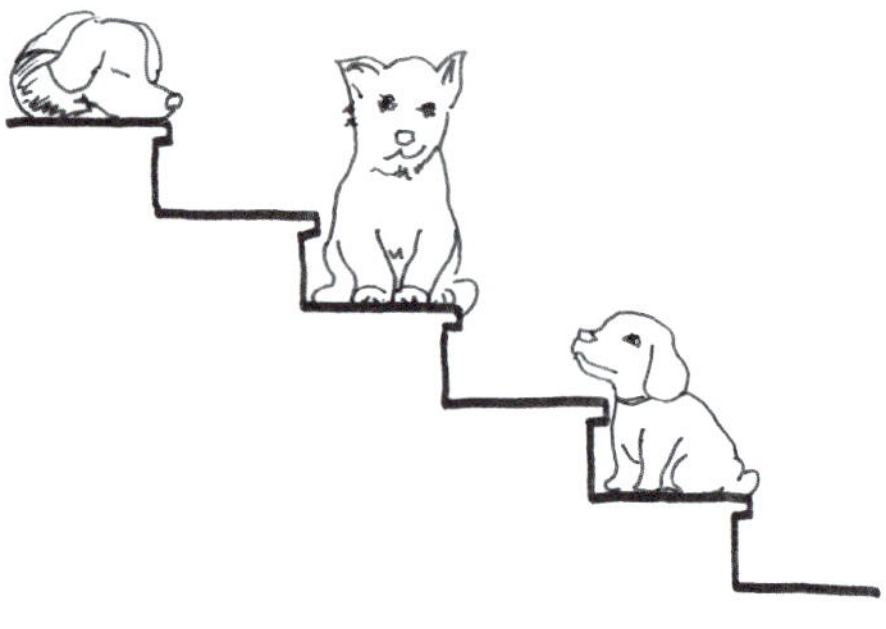

家の顔のつくりかた

4

卵型平面の家

外観夜景

設計の仕事をしていて楽しいことのひとつに、様々な人と出会えることが挙げられる。この家のクライアントは当初より楕円平面に興味があったが、土地の大きさに対して要望が収まらないため、面積を有効に使える四角い家の提案をしてみたが、まとまることはなかった。卵型の平面を提案した途端に話は進みはじめた。この純粋な「かたち」を無駄にしないプランニングにはひとつ大きなルールがある。「外周部に可能な限り触れないこと」である。

屋上階

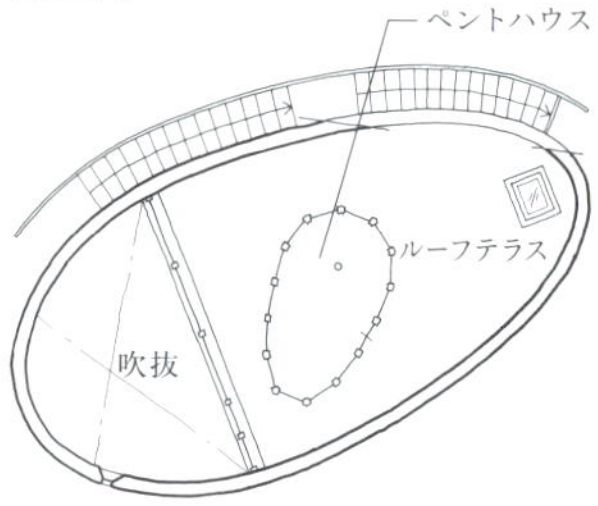

2 階

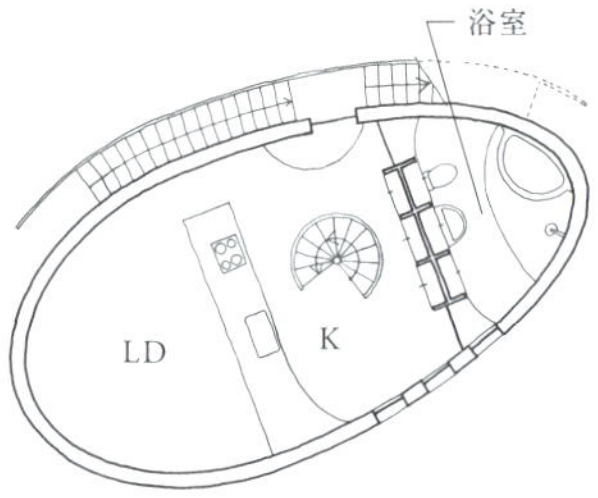

1 階

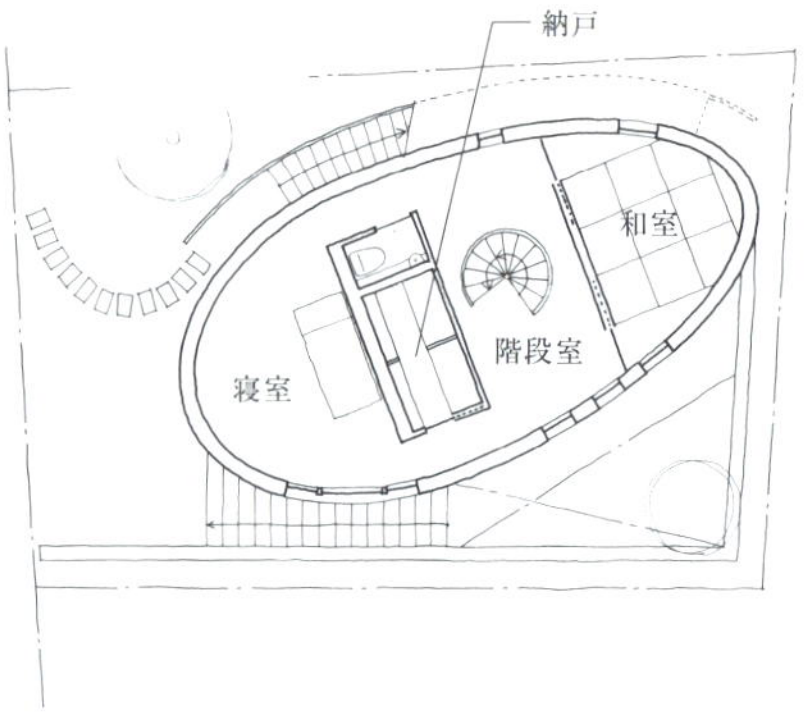

B1 階

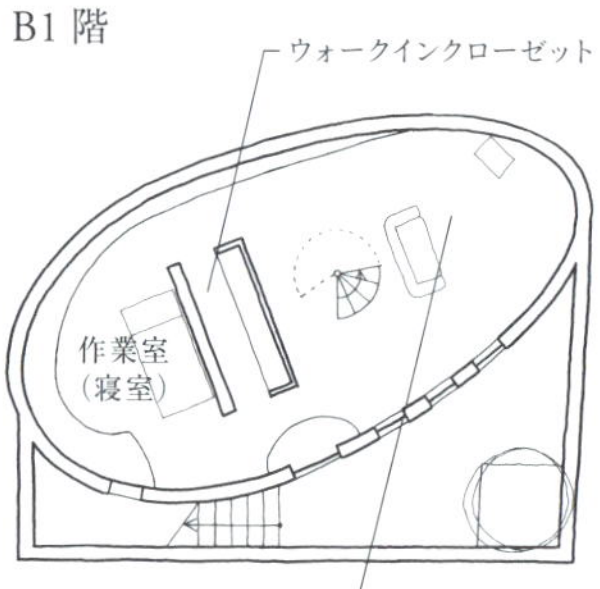

クライアントはこの家に合う家具をゆっくりと楽しみながら探している

変形地の外観デザイン

敷地形状そのままに5角形の家

5角形の土地に北側斜線（高度斜線）や道路斜線がかかると、複雑な形状になるが、逆にその「かたち」を建物の特徴として活かすことを考えた。直角でなくなる部分は極力外部スペースとして、使える面積を有効活用し、屋根勾配を延長して外壁各面をすべて「2つの直角を持つ4角形」となるように調整している。

5角形の敷地を生かす

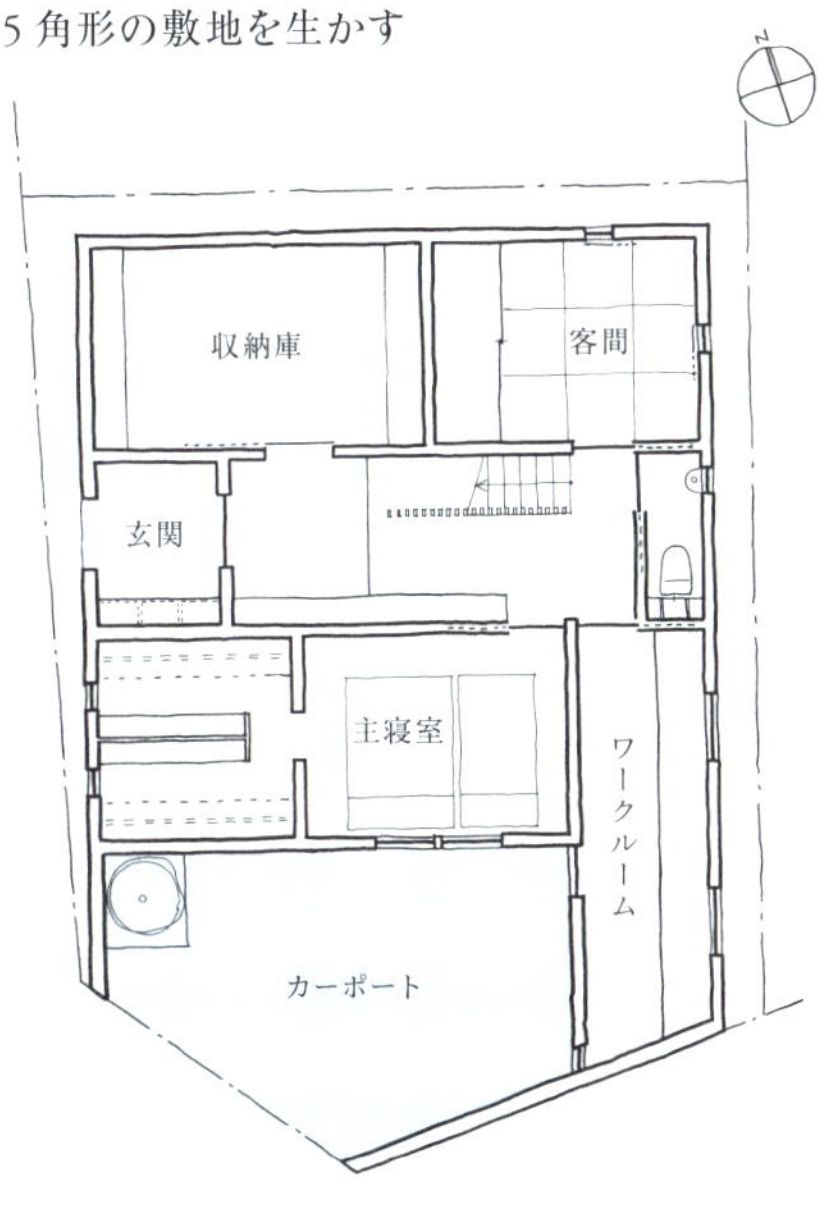

斜線制限を逆手にデザイン要素へ

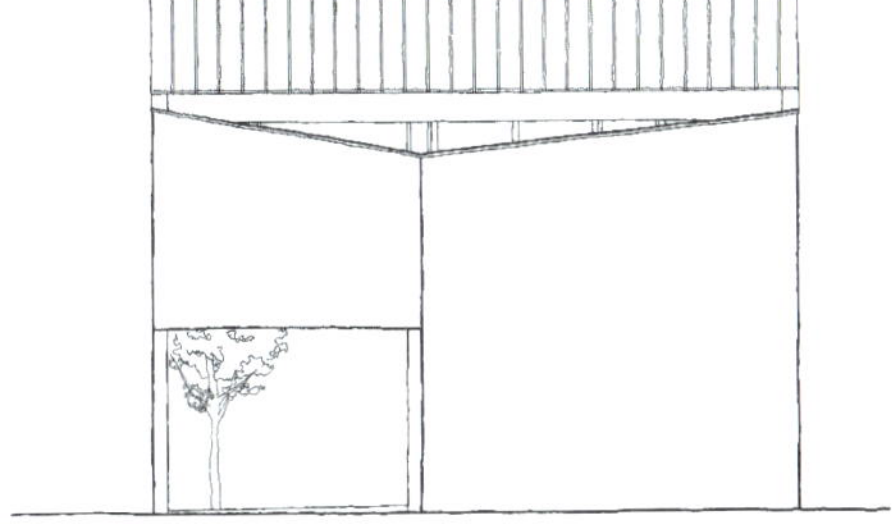

3角屋根のある4角い家

アプローチする方向からは完全にスクエアな外観

内部空間はロフトもとって、厳しい制限いっぱいに使わなければ必要な部屋がおさまらず、外観はクールにスクエアな形状を保ちたい、といった矛盾に陥ることは少なくない。この家では、斜線のかかる方位と内部空間の配置を調整し、表から見る限り完全にスクエアな外観としている。

裏側の3角屋根

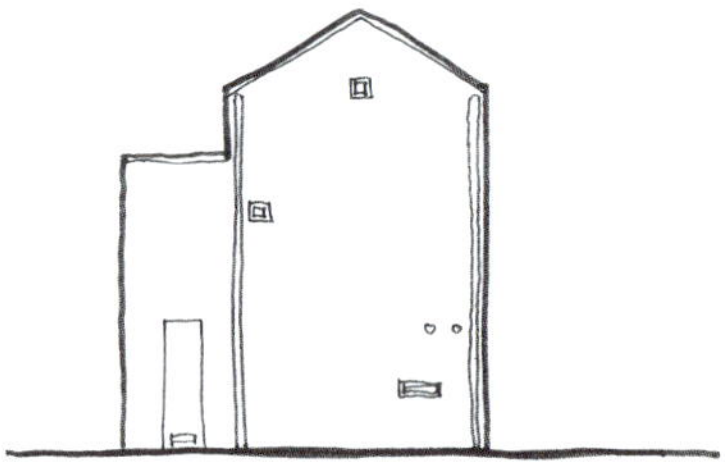

裏にまわるとこの形状

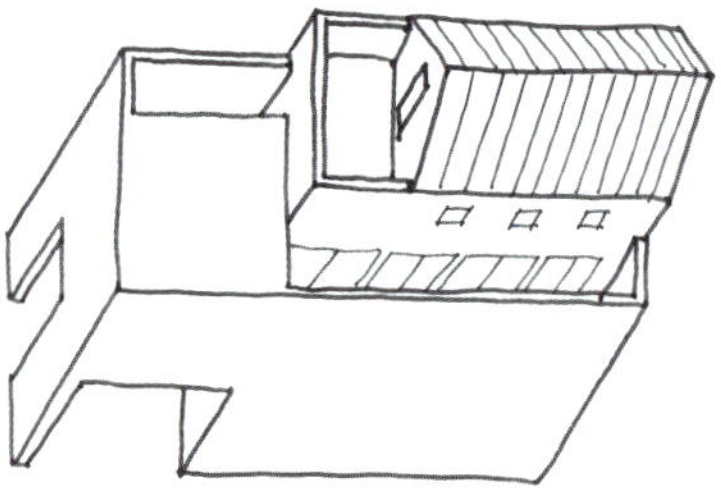

小屋裏部屋をもちつつもスクエアの外観を保っている

家の顔を平面構成で考える

家の顔。2つの正方形がバランスをとり合う

家の顔は街並の重要な構成要素である。また、自分の家の顔はりりしくありたいと願うクライアントも多い。この家の顔の構成要素は①玄関と庇②子供室窓③予備室窓④リビングのバルコニーである。調整なしではバラバラになりそうな組合せだが、バルコニーの手摺の高さで微調整をし、2階部分を2つの正方形として、平面構成の要領でバランスをとっている。

位置と大きさを調整した
4つの開口

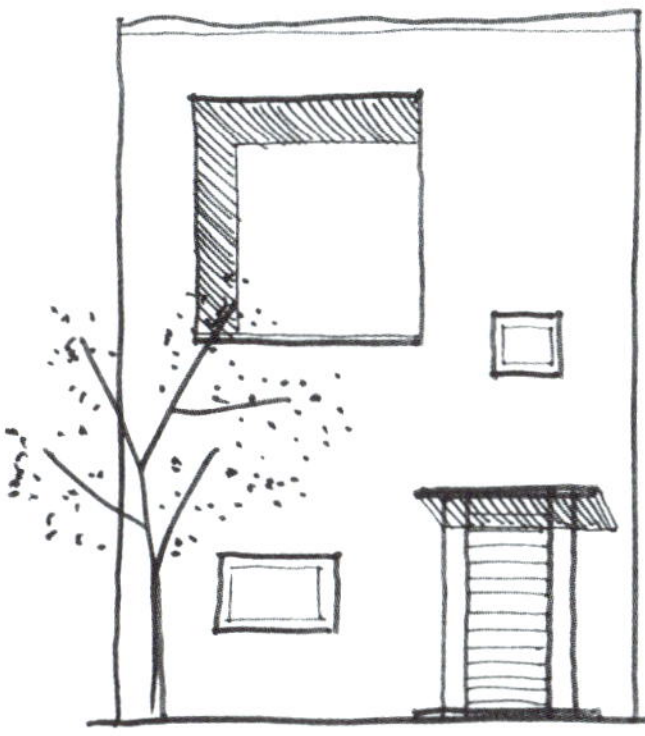

バルコニー開口の形状が
鍵となる

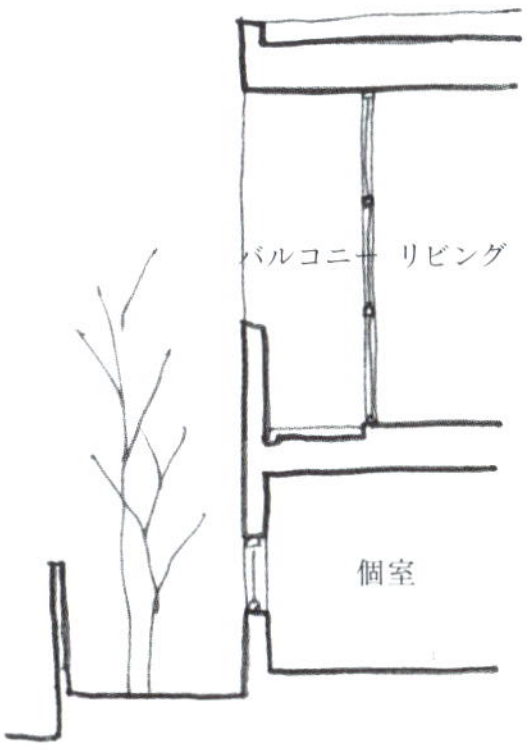

間取りなどの内部の設計をした後でファサードのデザインを行い、内部から再度見直すという、作業のくり返しによって外からも内からもバランスの良い開口を決定する

家の顔としての小窓

家の顔となる建物の外観

窓の配置や形状を決めるとき、多くの場合は部屋の中から、どの高さに、どのくらいの幅で、どのように開きたいのかを考えて決める。ただ、これが外からもよく見えて、家の顔となるような壁の場合、当然外から見たときのバランスも重要になってくる。この例では外観の向かって右1/3が中庭、左2/3の2階部分が2部屋に分けられる個室で、家具配置も考慮した位置に小窓が付いている。1階は書斎で、ある程度窓の位置や形状を選ぶことができたため、室内から欲しい位置であり、外から見てもバランスの良い位置に決定した。

1階書斎の窓を内側から見る

横ルーバーで見上げの視線をカット

2階からは目線が通る

1階を診療所、2階を住居とした計画である。前面道路から診療所に入ってくる人に住居部分の窓を見せたくないが、住居からは前面道路方向に視線の抜けが欲しい。ここでは30mm×70mmのアルミ角パイプを横ルーバーとして使い、視線をコントロールしているだけでなく、2階全体を覆うことで医院の顔にしている。

下から見上げると2階の窓は見えない

プライバシーを守る家の顔

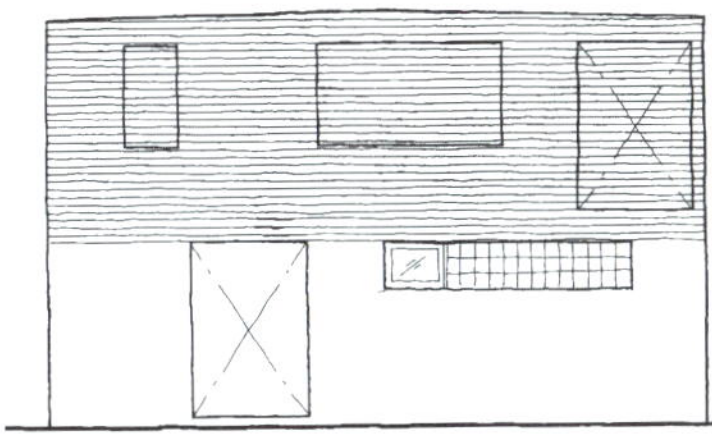
入り口正面はガラスブロックの壁で玄関戸はその左側にある

密集地の外部空間にプライバシーを

夜、灯りがともるとルーバーの内側の様子がぼんやりと見えてくる

外からは2階、3階のバルコニーがあまり見えない

家全体が広くなる。上階バルコニーからも光が入る

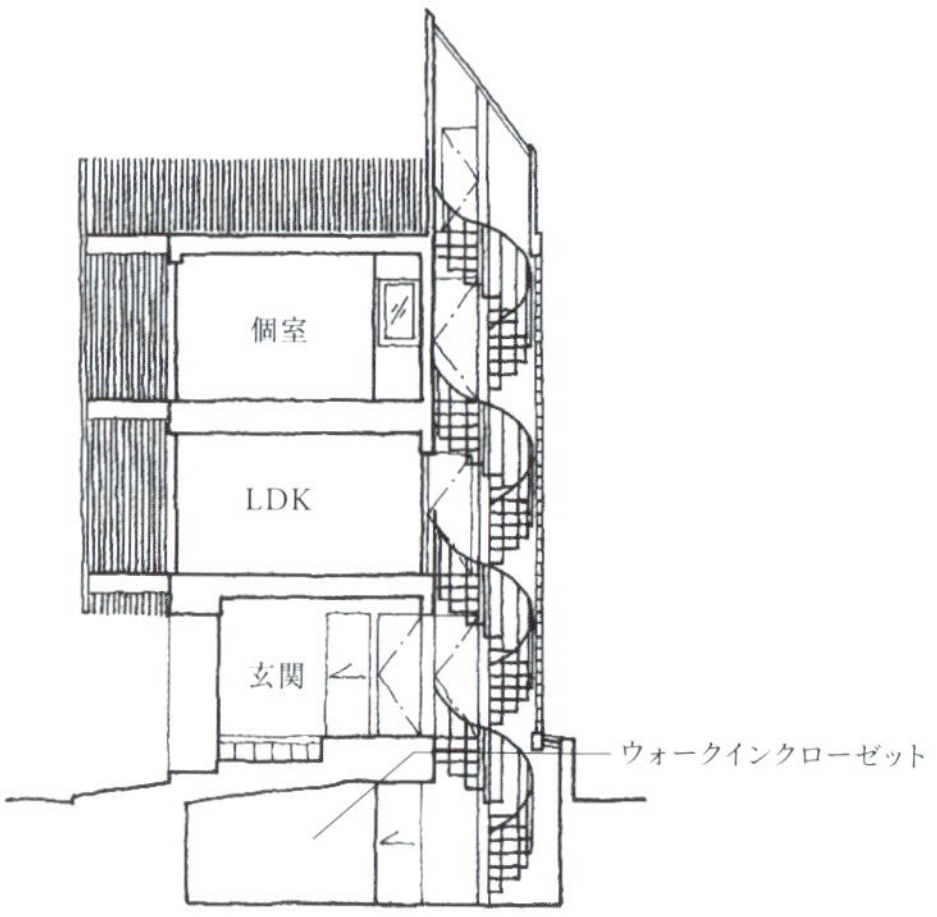

1階は植栽で目隠ししている。また駐車スペースにもなっている

都心の高密度な住宅街で、庭が期待できない環境にありながら、プライバシーがある程度確保された外部空間を用意した例。外からは中がはっきり見えないけれど、中にいるとあまり閉塞感が強くならない。庭が増えただけではなく、室内のプライバシーがよりしっかりと守られることもあり、家全体を明るくする効果もある。

壁とルーバーのみの外観

斜めから見ると格子の中は見えなくなる。側壁には通風用の小窓が付いている

正面の外壁に窓は無いが、中庭に面する部屋はそれぞれ大きな窓を並べている

団地の真向かいに建つこの家の正面には、玄関につながる中庭を囲った縦格子がある他、開口部を設けていない。グラフィックデザイナーである施主と相談して、窓の無い壁と縦格子だけでこの家の顔を構成することになった。中高層住宅の密集する中、プライバシーを保ちつつ中庭を介して外部と多くの関わりを持てる家になっている。

丈夫でシンプルなFRPの面格子

コンクリート打放しの家の顔。2階テラスのフェンスと玄関門扉にFRPグレーチングを用いている。ガレージ用にグリルシャッターが付いているが、そのシャッターケースもグレーチングでカバーすることで、デザイン要素の統一を図っている。グレーチングそのものの面剛性を利用し、接合部はすべてフラットバーで縁をまわしているだけである。フラットバーのフレームでつなぎあわせることにより大きな面をシンプルに仕切ることができる。

テラスフェンスと玄関門扉にFRPグレーチングを使用

夜間はグリルシャッターも含め、グレーチングから光がもれる

打ち放しのコンクリートとグレーチングで構成された家の顔

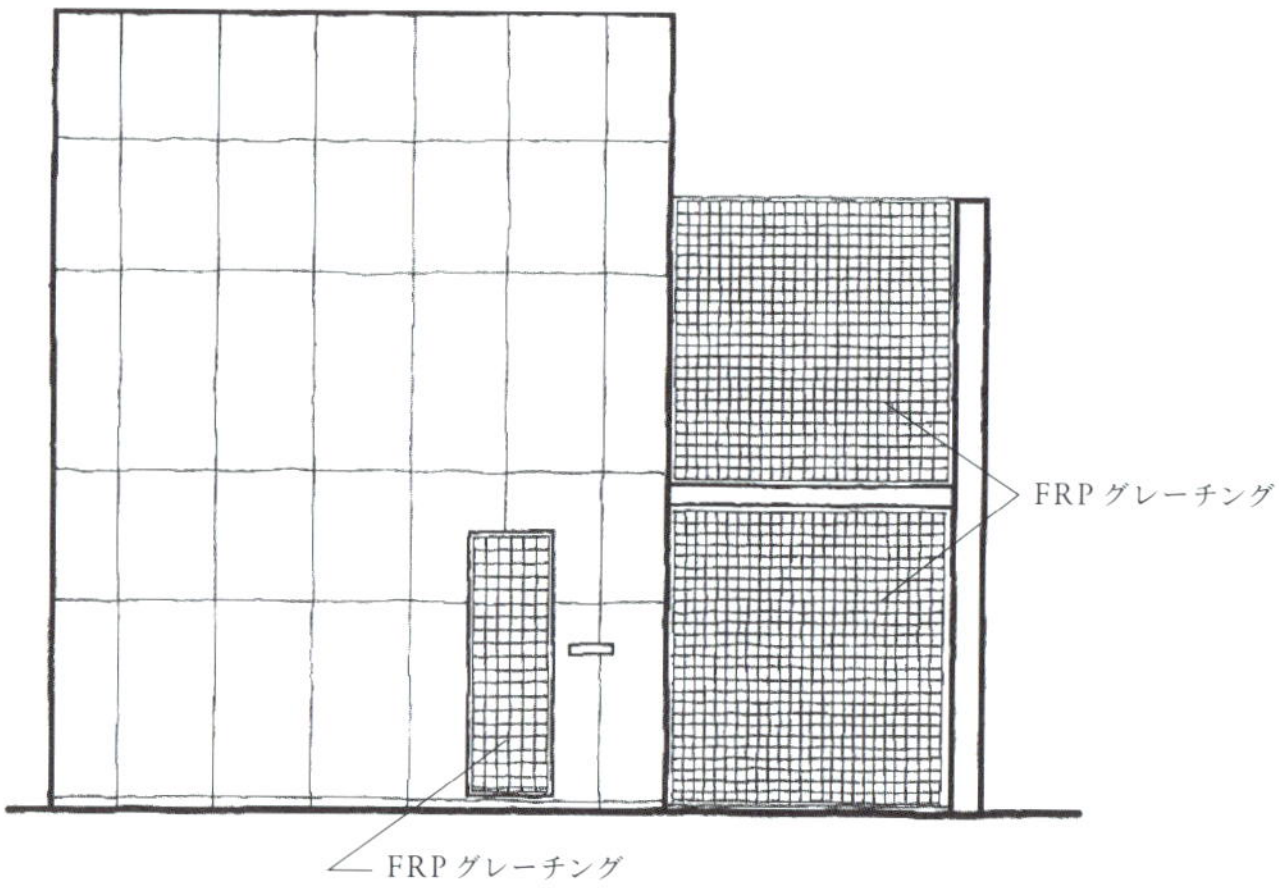

光を通す駐車場の屋根

グレーチングの落とす影が複雑で面白い

駐車場に明るい屋根が欲しいという要望はよく耳にする。家の顔ともいえる玄関前に既製のカーポートを置いてしまえば、それだけで雰囲気が決定されてしまう。ところが光を通す屋根（耐候性ポリカーボネート板）をしっかりと支えるのは意外と難しい。経年変化でたわんでしまったり、雪の荷重にも耐える構造が求められるからである。ここでは鉄骨の梁に強度と耐候性のあるファイバーグレーチングを載せて解決している。グレーチングの落とす影の変化が美しい。

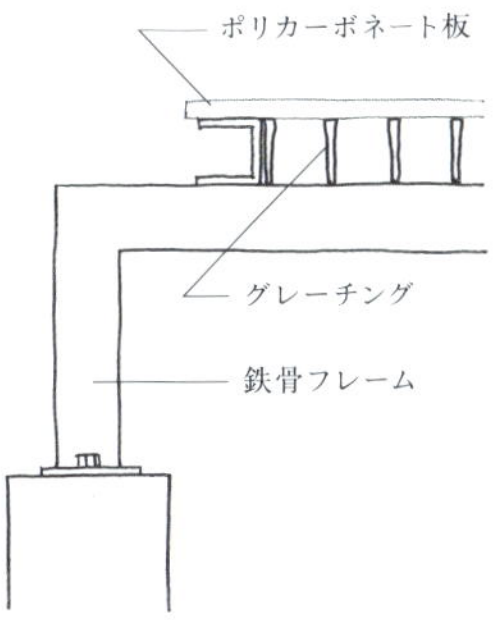

亜鉛メッキした鉄骨フレームに半透明のファイバーグレーチングを載せ、その上に透明のポリカーボネート板を固定している

亜鉛メッキされた鉄骨の梁にグレーチングを載せている

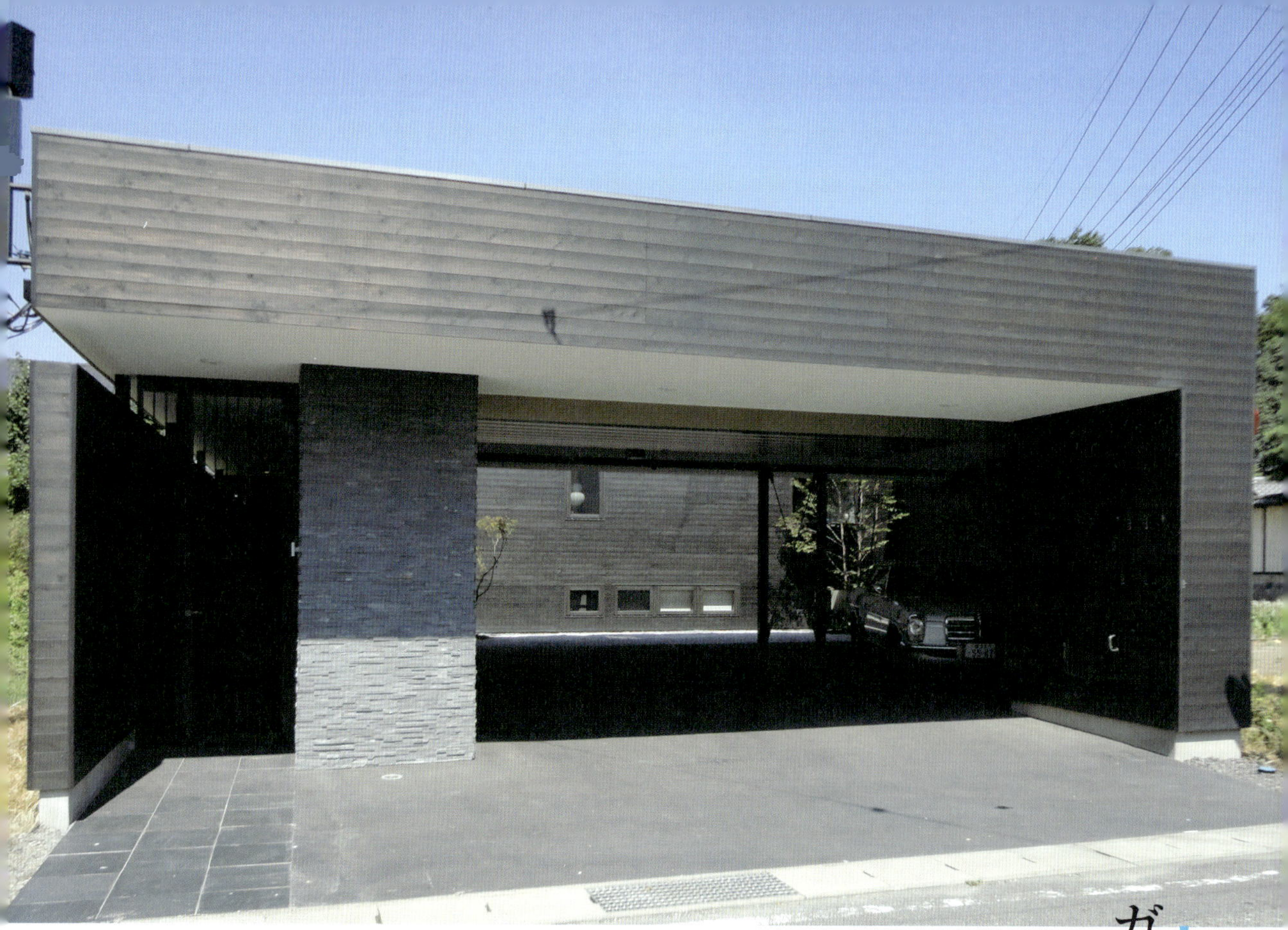

ガレージの奥に緑が植わって光が入ると、建物のイメージまで変わる

ガレージの奥を明るくする

効率的に土地を使おうとすれば当然、入口の横に車やガレージが並び、それが家の顔となることが多い。しかし一般的にはガレージの中は、機能的に仕上げられ、道具類が並ぶため、家の顔が寂しいものになってしまう。そこでこの例のようにガレージの奥に陽が射したり、緑や空が見えると、全く違った顔を演出することができる。

ガレージ奥の前庭は空に開いている

外構を建物と一体でつくる

門扉、郵便受けと収納

自転車置き場にかかる屋根

外から建物と門を見る

住宅も街並を構成する要素として、外からどのように見えるか、というポイントが大切になってくるが、同様に門、塀、門扉、シャッター等、建物の外側をとりまく要素も大変重要である。なかなかそのまま使うことのできる既製品も多くはなくて、素材や表現を建物本体と関連付けながらひとつずつ決めていくことになる。

この事例では門と車用のシャッターフレームをコンクリートでつくり、木材部分を建物の木製サッシと揃え、調和を図っている。

建物と一体でつくる門扉（平面図）

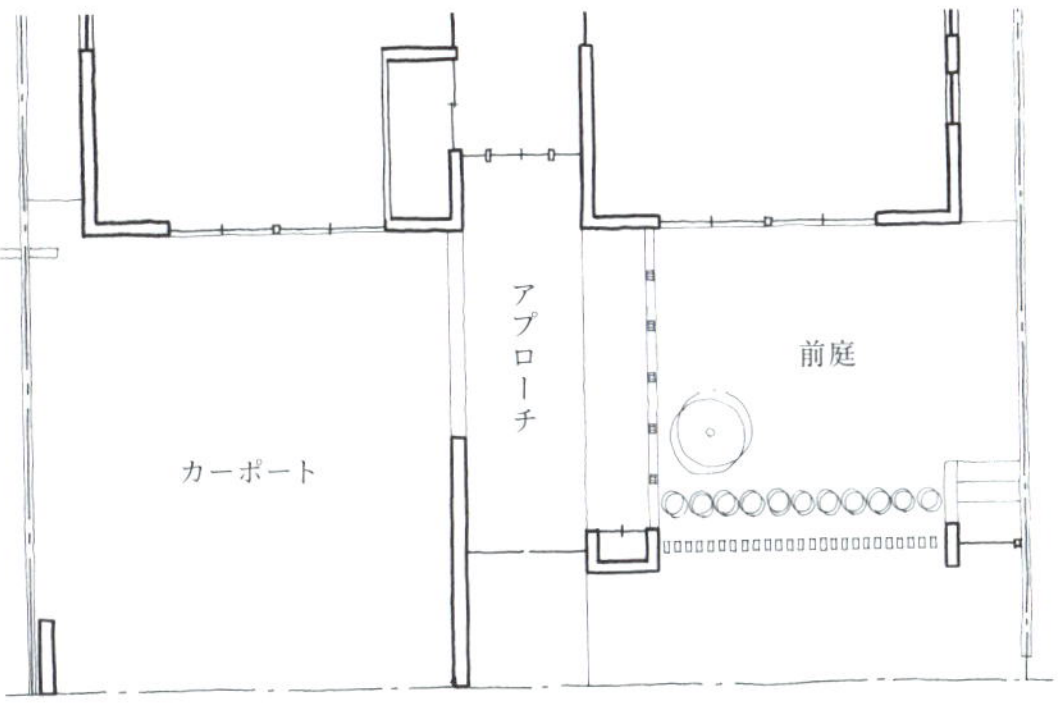

建物と仕上げをそろえる

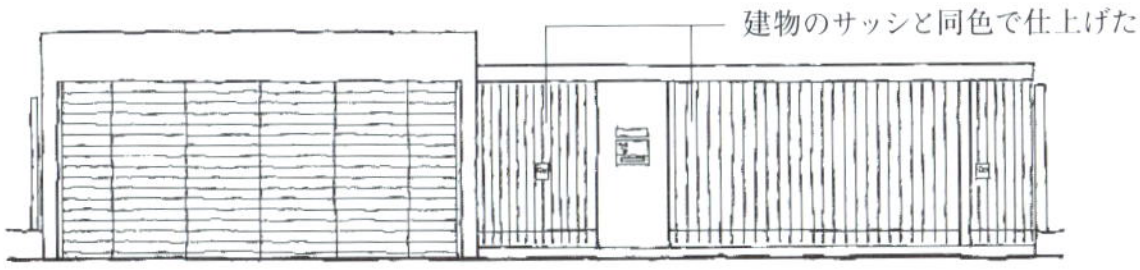

斜面を下る方向にテラスが延びているため、２階でありながらおよそ３階分の高さになる

宙に浮いたテラス、樹上生活者の視線

尾根の上に建ち、斜面を見下ろす方向に張り出したテラス。２階でありながら目の前の斜面が下がっているため、手の届く樹々は地上６～７ｍの高さ。更に遠くの樹々は10ｍ以上の高さの部分が目の高さとなる。樹の上で生活しているような気分になるテラスである。

テラス正面の樹々は地面から６～７ｍの高さ

犬用のテラス

物干し金物の他に犬用のシャワーと排水設備も用意している

防汚性能が高く、なおかつ雨に濡れた状態である程度防滑性を見込むことのできる素材として、プールサイド等に使われるシートを選択した。閉めたままでも犬が出入りできる網戸や、湯水も使えるシャワー、犬の飛び出せない高さに合わせた開口など、すべての基準を犬に合わせて決めたテラス。獣医であるクライアント夫妻の生活は犬中心に展開しているため、少しでも建物がカバーすることができれば負荷を格段に低減することができる。

犬のためのテラス（2階平面図）

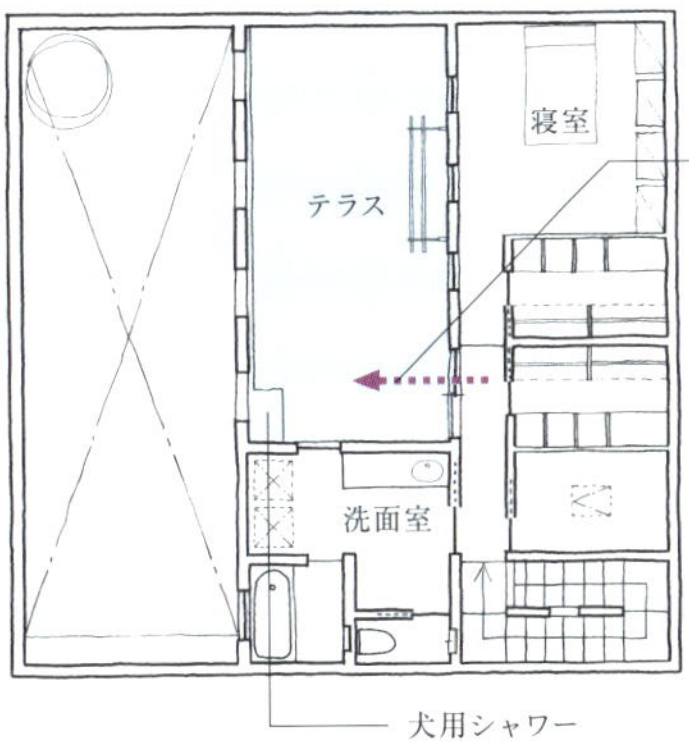

（断面図）

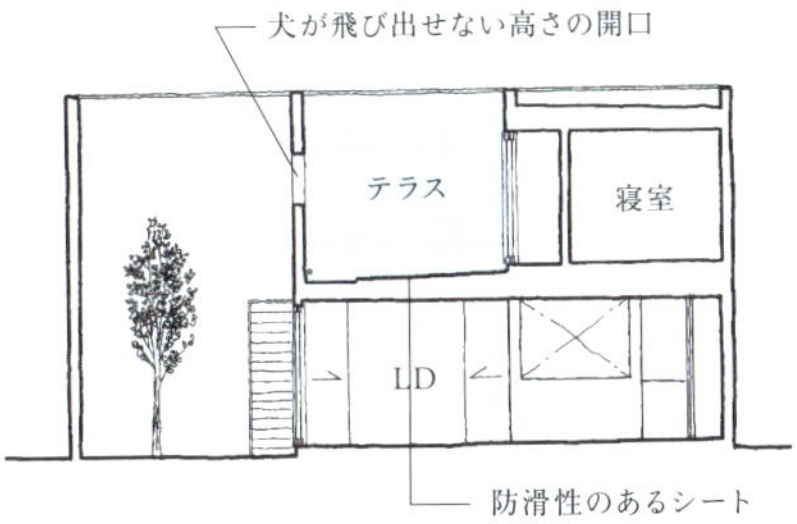

屋上は密集地の開放的なスペース

「空は都市に残された大自然である」という言葉を聞いたことがある。確かにそのとおりで、どんな密集地であっても空は平等に広がっていて視線をさえぎるものはない。近年は防水の発達によって木造でもフラットルーフができるようになり、屋上を計画するケースも多くなっている。この事例では安全性と存在感を消す意匠性の両面から細めの縦格子の手摺とし、デッキ材に固定している。

手摺や照明はデッキに固定される

下の道からは想像もつかない見晴らしのよさ

東京タワーとスカイツリーを望む絶景テラス

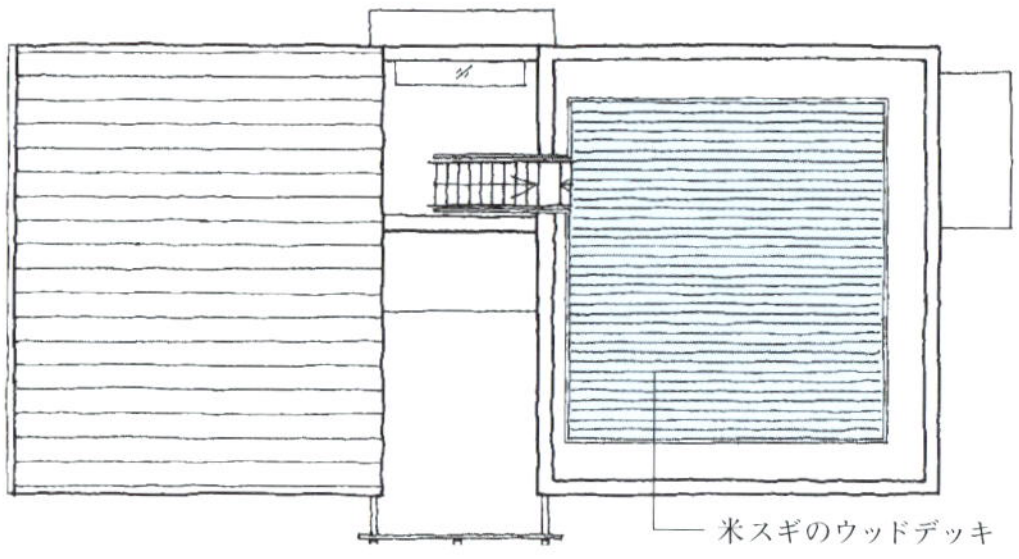

手摺の詳細

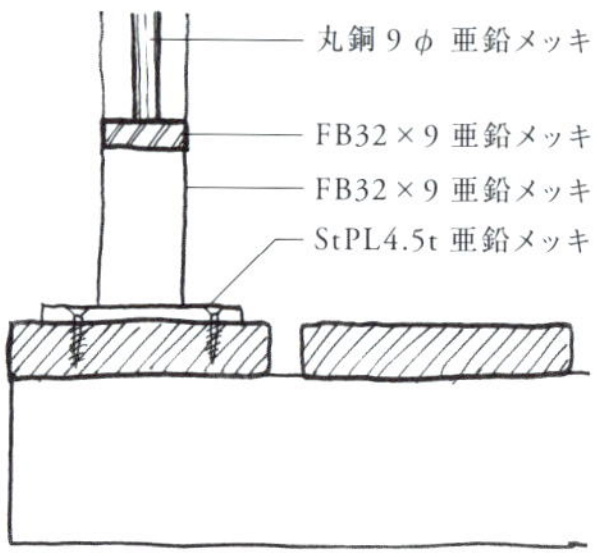

旗竿状の土地の竿の部分が階段で、旗の1/3が隣地を支える擁壁に占められているという状態で、この擁壁部分をいかに有効に活用できるかが課題であった。建物の基礎は平らな部分いっぱいに造り、擁壁の斜面に沿って伸ばした斜めの柱とデッキテラスの梁で三角形を形作っている。擁壁斜面の上に半戸外的なデッキスペースを設け、大きな縁側のように積極的に使うことのできる外部空間となっている。

大きなベンチの設えられた外部空間

擁壁を利用した3角形のテラス

土地の断面形状に沿って作られたデッキスペース

難条件敷地は宝の山（敷地図）

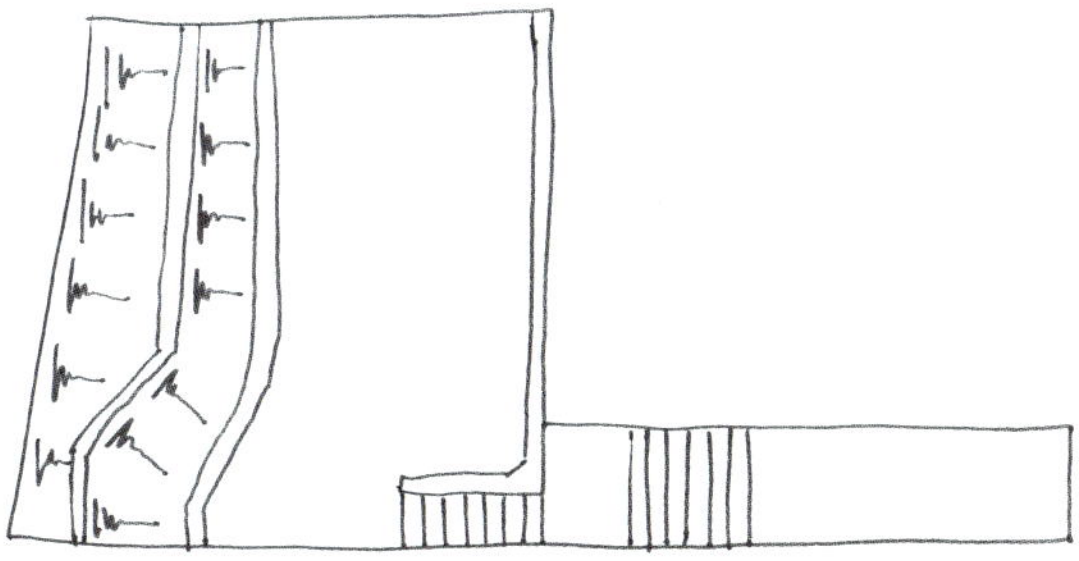

工夫次第で十分な広さを確保できる

擁壁に寄り添うテラス

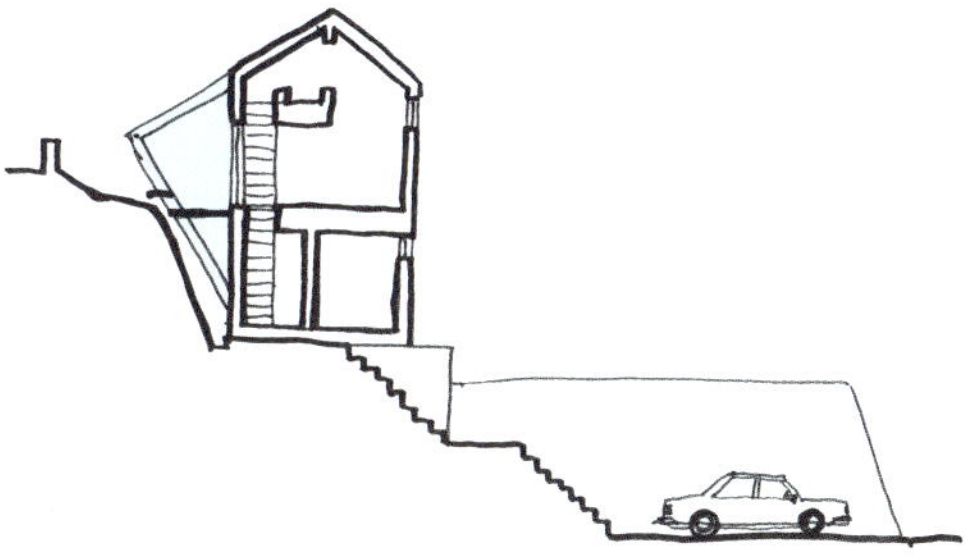

擁壁部分も活用することで敷地の有効利用ができる

生活空間の一部としての庭

長いベンチは特に家具を置かなくてもイスとなりテーブルにもなる

庭には眺めるための庭と使うための庭があるが、この例は、眺める庭に使うための庭（ウッドデッキ）が置かれた形になっている。使うための庭の2方向は自分の家、残り2方向は緑に囲まれたかたちで、リビングやダイニングの延長として使うことができる。長いベンチを造り付けておくことで、特にテーブルを置かなくてもそのまま外で座ったり、お茶を飲んだりすることができる。

2方向を自分の家、残り2方向を緑に囲まれた中庭的な場所

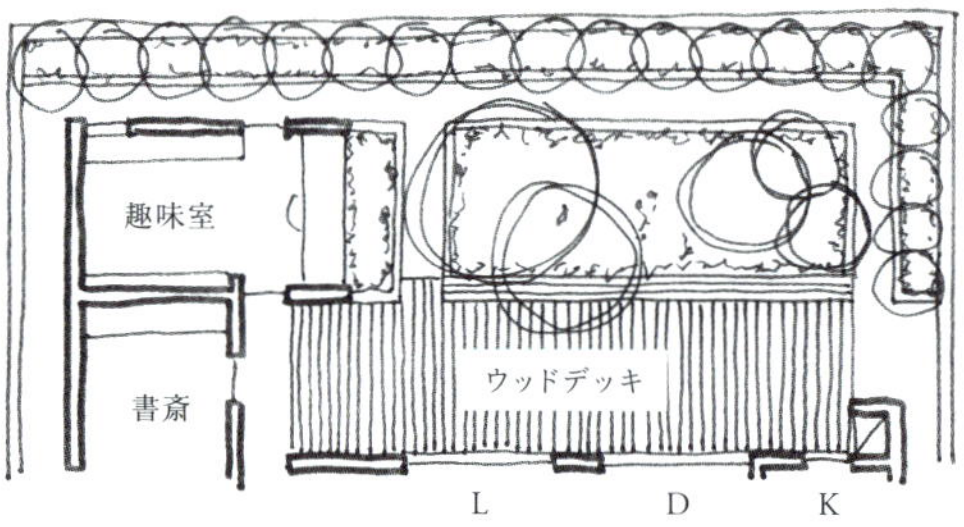

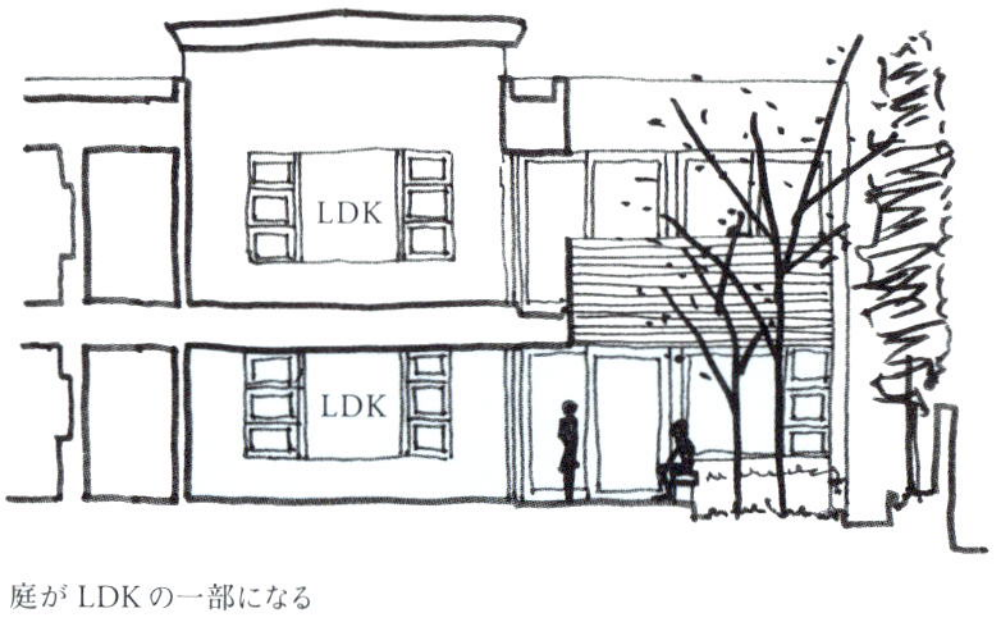

庭がLDKの一部になる

内側も外側も汚さない笠木

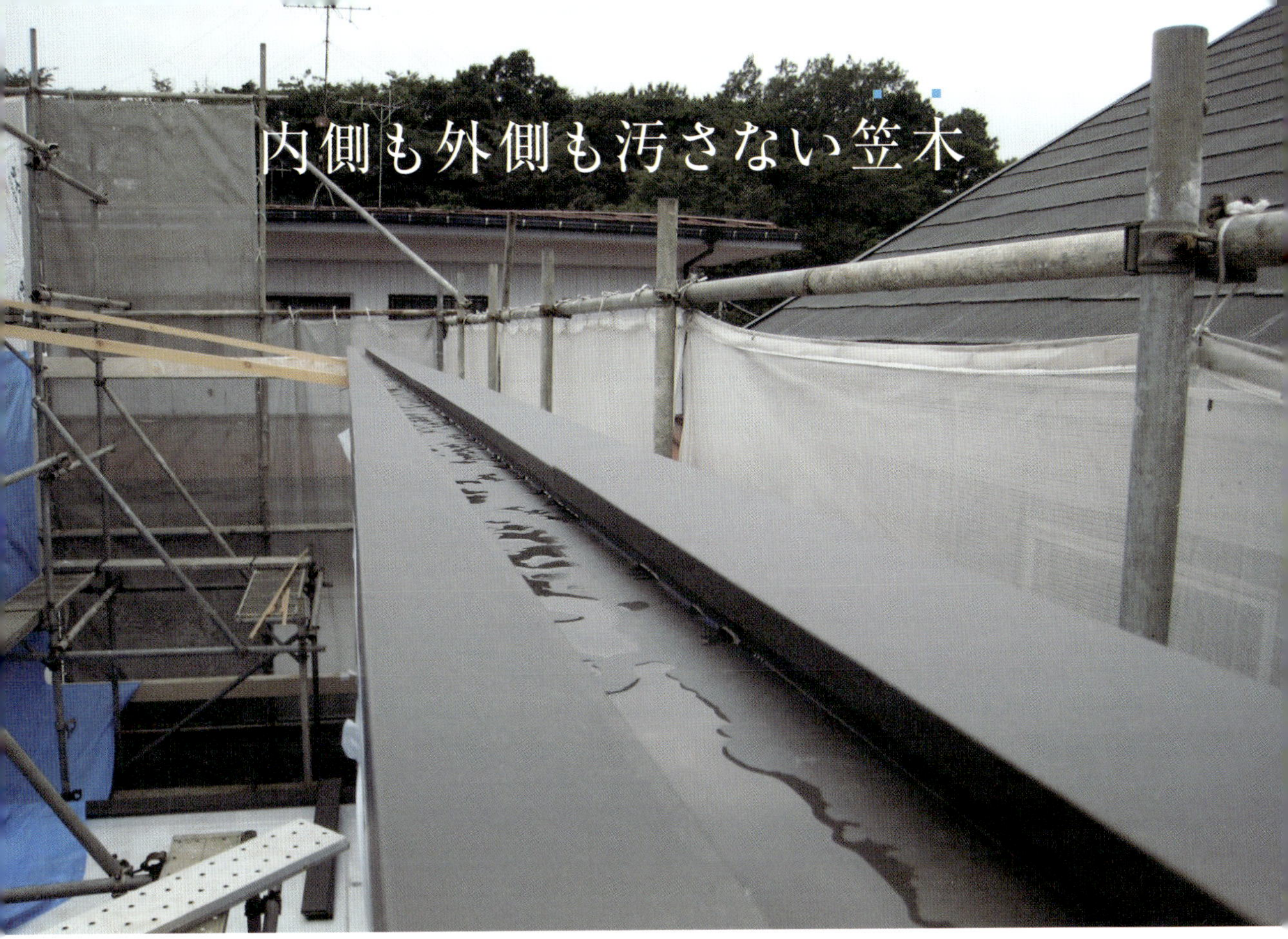

笠木からの水もれが無いように下地防水を完全にしておく

壁や塀の頂部には、笠木と呼ばれる防水キャップが付いている。その上に土埃や排気ガスが載って雨に流されると壁が汚れてしまうため、通常は外側を汚さないように内側に向かって斜めになっている。中庭型住宅などでは外側も内側も汚したくないケースがあり、水を垂らさない笠木を工務店さんと一緒に考案した。

壁を汚さない笠木

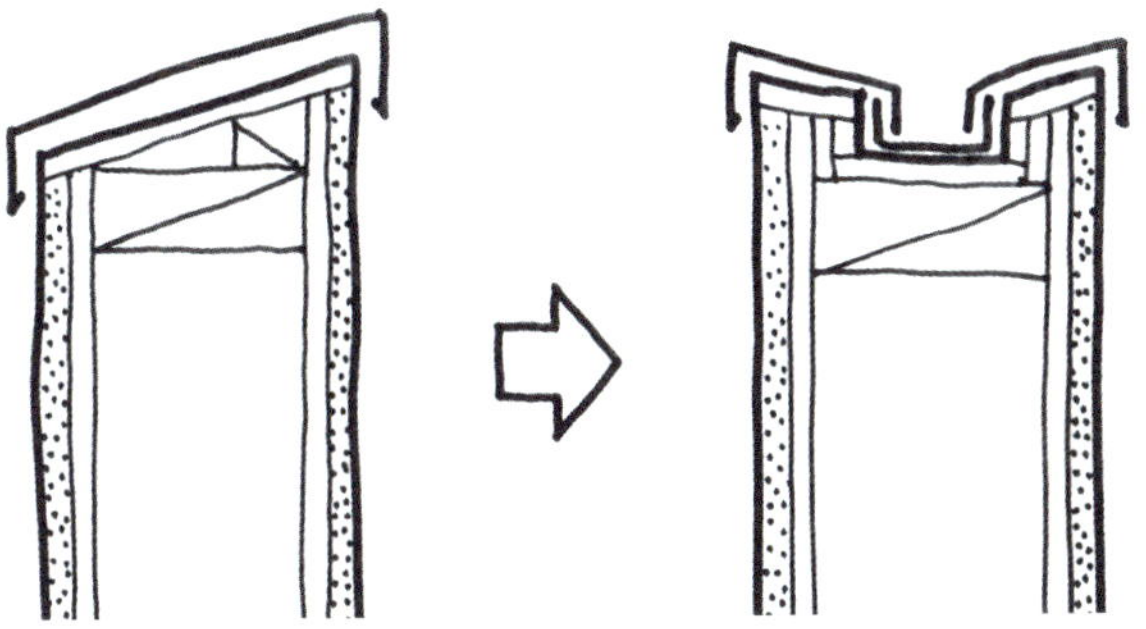

従来の笠木は内側に水勾配をとり、雨だれを内側に落とすことで、外壁を汚さないように造られたため、中庭型の住居では壁の汚れが問題になることもある

中央に水路を持つこの笠木は、壁の外側にも内側にも雨だれを落とすことがないので、中庭型住居に適している。ただしコストと排水経路に注意が必要

パーゴラを建物と一体でつくる

庭とパーゴラのグリーンが揃ったところで完成する。目の前に広大な庭が広がっている

建物に一部を支えてもらうことで、非常に軽いつくりになっている

デッキテラスやパーゴラを建物と別に計画すると、違和感を生じることがある。この家では、庭づくりや植栽計画を別途としながら、パーゴラとデッキテラスは建物といっしょに作っている。パーゴラを建物と一体で計画することによって細かく繊細な部材でしっかりと組み上げることが可能となった。庭と藤棚の完成が楽しみである。

外部リビングになる

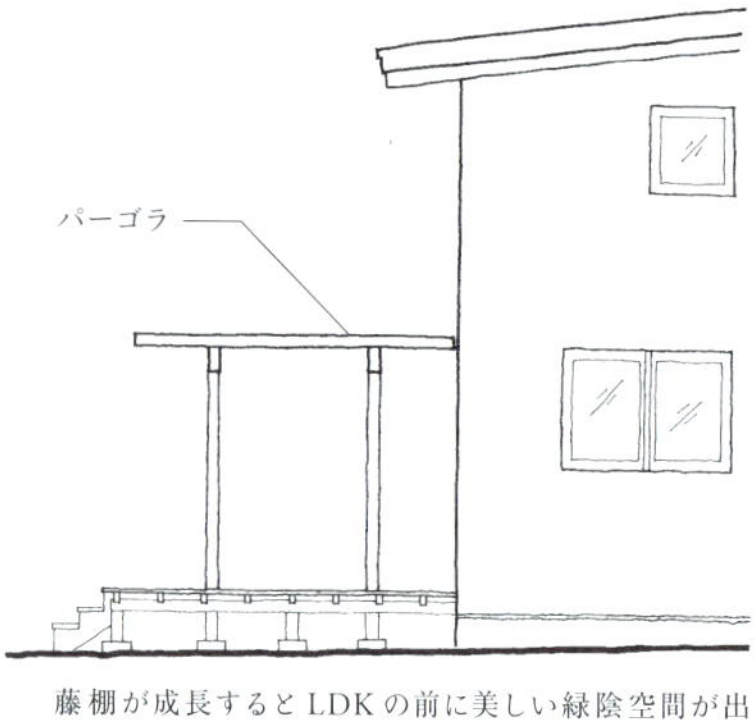

藤棚が成長するとLDKの前に美しい緑陰空間が出現する

夏場の暑さ対策に

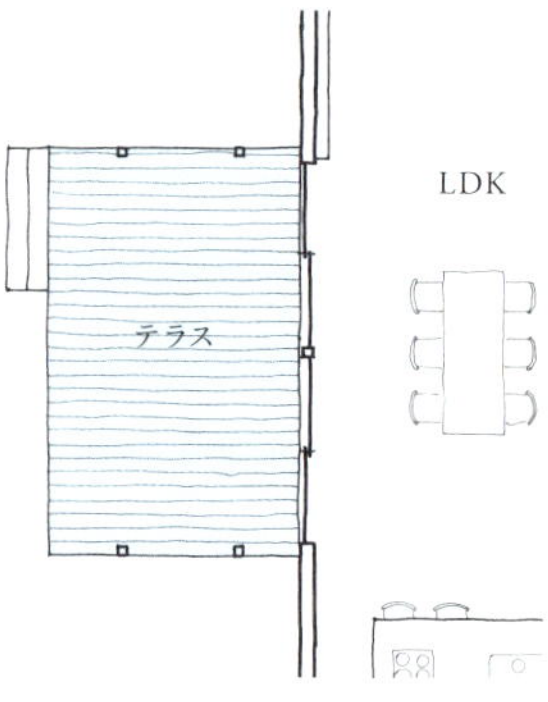

夏場はLDKに入る日射をほどよく遮蔽してくれる

物干しを兼ねるシンプルな外部手摺

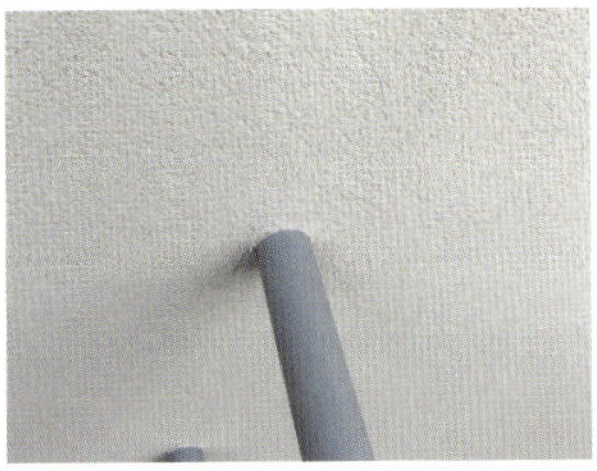

取付用の下地が壁の中に埋め込まれている

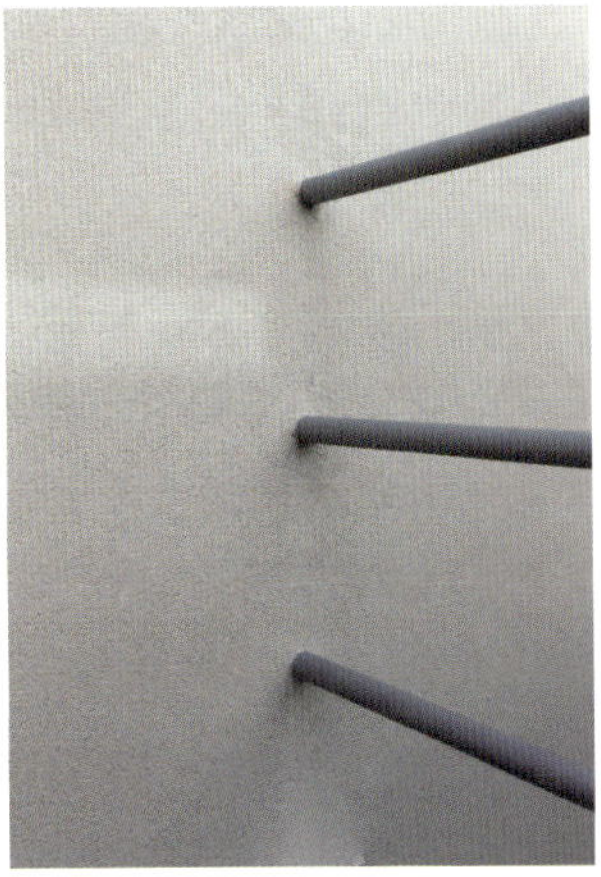

3本の手摺が実は壁の中で一体化している

壁から生えて、反対側の壁に刺さるような手摺。物干しパイプにも応用可能

外部の手摺や物干しパイプも、極力シンプルに仕上げたい部分である。水が溜まる形状であれば錆びたり、汚れが垂れて跡になる。この作り方は接合部等が一切外に出ない方法。シンプルで壊れにくく汚れにくい半面、付け替えや補修は効かないので、設置には十分な検討を要する。

手摺の詳細

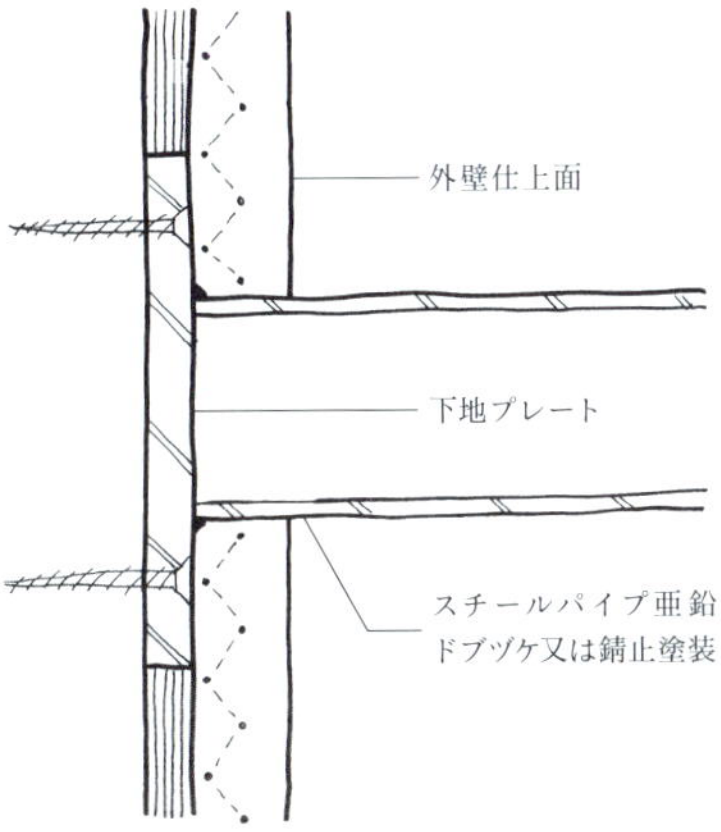

※通常は下地プレートの下で防水し、ビス穴を止水するが、設置個所に応じて防水位置と方法を検討すること

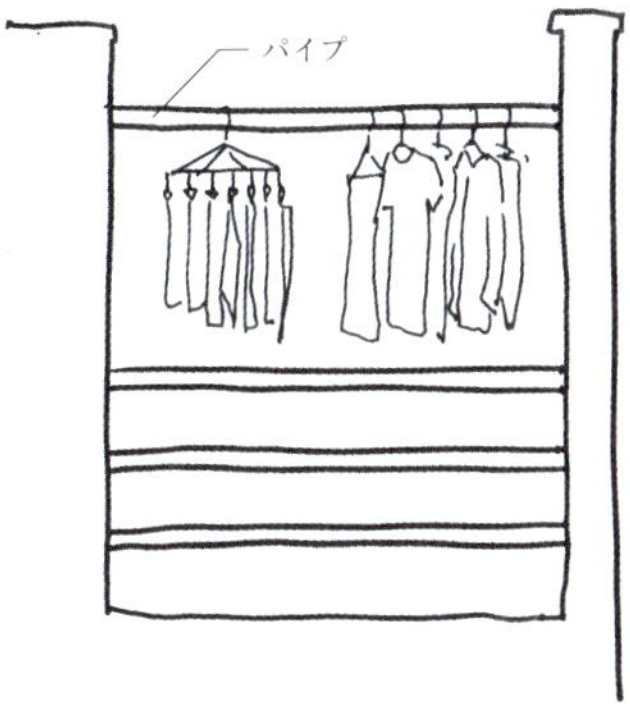

手摺以外にも、高い位置にパイプを取り付けて物干にすることもある

奥行3.5mの大きなバルコニー

大きなバルコニーは下から見上げる視線をカットし、大きな庇は直射日光をカットするので、カーテンのない生活が可能に

大きなバルコニーは、そのものの存在意義以上に様々な役割を果たしてくれる。まず、部屋の中と外を結ぶ中間領域ができることによって、外との関わりが奥行を持つ。バルコニーの出が大きいことで前面道路から見上げる視線がカットされ、上部の大きな庇は直射日光をカット。カーテンの必要がない窓になる。

奥行3.5mのバルコニーから見下ろす夜景は素晴らしい

大きなバルコニーは、そのまま玄関前の大きな庇となる

計画時の断面スケッチ

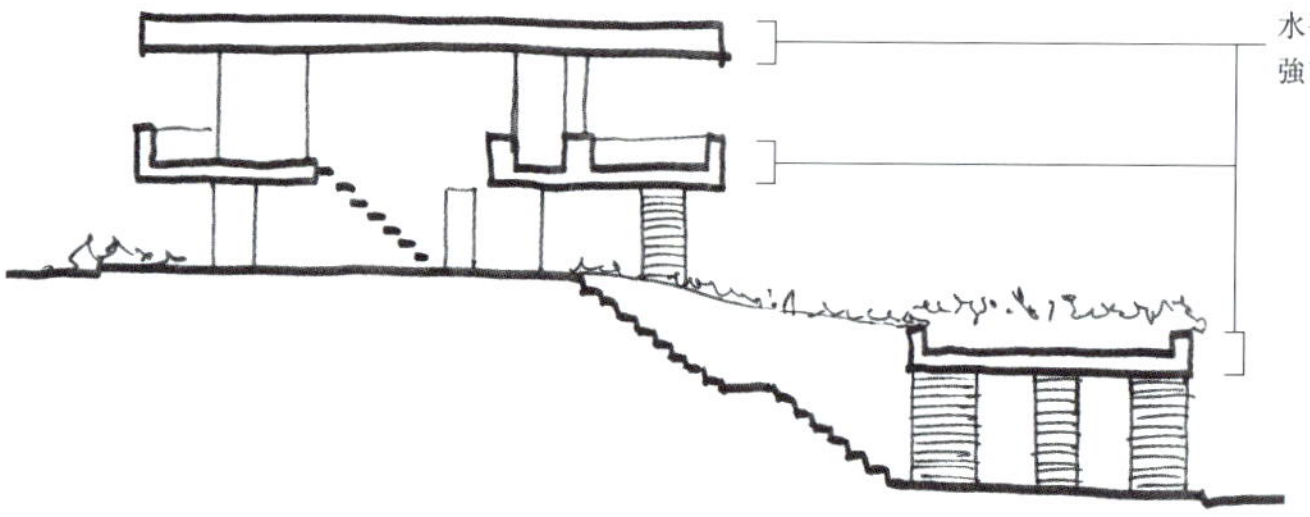

ガレージの屋根、バルコニーの手摺、屋根を敷地いっぱいに通すことで横方向のラインを強調

鉄骨の後付けバルコニーで天井の高さを稼ぐ

バルコニーの構造を外付けにすることで、1階天井から2階床までを40cmに抑えている

バルコニーそのものが口の字型で強度を持っている

建物正面から見た細く繊細なバルコニー

木造住宅で支柱のないバルコニーを計画する際、2本の桁で持出し梁を挟んで支える方法が一般的であるが、天井懐の厚みが必要であったり、垂れ壁をつくることになってしまうことがある。斜線で高さを抑えつけられているので天井高さにも天井懐にも余裕がないことが多い。そこでこの事例では鉄骨のバルコニーを箱型にして、構造柱にボルトで固定している。バルコニーの構造による階高の損失を0にしている。

柱に固定したバルコニー

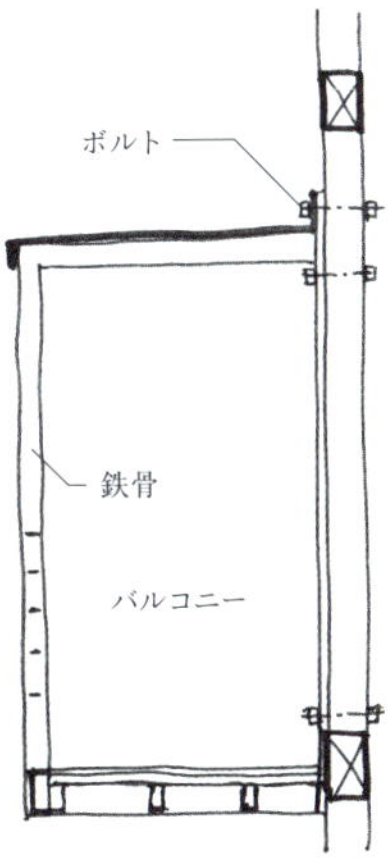

構造柱にボルトで固定

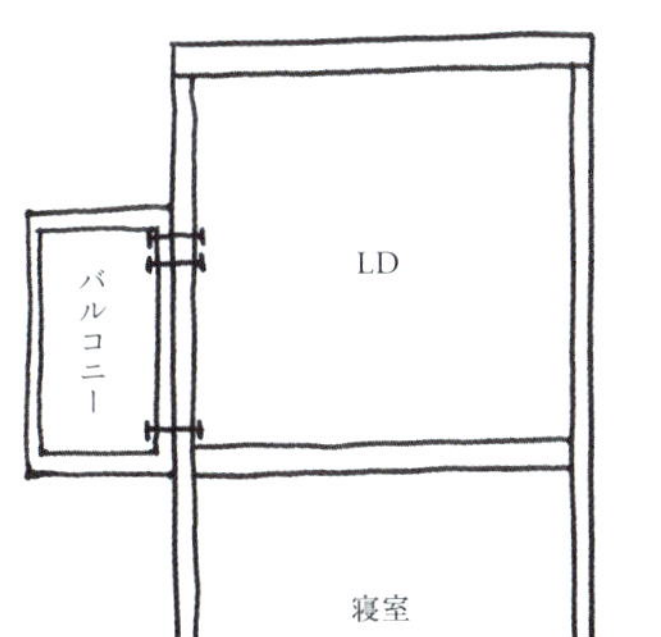

木造本体に取り付けられた口の字型のバルコニー

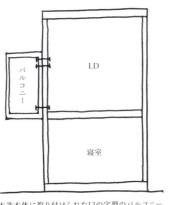

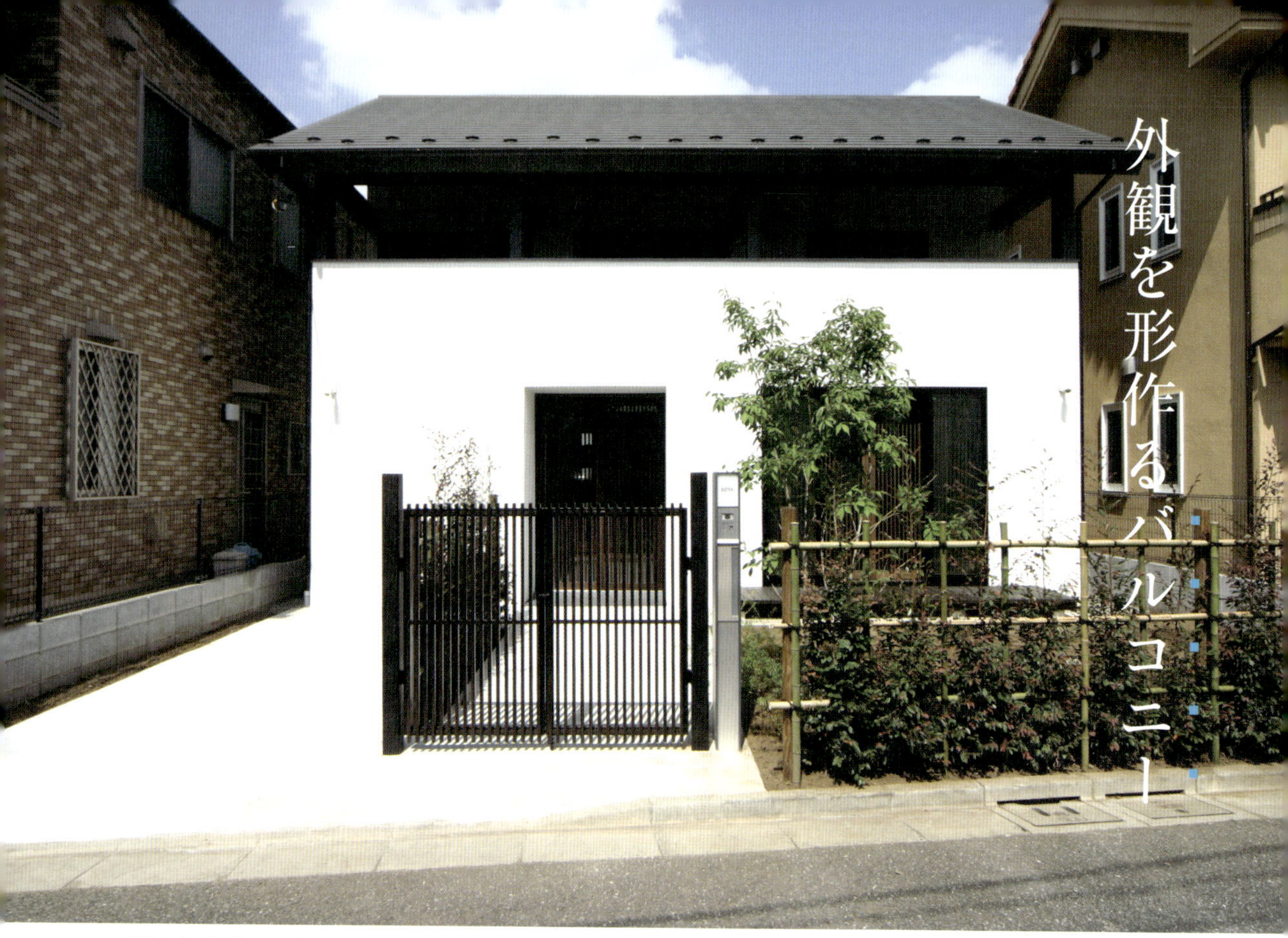

外観を形作るバルコニー

手摺から上を黒く塗って大屋根と白壁を強調した外観

大屋根のかかる和の住宅で、大きなバルコニーの要望があった。単純にバルコニーを付けてしまっては、外観の雰囲気に大きな影響を及ぼしてしまう。そこでこの家では大きな軒下の内バルコニーとして、外壁仕上げを手摺の高さで止め、バルコニーの屋根を支える柱と梁は黒く塗装して仕上げた。その結果、白壁と大屋根がより際立つ外観となった。

バルコニー内観。柱と梁を防火処理して黒く塗装している

シンプルにまとめた家の顔

2つのバルコニーの間に渡された洗濯ロープ

ヨーロッパの古い街で見たような洗濯ロープ

古いヨーロッパの街の写真で、道の両側の家にロープを渡して洗濯物を干しているのを見たことがあるだろうか。ここには三つの世帯が一緒に住んでいるが、兄弟に当たる世帯の間にロープを渡している。二世帯間で早いもの勝ちになってしまうけれど、全く手の届かない宙空を利用して洗濯物を干す感覚は楽しいのではないだろうか。

両端に滑車がついていて、洗濯物をかけたら順次送り出していく

2世帯間に洗濯物の架け橋ができる

シンボルツリーが育って木陰をつくってくれることを期待

庭と部屋をつなぐデッキテラス

大きな庭のある家の場合、デッキテラスのような中間領域が非常に有効である。テラスがあることで室内空間と外部が一体化して外に出る気分を促し、デッキの存在がその先の庭との距離を縮めてくれる。外でお茶を飲みたくなるようなテーブルとイス、そしてちょっとした木陰ができると完璧である。

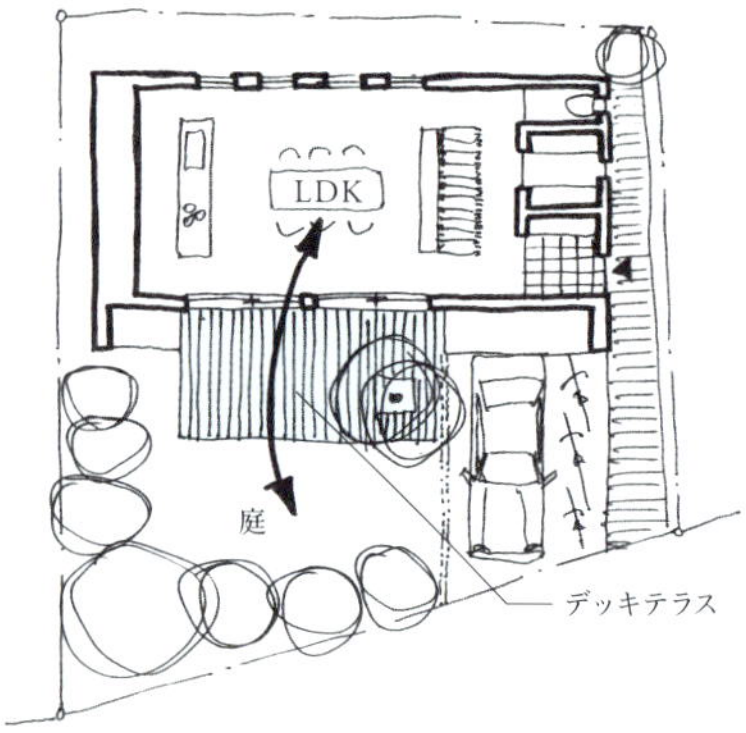

デッキテラスが庭とLDKをつなぐ中間領域になる

リビング・ダイニング・キッチンからデッキテラスを見る。デッキまで床がつながることで、部屋が広く感じられる

表ルーフテラスからペントハウスのドア越しに裏テラスが見える

ルーフテラスを2つに分ける

建蔽率が50%であっても、隣地境界から引きを取って駐車・駐輪スペースとアプローチを設けると、広い庭は残らない。そこで屋上に庭をつくることになる。しかし、ルーフテラスはあこがれの場所なのに、天気が良ければいつも洗濯物が並んでいる、などということになりかねない。

この計画では階段室が建物の中央よりやや南に寄っていることから、ペントハウスの北側を「表ルーフテラス」、南側を「裏ルーフテラス」として、家事スペースとアクティビティスペースを分けている。

2つのテラスを使い分ける

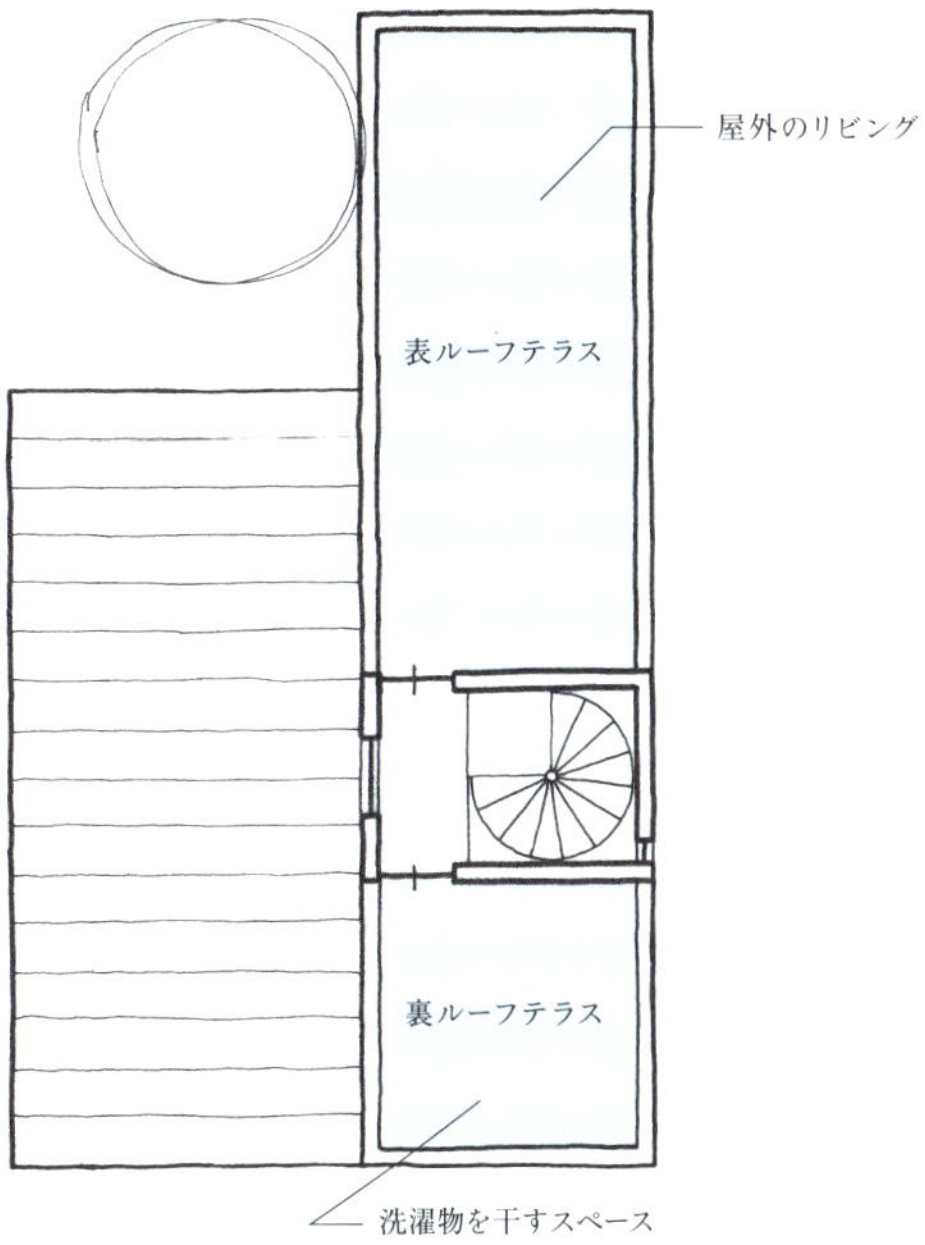

4層分吹抜けの中庭から空が見える

木造2階建てであっても地下室とロフトが付けばほぼ4層分になる。地下に設けた中庭から見上げると、4階建ての壁と変わらない。深い井戸のような中庭であるが、地下1階まで天空の光と風を届ける大切な外部空間である。

地下中庭より上階を見上げる

地下までの吹抜け

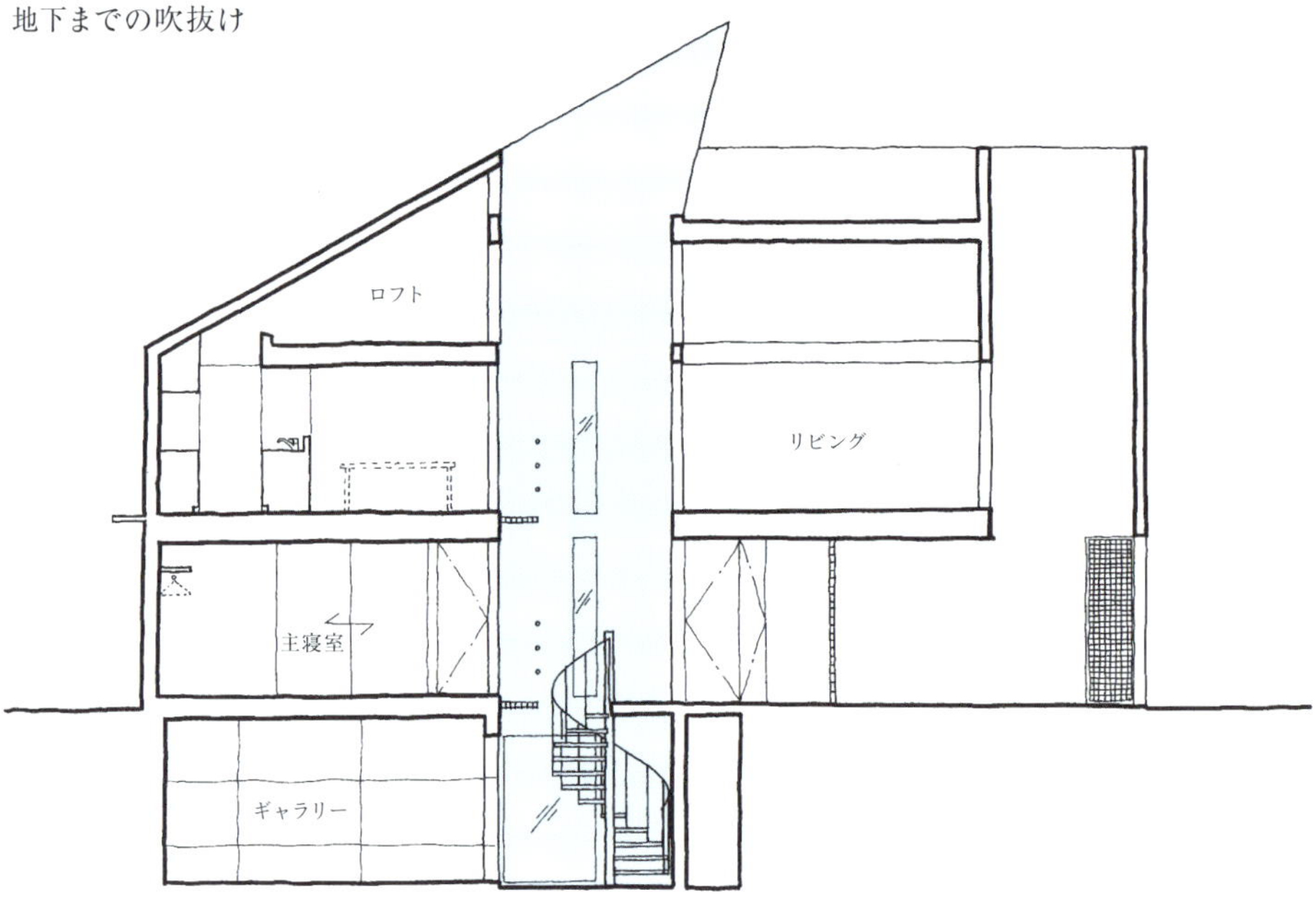

地下＋地上２階＋ロフト階の住宅。このような構成にすることで、低層の住宅地で傾斜制限の厳しい比較的小さな敷地でも、十分な広さの家をつくることができる

すっきり見えるFRPグレーチングの手摺

グレーチング手摺外観遠景

FRP（繊維強化プラスチック）のグレーチングは、素材そのものの強度と剛性が床材としての使用に耐えるものなので、手摺として使用する場合は取付け部の強度を確保できれば、非常にシンプルなディテールで仕上げることが可能である。この例では手摺頂部に手ざわりのよい木の笠木を取り付けている。

バルコニーから見た手摺

丈夫で手ざわりのよいバルコニーの手摺

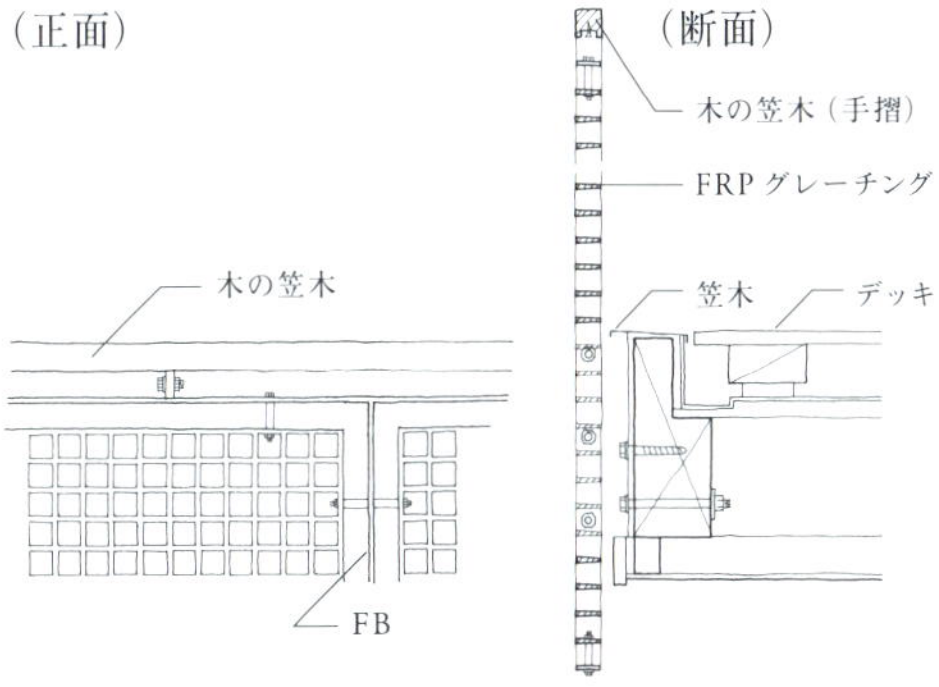

鉄で手摺をつくるとデザイン上はすっきり見えるが布団を干すときなど使い勝手が悪い。そこで木製の手摺を取り付けている

自然エネルギーを生かした エアコンのいらない家

リビングから浴室方向を見る。見ているだけでも涼が得られる

リビングと水盤と中庭。深い軒と塀で周囲の視線をカットしている

水盤と中庭を見る

地下水を汲み上げて水盤に流すことで涼をとり、各所に風の抜け道をつくって、エアコンを使わずに過ごせる期間を極力長くする。断熱性能を高めて蓄熱型の暖房を採用し、年間の光熱費は同規模の通常の住宅と比較して1/3～1/5程度に抑えることができている。さらに2期工事で8kWの太陽光発電装置を載せる準備ができているので、エネルギーを消費するのではなく生み出す家にできる可能性がある。

水盤のある家

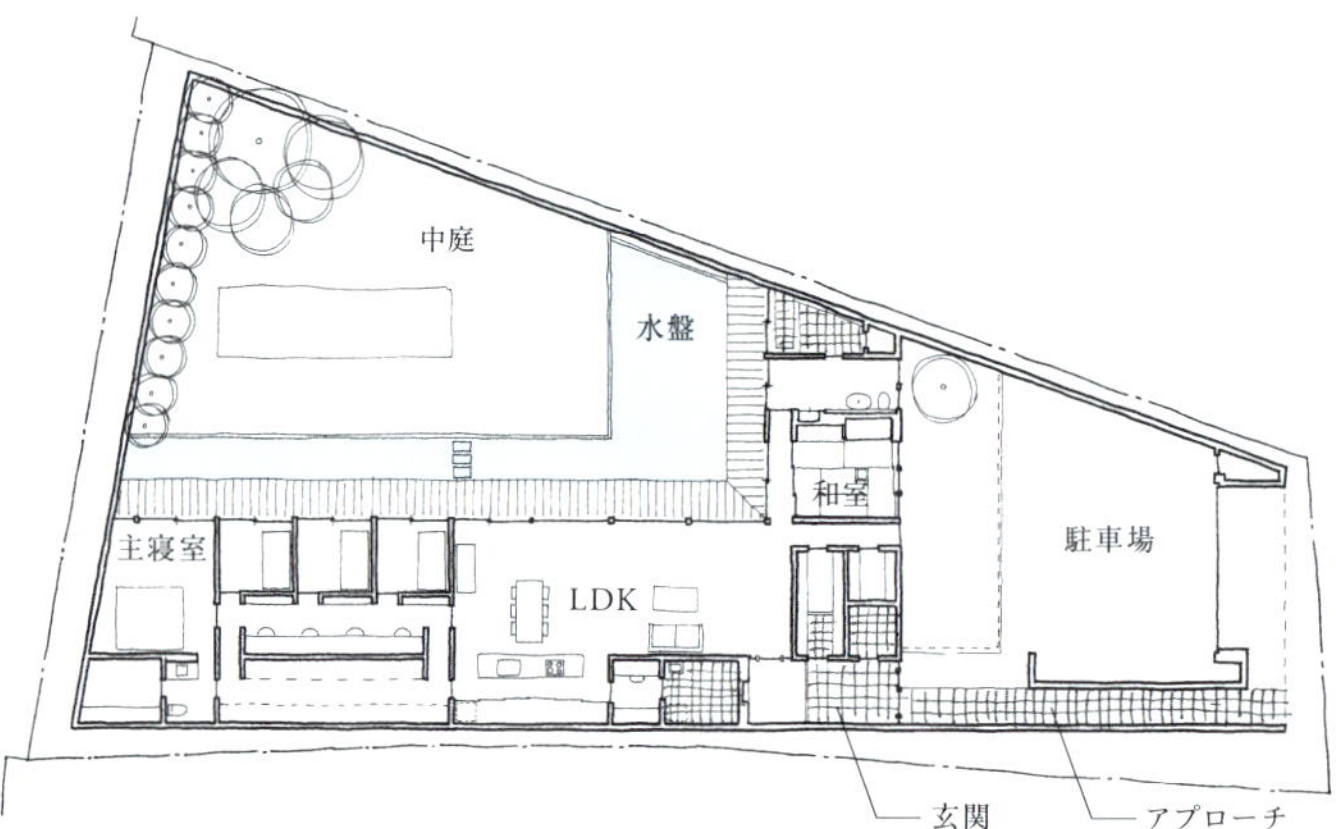

水盤によるこの夕景は自然エネルギー住宅へのもう1つのプレゼント

自然エネルギーを複合的に活用することでエネルギー自給自足を目指す住宅であるが、何かをがまんしたり、切り詰めているような印象は全くない。水盤による涼のシステムもさることながら、見た目の清涼感もとても重要な要素である。家の灯りを映した水盤の夕景は自然エネルギー住宅に与えられたエキストラの贈り物のように思える。

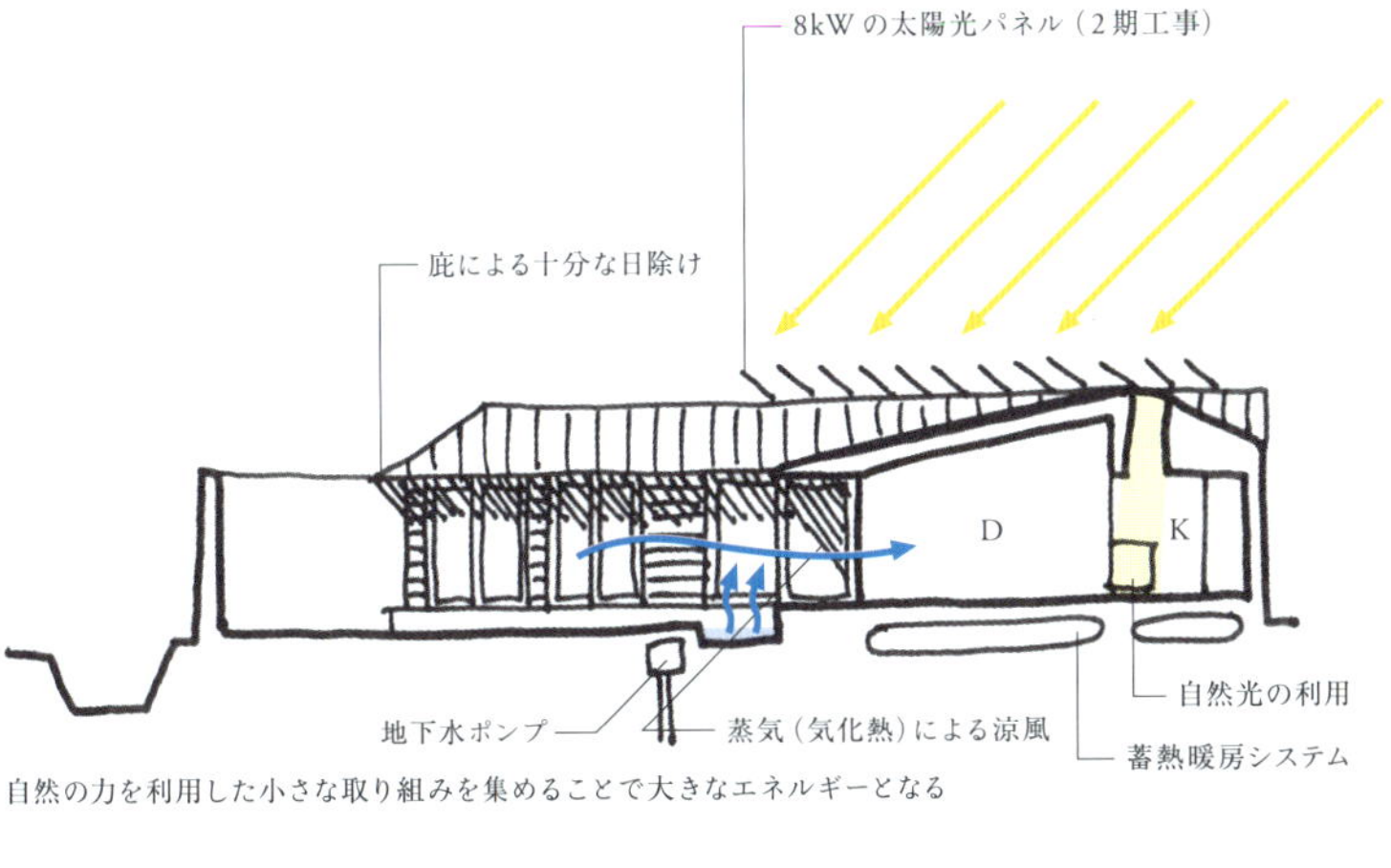

自然の力を利用した小さな取り組みを集めることで大きなエネルギーとなる

緑に埋もれる

斜面の上から眺めると緑の下草に埋もれたような佇まい

斜面から建物の内部を見る

建物単体の「かたち」よりもむしろ、建物と街の雰囲気、建物と周辺の景色がバランスよく調和しているとき、私達は美しいと感じることができるのではないだろうか。周囲の自然環境との対比を主張するケースもあるが、この建物は埋もれて溶け込むような形態をとっている。生き物が森に潜んで暮らすことにも通ずる姿勢でもある。

訪れるたびごとに成長する庭

成長する庭

引っ越すときに庭も完成していれば、はじめから完璧な環境を楽しむことができる。ただ、予算調整の段階で、後からでもできる部分として外構工事が後まわしになることも少なくないが、それもまた決して悪いことではない。庭に手をかけることが苦にならない人であればなおさら、自分の手で庭を育てることはむしろ好ましいのではないかと思う。家に家具と生活が入って徐々に馴染むように、庭が成長することで家がその土地に馴染んでくるのである。

駐車場に似合う色とかたちの車を購入

中庭に犬用洗い場

たくさんの犬を連れて散歩から帰ったときでも、中庭に広い洗い場があれば苦労はない。持ち帰った汚物も専用の水洗流しへ。裏にまわらなければ目に入らないよう、木製ルーバーで囲っている。これから樹が育って緑の葉を広げれば、見た目にも良い場所となるはずだ。

中庭の奥にある犬洗いスペース

裏に回ると、犬専用の汚物流しがある

犬のトイレ

中庭の木陰、目隠しの後ろに犬用トイレ（汚物流し）

犬用の外部設備

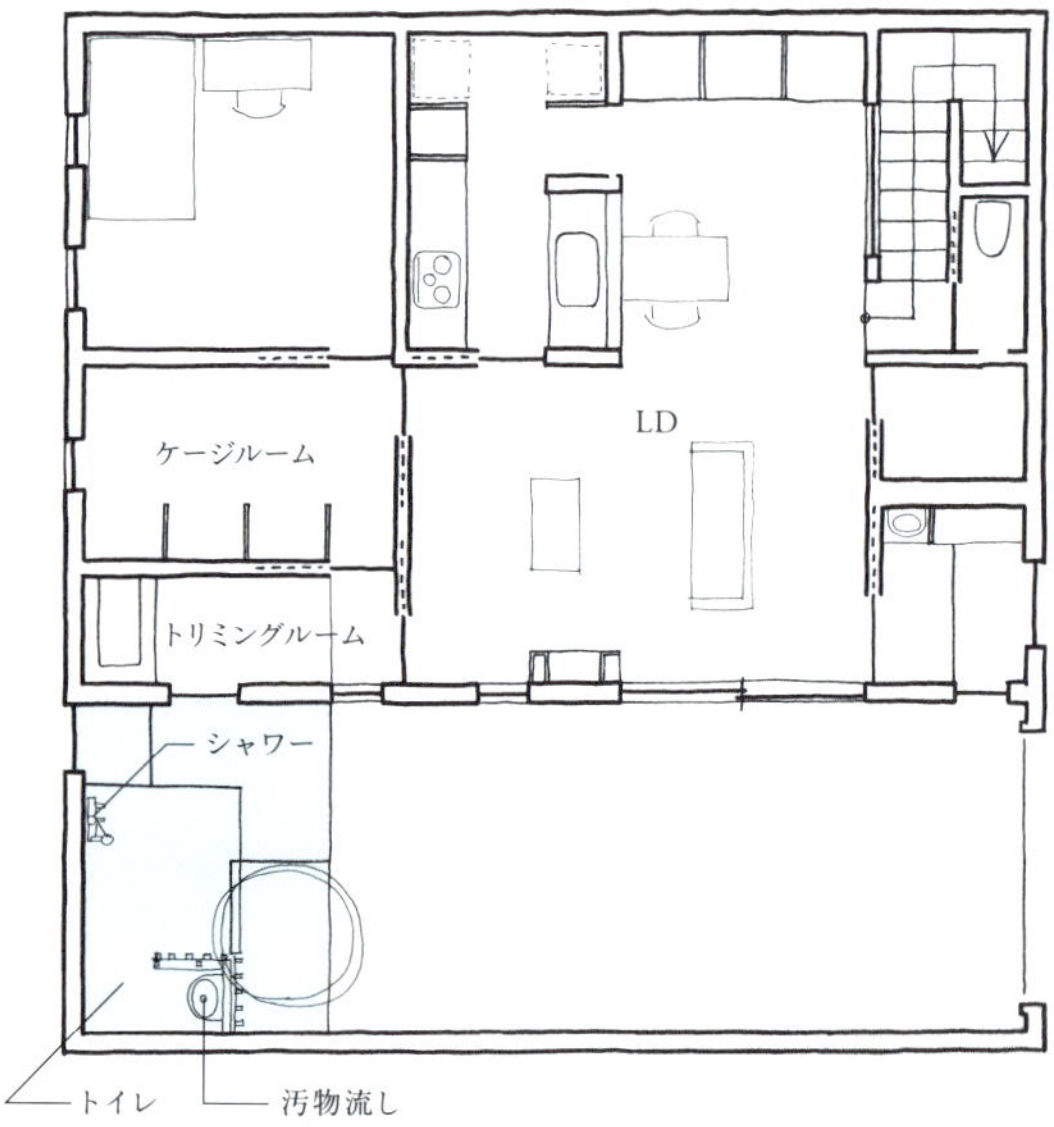

5
仕上げワザいろいろ
－テクスチュア・照明・家具

横１列に並んだ個室の扉に、各自好きな色を選んで塗った

個室の扉に好きな色を塗る

同じ形の個室が中庭に向かって三つ並ぶ。それぞれが自分の好きな色を選んで塗りたいという要望があり、ちょうどバランス良く3色の違いが出た。自分の部屋、自分の家のことを自分の好みに従って決めていくという意識は、必ずその部屋や家に対する愛着へとつながっていくという意味で、とても大切なことである。

アクセント扉

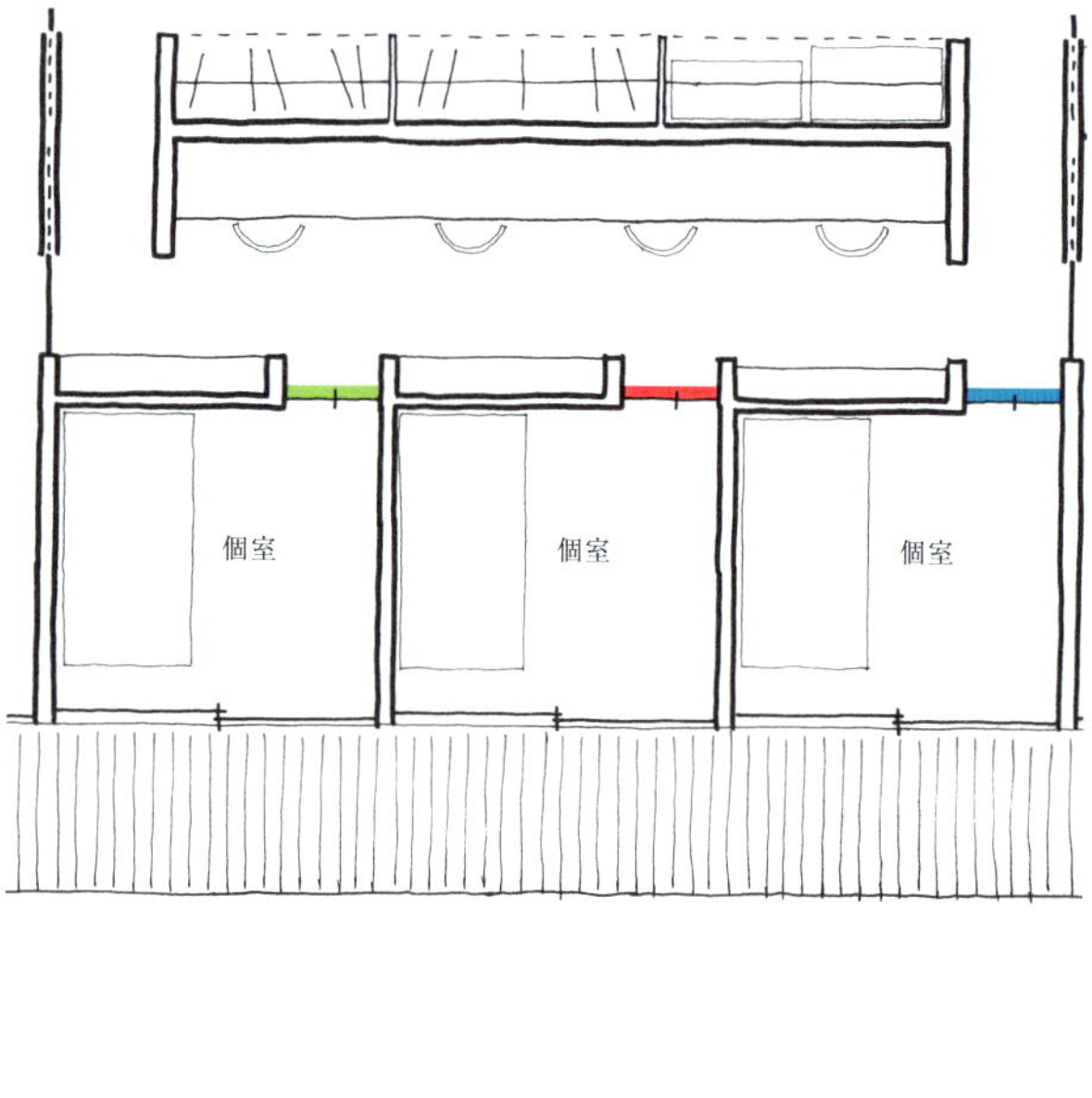

青の書斎

籠るタイプの書斎は、好きなモノに囲まれて良い気分で集中する部屋を望まれることが多い。ここでも施主がご自身で選んだ色で壁を仕上げ、元々白木に近い色の本棚とカウンターテーブルは、オイルステインの白色で木目を残したまま脱色することで壁の色を際立たせている。小物や好きな本が並ぶことで、この書斎は完成する。

色付の壁に対して白をかけた本棚とカウンターテーブル

寝室脇の書斎

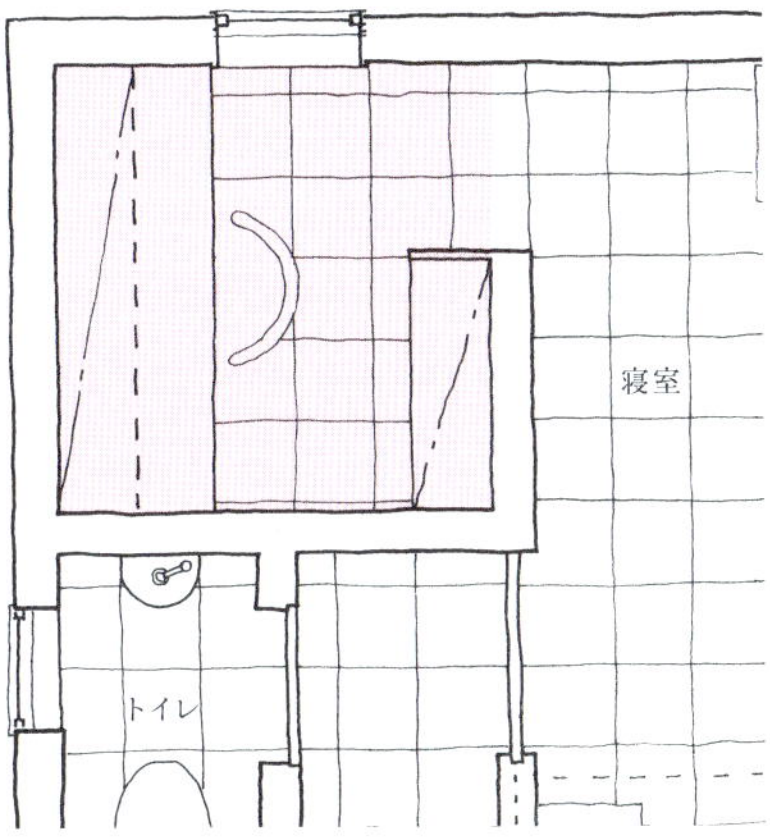

好きな色に囲まれる

寝室まで延びる青く塗られた壁

黄色い趣味の部屋

好みの色に塗る

趣味の部屋やトイレ、建物の一部を好きな色に塗ったり、特別な仕上げとすることで、異空間を演出することができる。家全体にすると飽きてしまう心配もあるが、部分的な空間であれば大胆なチャレンジもやってみたくなる。自分だけの個性的な場所を作りたい人は意外に多い。

ピンクの渡り廊下

青い寝室

緑のトイレ

黒地に植物柄の手洗い

多彩な表情を見せる壁

白く塗られたレンガに光が落ちる

表面の凹凸が全部違っていることで独特な表情を見せる

色を白く塗りつぶしてしまうことで、その素材感がより強調されるという効果が出る。白く塗りつぶしたブロックやレンガもよく見かけるが、この効果を狙ったものがほとんどではないだろうか。手焼きのレンガは、そのひとつひとつが全く別の表情を持っているところが素晴らしい。ただ一つとして同じ模様は存在せず、すべてが独自の顔を持つ。時間によって変化する光の当たり方に応じてその表情を変えることも大きな魅力である。

絵画のような壁

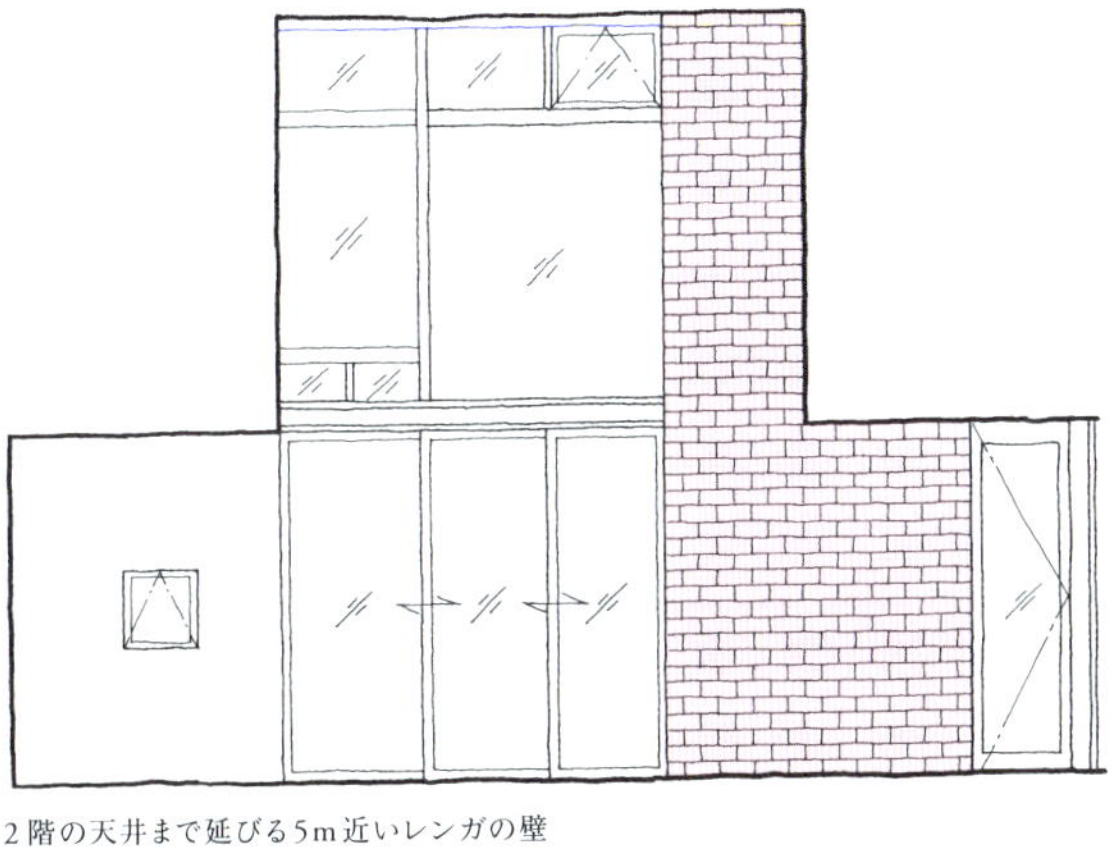

2階の天井まで延びる5m近いレンガの壁

ブロック塀を室内のパーティションに

時間とともに表情を変えるブロック塀

ブロック塀は、どこでも見かける見慣れたものであるけれど、部屋の中に入ってくることは滅多にない。デザイナーとクリエイターである施主夫妻は、本物の素材感にこだわり、本物のブロック塀を室内のパーティションに採用した。武骨なイメージのブロック塀であるが、木製の家具やテーブルクロス、食器類が並ぶと不思議な調和が生まれる。

キッチンとダイニングを間仕切る

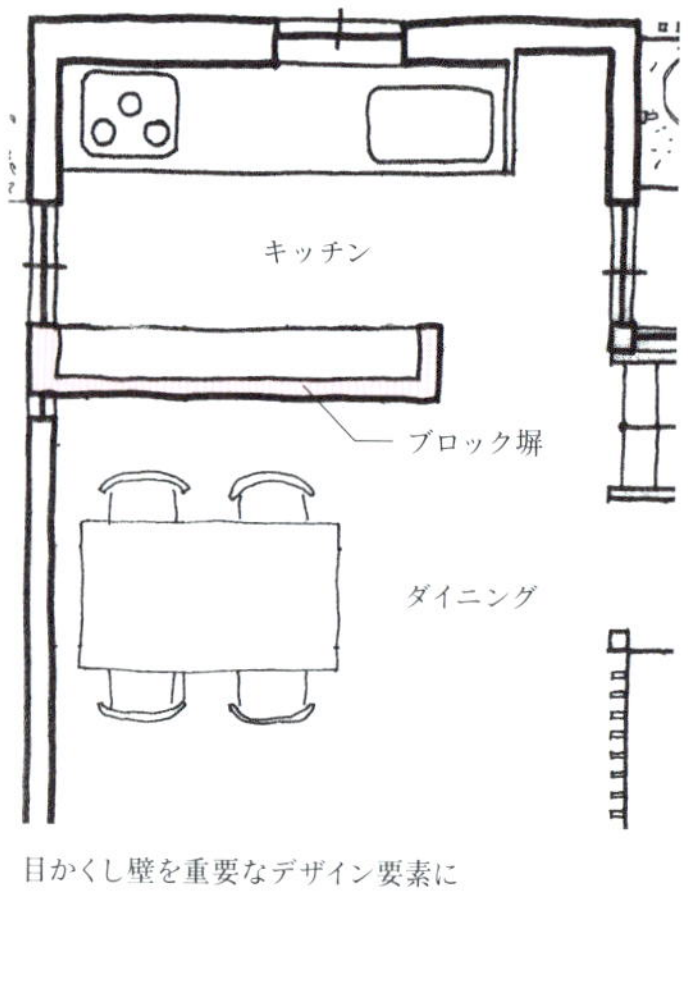

目かくし壁を重要なデザイン要素に

室内のルーバーパーティション

玄関側から見たルーバー。家具、照明とのバランスをとっている

ルーバーのパーティションを使って室内外の視線をコントロールする例はよく見かけるが、室内のパーティションでもとてもよい効果を発揮してくれる。しっかりとした存在感で仕切っていながら、視線はゆるやかに通るうえ、空気もつながっている。この家の場合は、外部と前庭、後庭のあいだにもルーバーがあるため、外とつながっていながら直行するルーバーでリビング・ダイニング・キッチンが2段階で守られるかたちになっている。

ダイニングから玄関方向を見る

内と外をゆるやかに仕切る

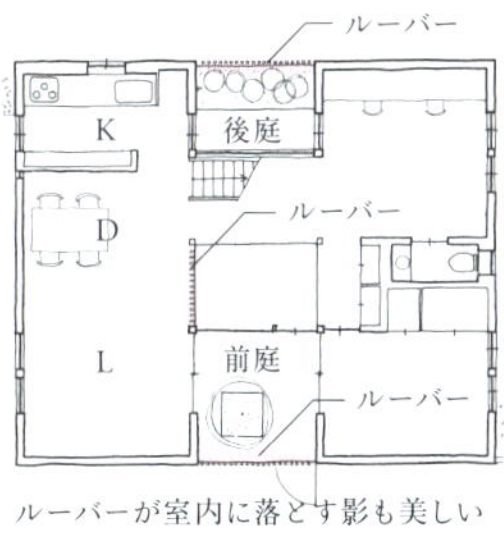

ルーバーが室内に落とす影も美しい

質感のはっきりした素材の組み合わせは、それぞれが引き立てあう関係になる

さまざまな素材の上手な組み合わせ方

天然石（玄昌石）の床、木（ラワン材）の天井、鉄の階段（160頁参照）、ステンレスのキッチン（71頁参照）、窓のガラス、コンクリートブロックのパーティション（212頁参照）と白壁。それぞれはっきりとした存在感の素材どうしを組み合わせることによって、互いの個性を引き立てあいながら調和する。全てが本物であるからこそ、生活が入ってきたときにも、その調和が保たれる。

木と鏡とメタルの並ぶ壁

外壁がそのまま窓の外から入って来る構成

内外の仕上げを連続させて一体感を出す

浴室という部屋は住宅の中では少々特殊な場所である。水の張られた浴槽、湯気に満たされた室内など、他の部屋には無い要素がある。タイルやFRP防水で仕上げることも多いけれど、石や木といった純粋な天然素材は水との相性も良い。
この事例では更に、外壁が窓を抜けて浴室内までつながっているという見せ方にしているため、壁材と天井材は木、床と腰壁が石になっている。

外側から連続した浴室の仕上げ

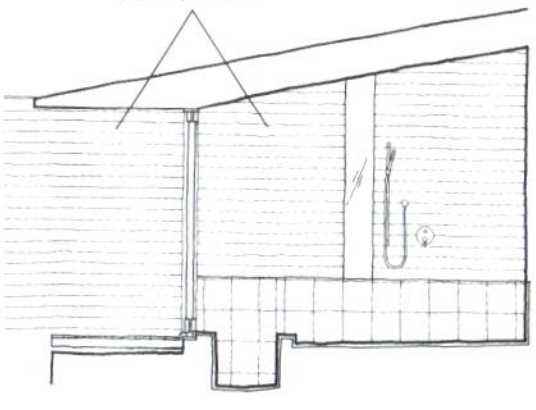

浴室にいながらも露天風呂のような気分が味わえる

外の水盤と連続して見える浴槽

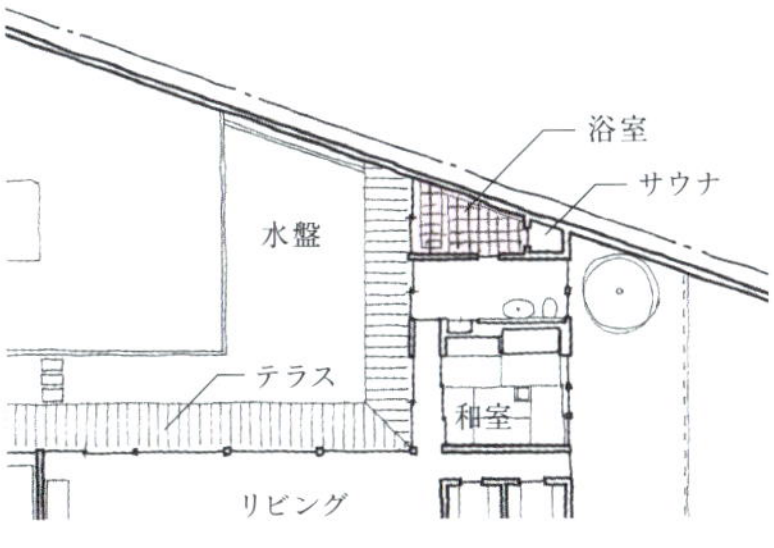

4角いモダンな空間でも太い梁や垂木が見えることで和の空間となる。壁の仕上げはチャフウォールを使用

全体のバランスで和を感じさせる

和の要素を感じるモダンな空間

和モダンという言葉を聞くようになって久しいが、その空間は何をもって定義付けられるのだろうか。広く計画的には、庭や外部空間との関係性、光の取り入れ方が大きな要因となる。高い天井と低い天井のメリハリ、構造梁や垂木の露出、格子戸といったエレメントも関係してくる。そしてもうひとつ、床、壁、天井に用いられる素材が決定要因ではないだろうか。

大切なことは、計画、空間、エレメントと素材、それぞれがバランス良く組合せられていることに他ならない。

垂木、格子、梁、しっくい、柿渋などのエレメントの組み合わせで和を表現する

足さわりがよく調湿機能をもつ桐の仕上げ

キッチン方向を見る。桐の床と天井。キッチンや階段のかたい材料の雰囲気も和らげてくれる

キッチンからダイニングとリビングを見る。クライアントがもっていた家具に合わせて、造り付けの家具をつくっている

桐材というと柔らかく傷つきやすいイメージがあるが、修復も容易な上、古来より箪笥に使われていた理由として調湿作用があり、虫や火に強い。その上10～25年で成木となるためCO_2の吸収固定が非常に早い。弾力性があって腰や膝への負担を低減し、遠赤外線輻射も、他の材料に比べてとても高い。

桐で仕上げた部屋に入ると、冬は実際の温度よりもかなり温かく感じ、夏は足元がさらっとして実に快適である。

機能×デザインで仕上げる水廻り

建主の選んだシンクと水栓を組み合わせて

別項で紹介しているような、カウンター一体型のシンクや、三面鏡タイプの鏡棚以外にも、建主さんの選んだ水栓やシンクを元に組合せたり、要望に沿って棚をデザインすることも多い。オープン棚の配置、コンセントや間接照明、自然光の導入など、使い勝手や周囲の環境条件によって決まるポイントもあり、建築のプランニング同様、部分設計の解答も常に一つではない。

2つのシンクがある洗面・脱衣・洗濯室

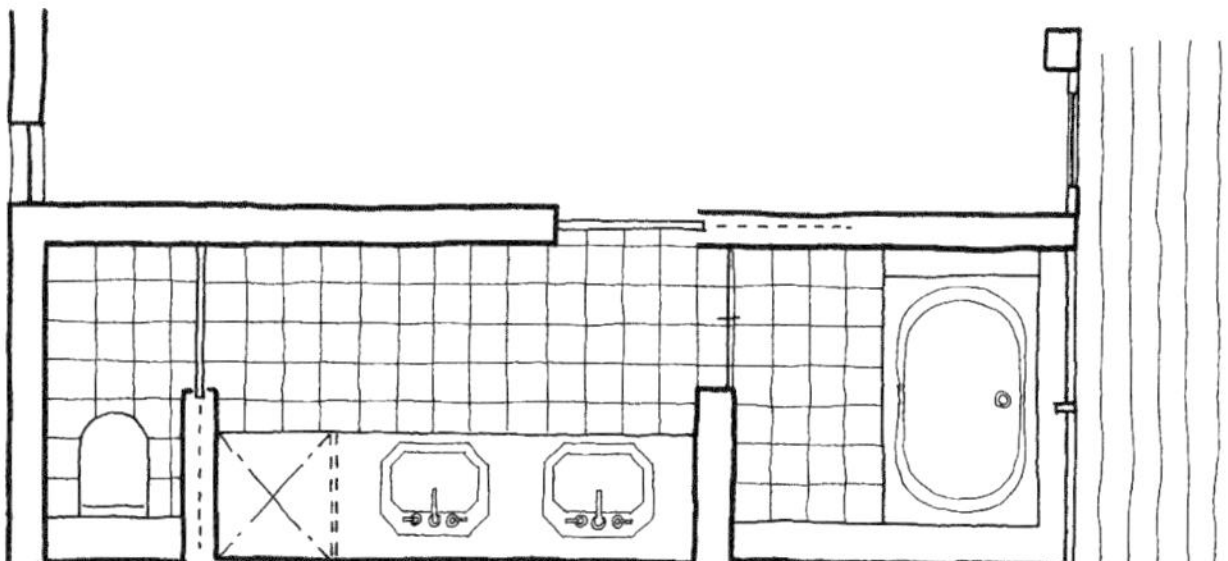

朝の身支度の時間が家族どうしでぶつかる場合、シンクを2つ並べた計画とすることも多い

隠し幅木でスッキリ仕上げに

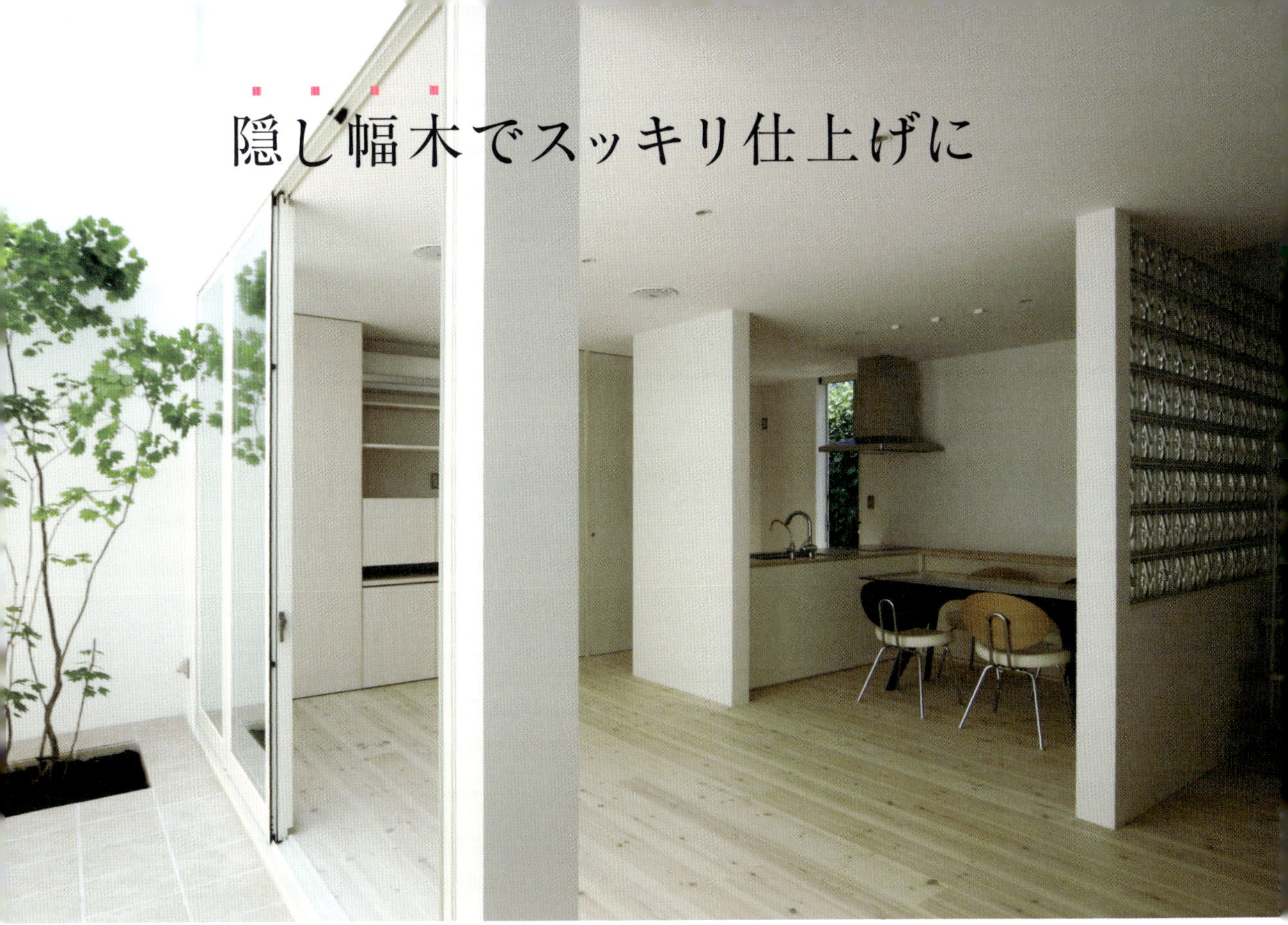

壁が床にも天井にもストンと当たって余分なものは付かない。これだけで見え方はずいぶん違うものになる

通常は壁と天井の境目には廻り縁、壁と床の境目には幅木というものが付く。補強・汚れ防止という要素もあるが、主に施工上、仕上がりを綺麗に見せることが目的の部材である。これがなくなると、写真のように見た目はずいぶんスッキリする。これを実現するために、壁の下部を木材で補強する隠し幅木を考え出した。

幅木の３パターン

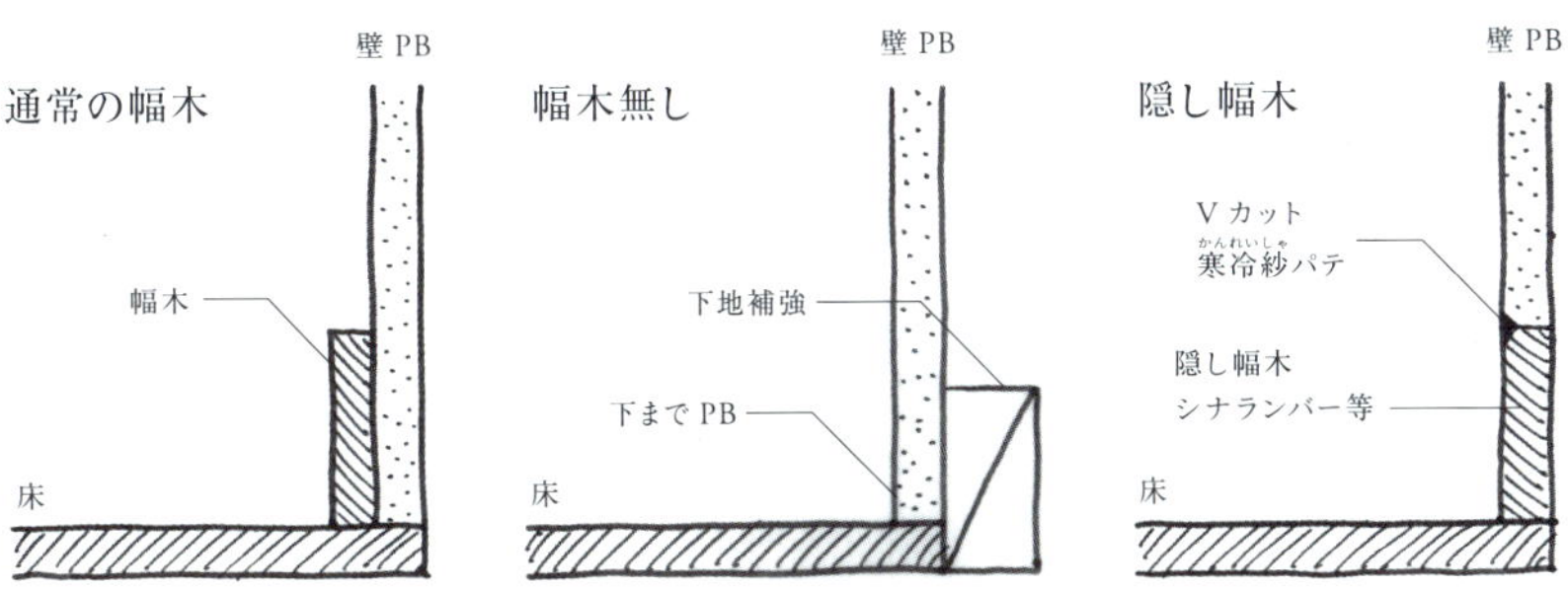

一般的だが野暮ったい

下地があればこれで良い

更に強度を持たせる場合

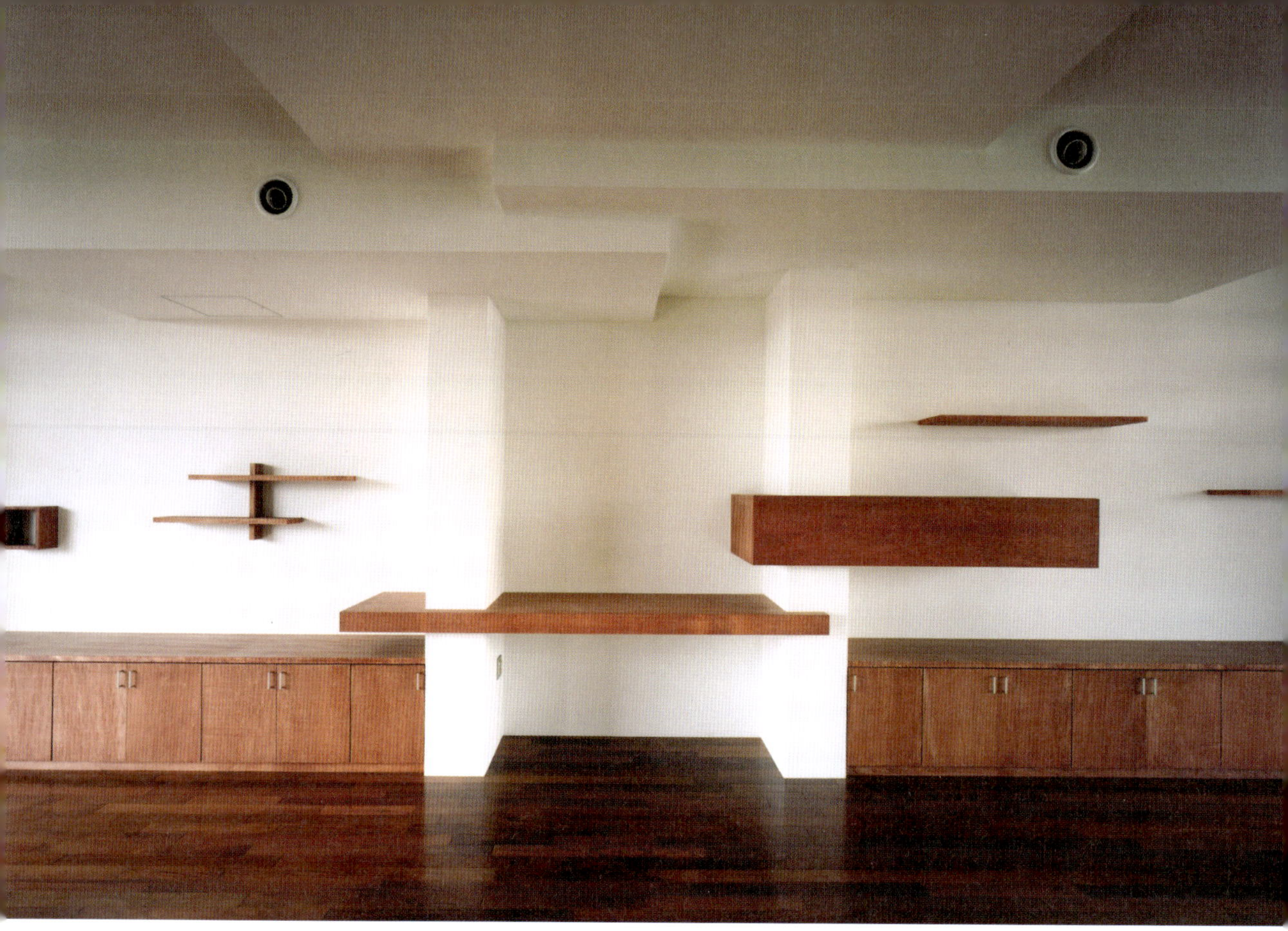

全体に水平線を強調し、南北方向の抜け感を強調する

美しく機能的な家具

私たちの提案する住宅で、家具に特別な意匠性を与えることは多くはない。住み手が好みに応じて変化を加えることができるような余地を残すためである。この事例では空間があまりにも大きく、そのままにすると味気ない雰囲気が出てしまうのではないかと相談を受けた。尾根の上に建つこの家のリビングは南北とも大変景色がよいため、これをつなぐべく水平線を強調した意匠で天井の高さにも変化を付け、そこに空調機と照明も仕込むことにした。

天井の段差には間接照明と空調機が埋め込まれている

家具の存在を際立たせる仕掛け

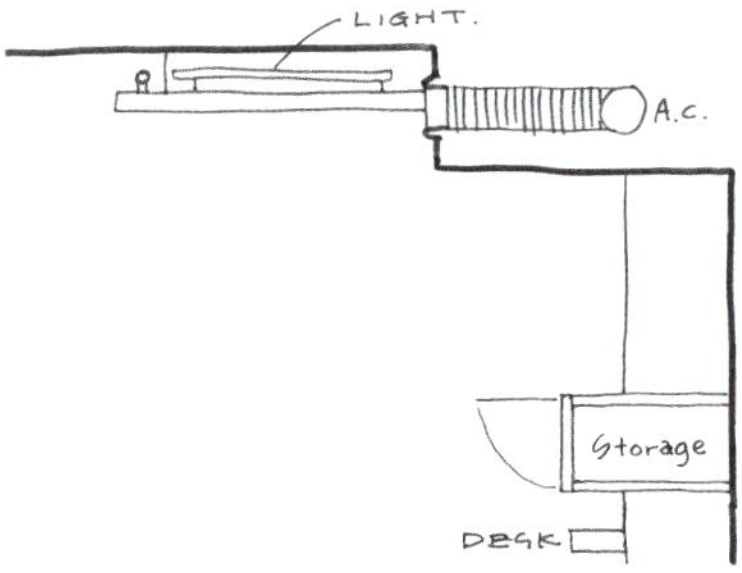

天井照明やエアコンの存在感を減じることで家具とも彫刻的一体感をもたらす

5mのカウンターテーブルのある書斎

5mのカウンター。各所より光が入る

左手にスノーボードの固定用具が見える

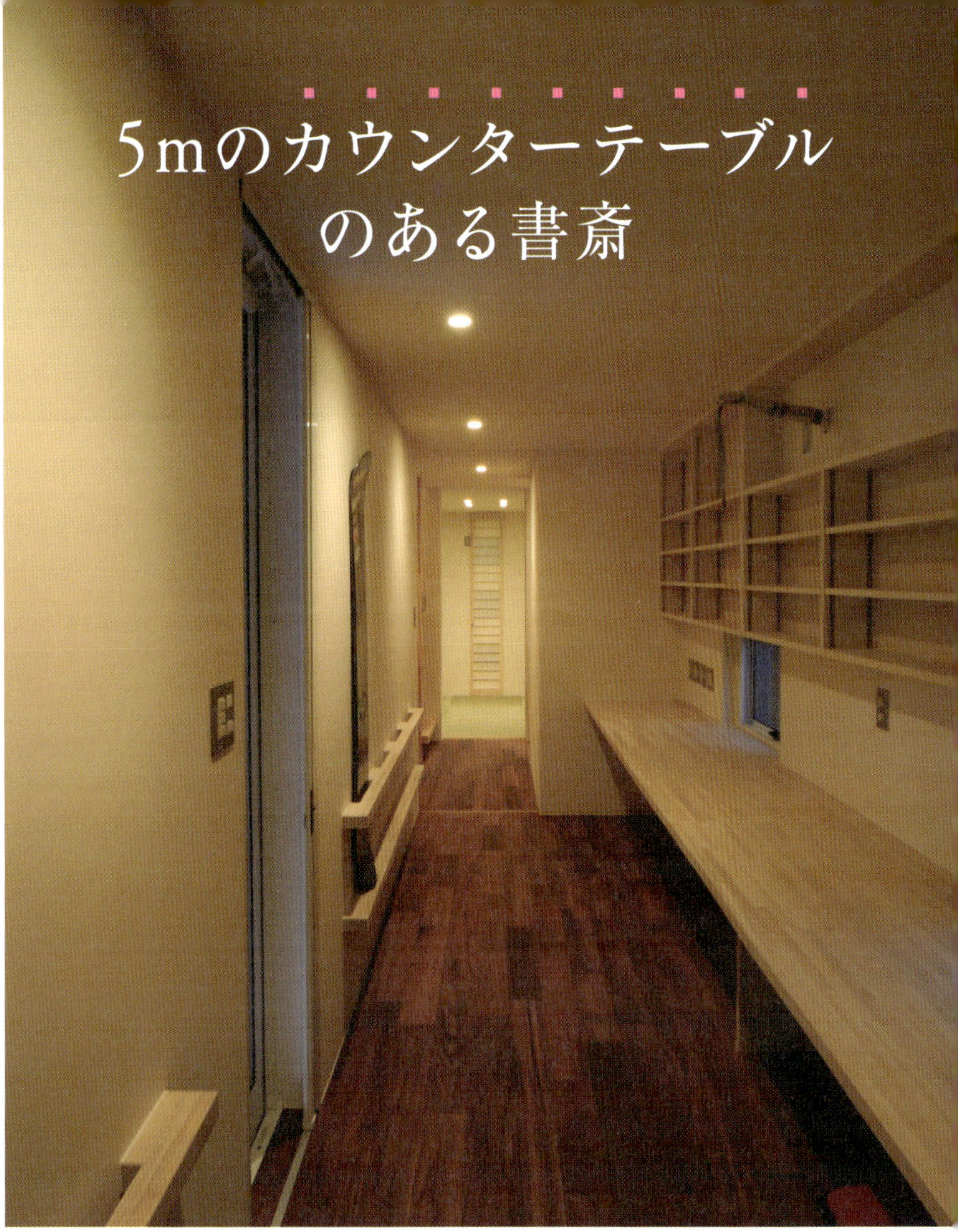

本の仕事に携わる建て主のための書斎。5mに及ぶ長さのカウンターテーブルは圧巻である。趣味のスノーボードを立て掛けておくための金具をいろいろ探したが、結局欲しいかたちに木で造ってもらうことになった。3人目のお子さんもお生まれになったとのことなので、このカウンターテーブルも賑やかになるのではないかと期待している。

大勢で並べる書斎テーブル

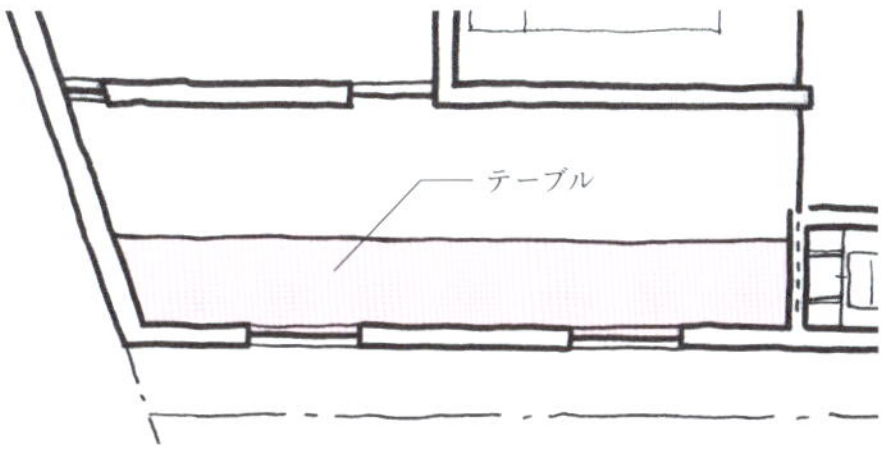

壁に趣味のスノーボードを掛ける（断面図）

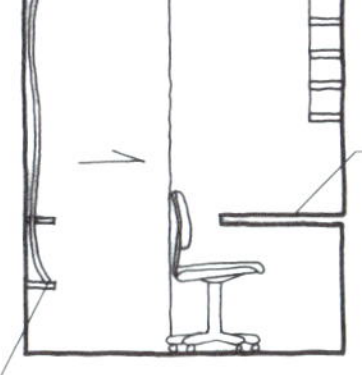

整理しやすいウォークインクローゼット

棚板１枚のシンプルなWIC

コストパフォーマンスの高いウォークインクローゼット

ウォークインクローゼットというと、少々贅沢なイメージがあるが、作り方によっては決してそんなことはない。ロングコートがかかる高さにハンガーパイプ1本、その上に棚板1枚用意しておけば、後は必要な量の引出しユニットを購入して完成する。造作家具で棚板を1枚ずつ計画したり、引出しを造るよりもコストパフォーマンスが高くなることもある。また、使う人と使い方、年齢が変化することに柔軟に対応できることも魅力である。

引出しは既製品で

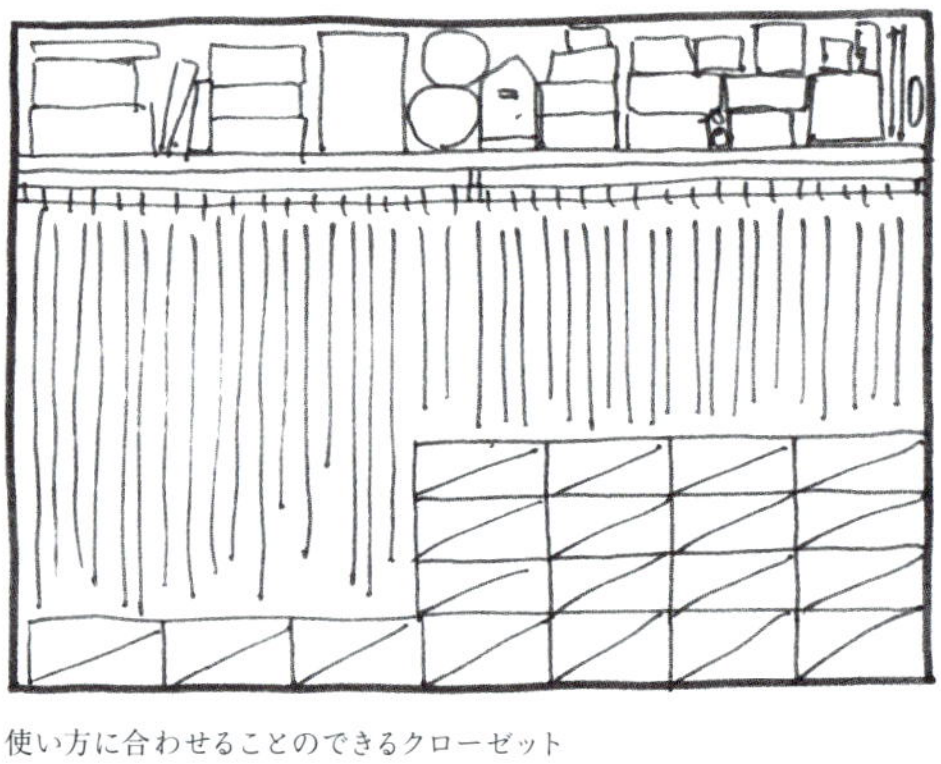

使い方に合わせることのできるクローゼット

階段にトイレと収納を入れる

階段の中にトイレと収納が納まっている

階段そのものが大きなオブジェのような存在感に

階段裏のトイレ

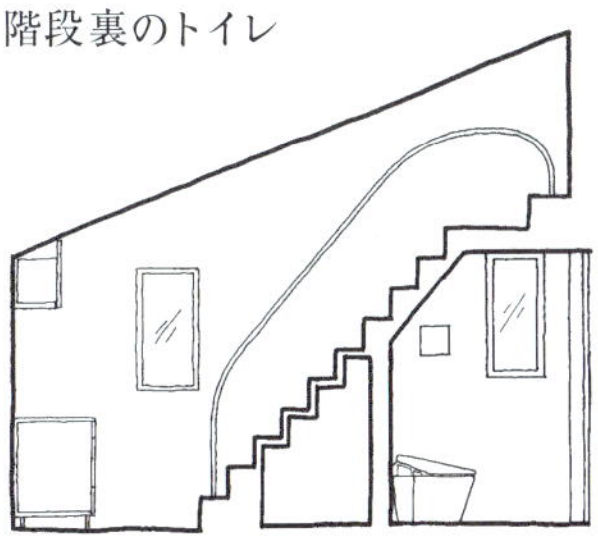

コンパクトだが心地良いトイレ

大開口とオブジェ的な階段に囲まれたダイニングキッチン

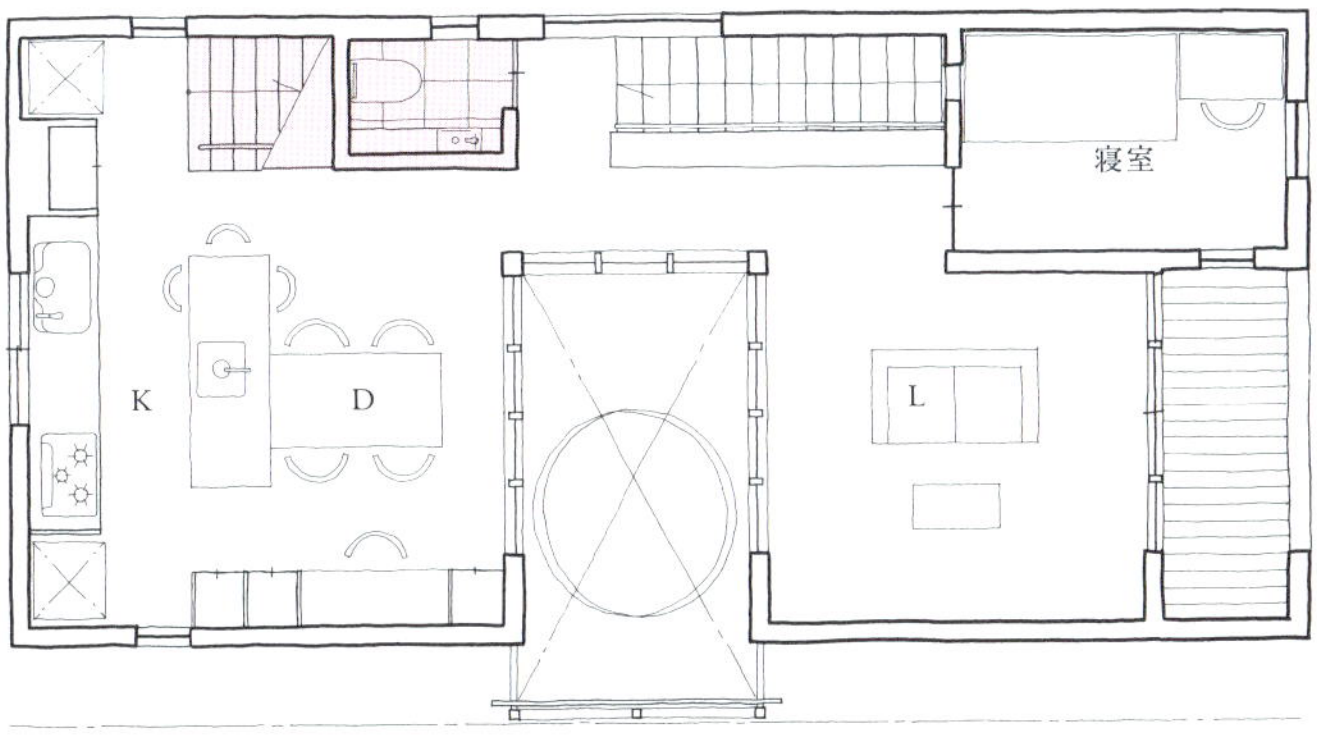

ダイニングからは直接トイレが見えない

屋上へと向かう、少し急な、しかしゆったりとした幅の階段が、ダイニングキッチンの空間に置かれたオブジェのように存在している。そのかたまりの内部はトイレと収納に使われているが、メインの空間から見るときには、それを感じさせない。また、床から生えて床に戻る手摺の形状も、この階段をオブジェのように感じさせるポイントになっている。

薄型の家具用ダウンライトによって置物がライトアップされる

飾り棚でありながら機能的な収納を

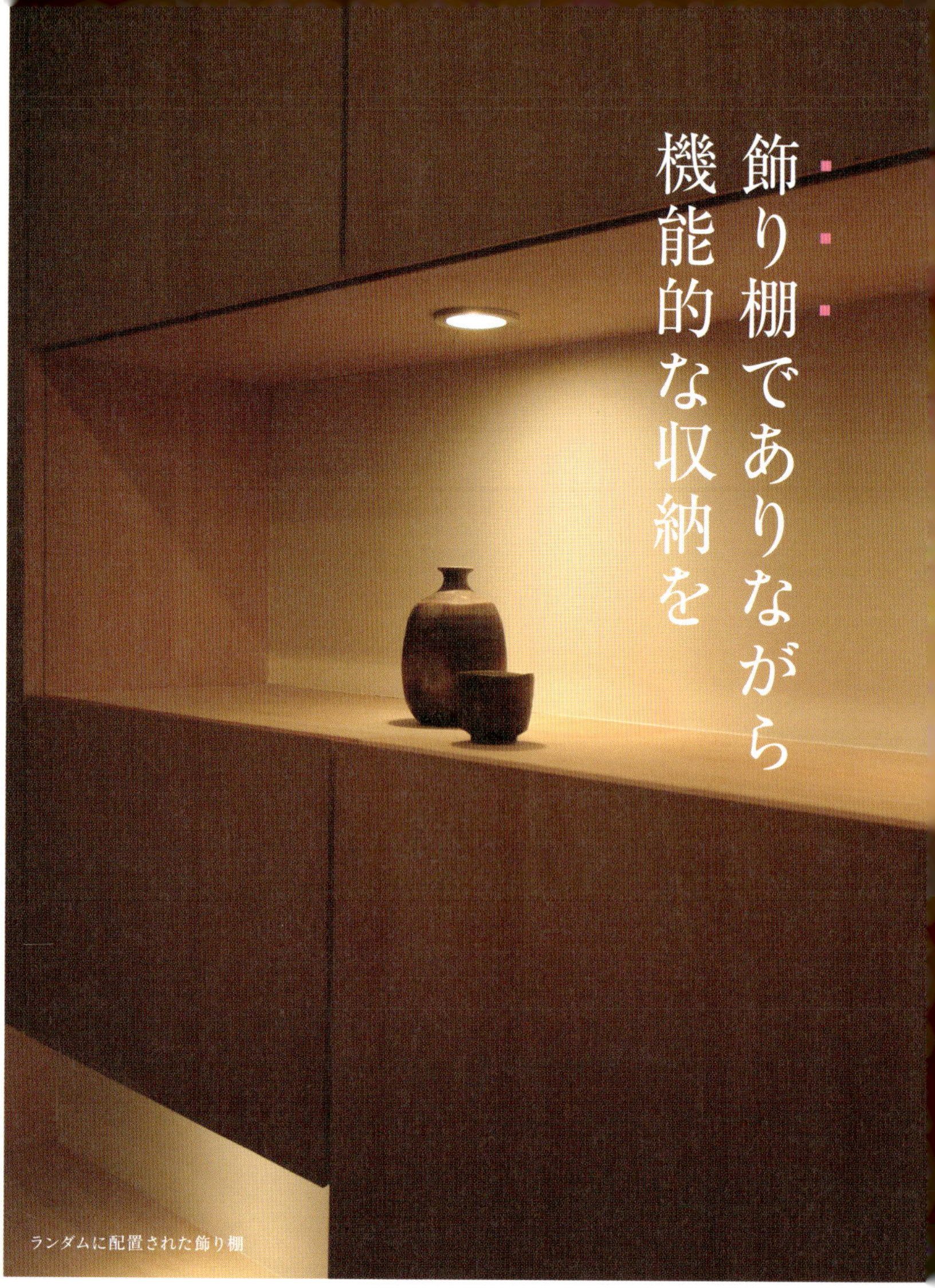

ランダムに配置された飾り棚

メインの空間を綺麗に使うためには、すぐ近くに機能的な収納があると効果的である。片付けに適した機能的な収納は逆にメインの空間に不釣り合いになりやすい。これは扉付き収納の一部をバランスよくくり抜いて飾り棚とすることで、家具そのものを意匠的なデザイン要素にしてしまった例である。

リビングの飾り棚

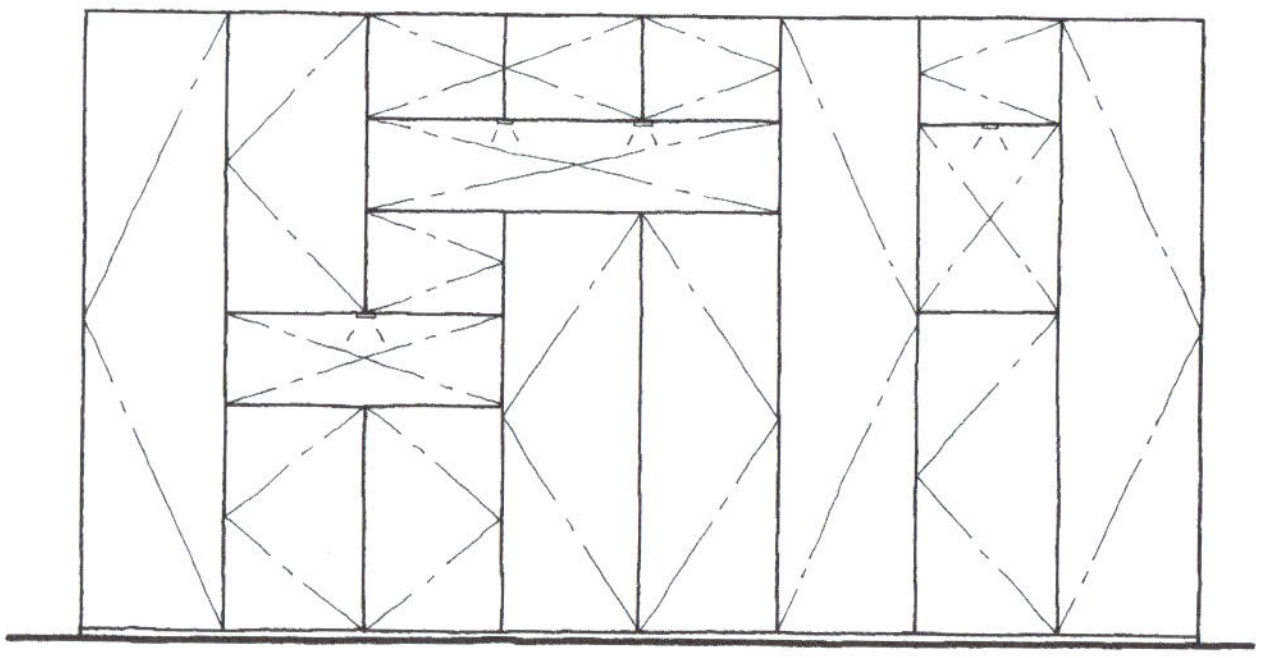

（断面図）

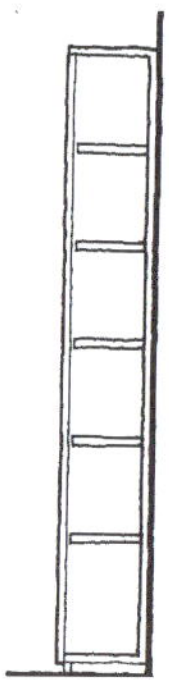

大きな収納が整然と並んでいると圧迫感があるが、くり抜かれた飾り棚によってくつろぎ空間に合うものになった

家族用の靴脱ぎスペースを分ける

玄関は家の顔としていつも綺麗にしておきたいと思っていても、特に小さなお子さんが何人かいると靴もモノもすぐに溢れかえってしまう。

この問題を解決するには、やはり家族用の靴脱ぎスペースを分けてしまうことが手っ取り早い。スペース的な余裕がなければなかなか実現し難いように思われるが、シューズインクロゼットを兼ねることによって無駄を無くせば、より機能的なスペースとすることができる。

家族用玄関がどれほどちらかっていても奥の客用玄関はよそ行き顔

玄関廻りの生活感を消す

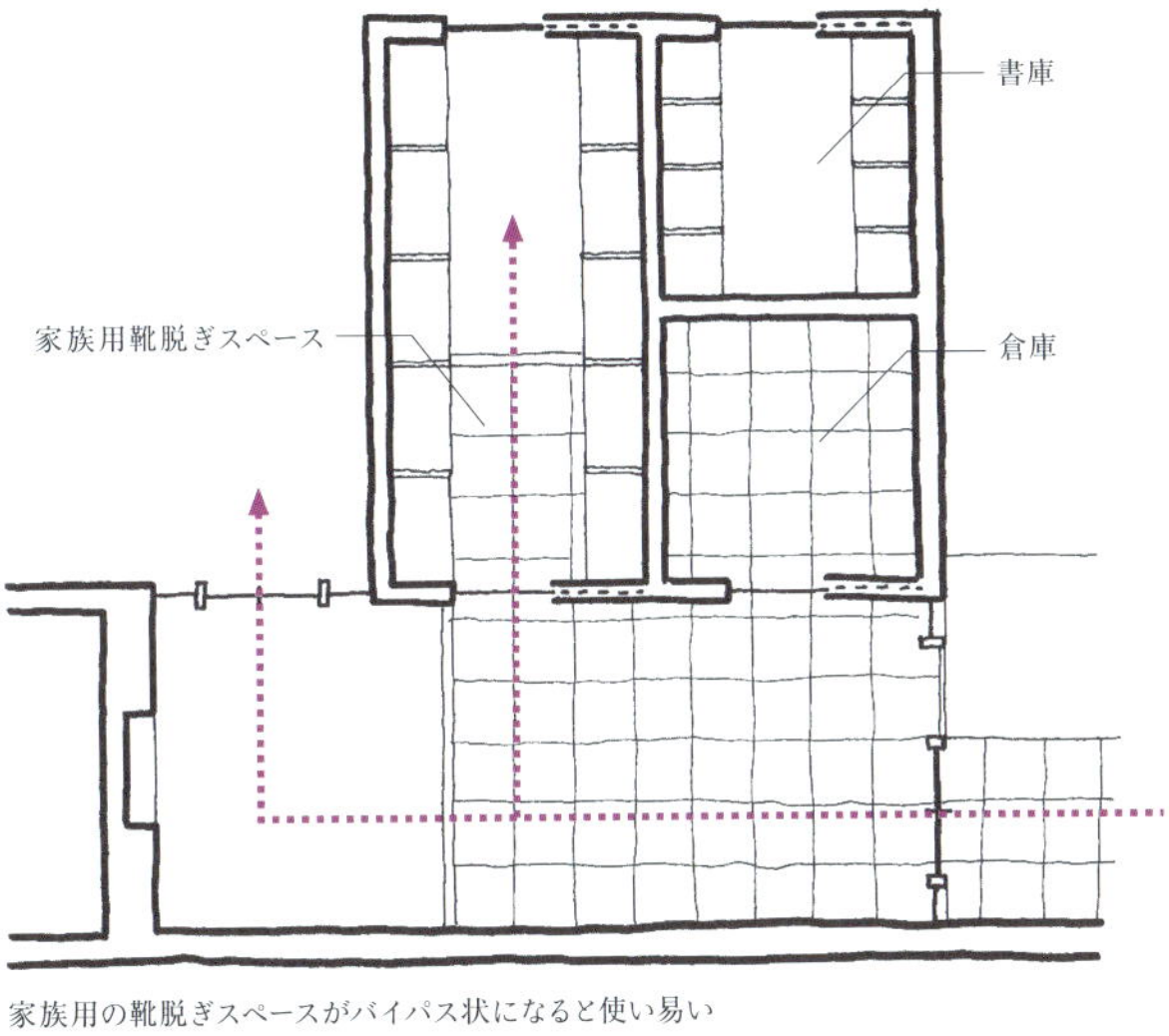

家族用の靴脱ぎスペースがバイパス状になると使い易い

自由度の高い収納をつくる

棚板とハンガーパイプのみのウォークインクローゼットは別項で紹介した通りであるが、家族が増えたり成長し、やがて出て行ったりすることを考慮して、あまり「現状のために造り込みすぎない」ということは収納全般に言えることである。もちろん、ご年配の夫婦のために棚を細かく造り込むこともあるが、特に小さなお子さんのいる若い夫婦は、フレキシブルな収納を用意するように心掛けるべきである。

両側から使える棚とハンガーパイプ

布団棚と天袋。基本的な仕切りだけの収納

フレキシブルな収納をつくる

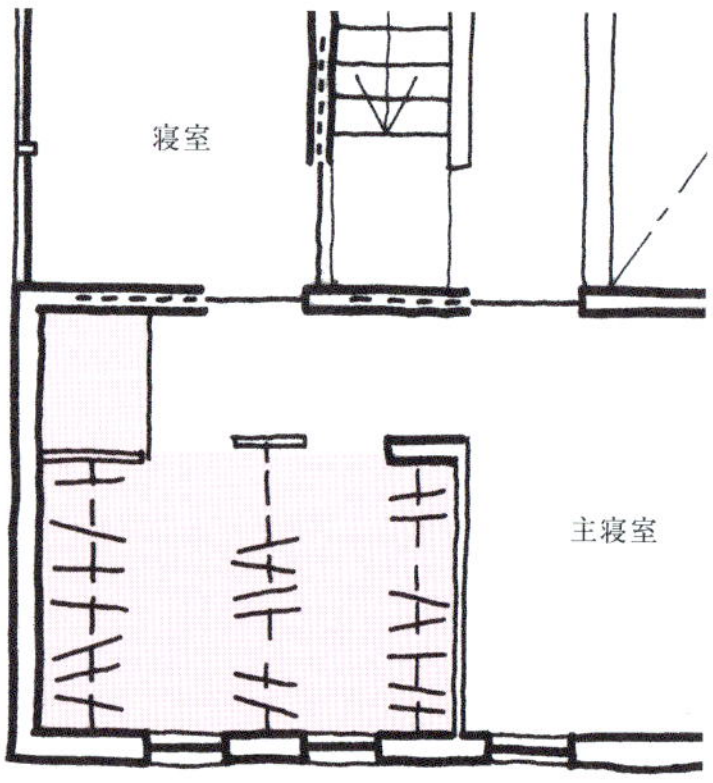

引き戸の後ろは布団棚

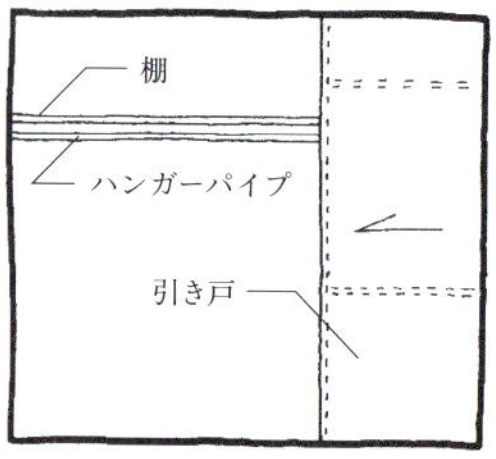

ゆるやかに仕切る

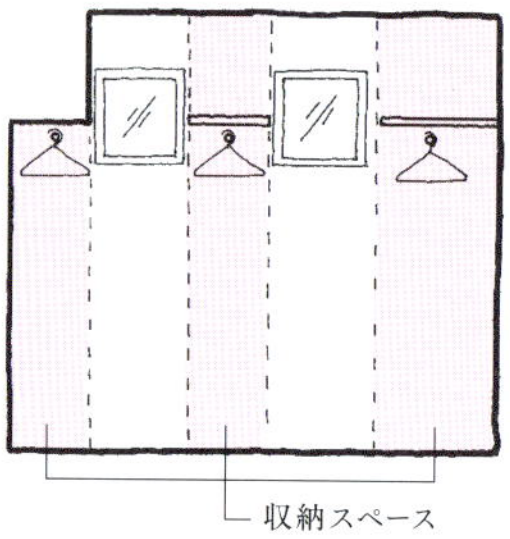

3面鏡になる鏡収納

両側の扉を起こすように開き、3面鏡とする

できるだけ鏡収納の中央に線が入らない割付けにする

洗面台に鏡収納を付ける場合、条件によるが可能であれば自然光で顔を見ることができ、夜間は間接光で顔を照らすように提案する。その際、これも可能であれば、正面に立った時、中央で鏡が割れないようにして、扉を開くと3面鏡になるように割り付けることが多い。

明るい洗面台

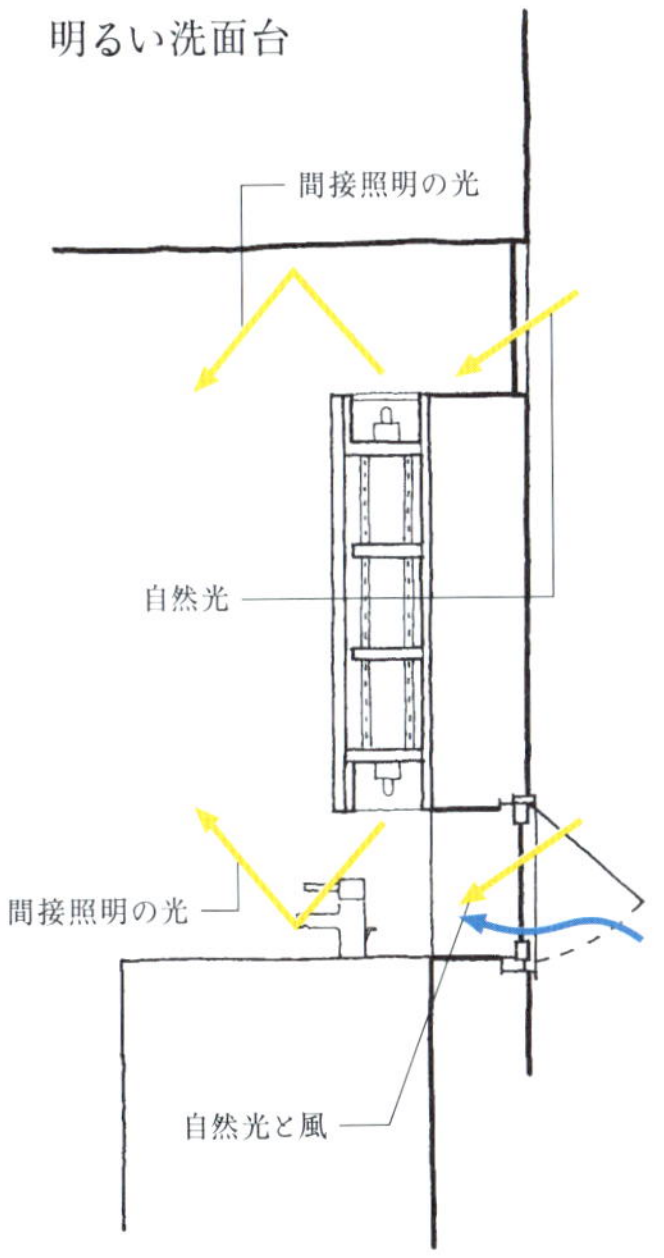

開くと3面鏡になる

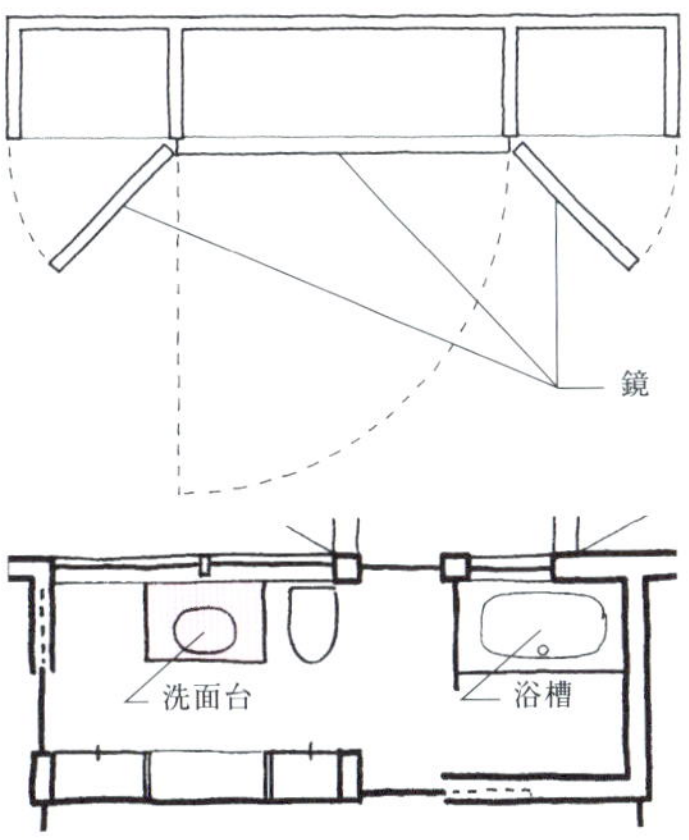

玄関の顔になる靴箱

玄関正面に靴箱らしくない存在感の靴箱

マンションを改装してデザイン事務所として使えるようにする計画。マンション住戸の入口まわりは限られていて、靴脱ぎスペースも靴箱も、それなりの大きさでそれらしい配置にしかならないことが多い。ここでもまわりに動かすことができない構造壁があったため、靴箱を「靴箱らしくないオブジェ」として存在させることにした。幅木も幕板も無い（床から天井いっぱいまでの）ステンレスヘアラインの面材、L字型を二つ組合せた扉形状が、靴箱の概念を払拭する。

来客を迎える靴箱

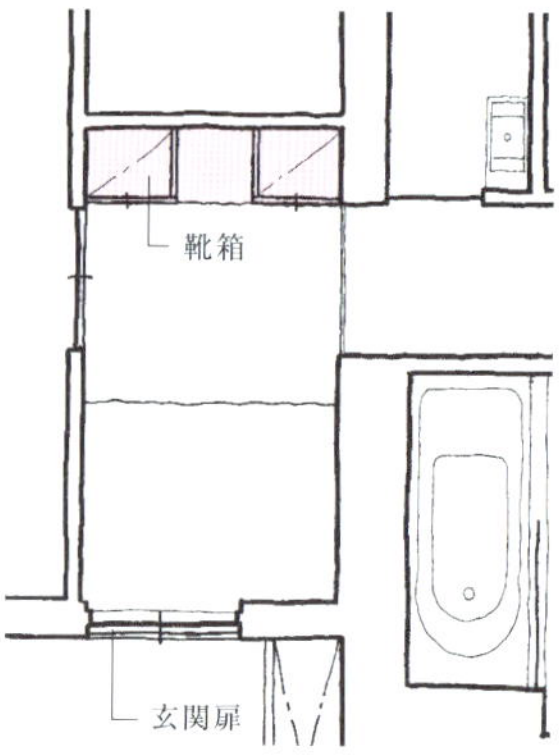

らしくない靴箱

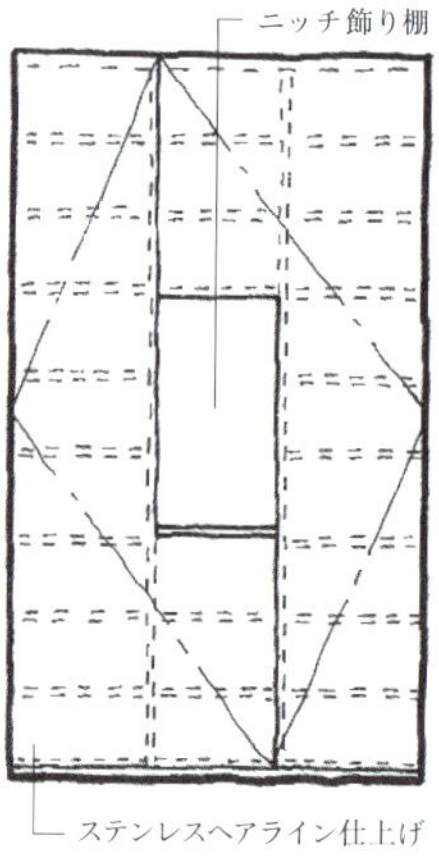

コーリアンカウンター一体型洗面家具。ペーパーホルダーや収納、洗濯機も組み込まれている

洗面シンク廻りは水が飛び散るものとして「いかに掃除しやすいか」がキレイに保つポイントになる。カウンターとシンクが一体成型品であれば、サッとひとふきで掃除完了。カウンターとシンクを別々に選んで組み合わせるよりも安価にまとまることも多い。この例では洗濯機も組み込んでいる。

ビルトイン洗濯機の上はカウンターとしても使うことができる

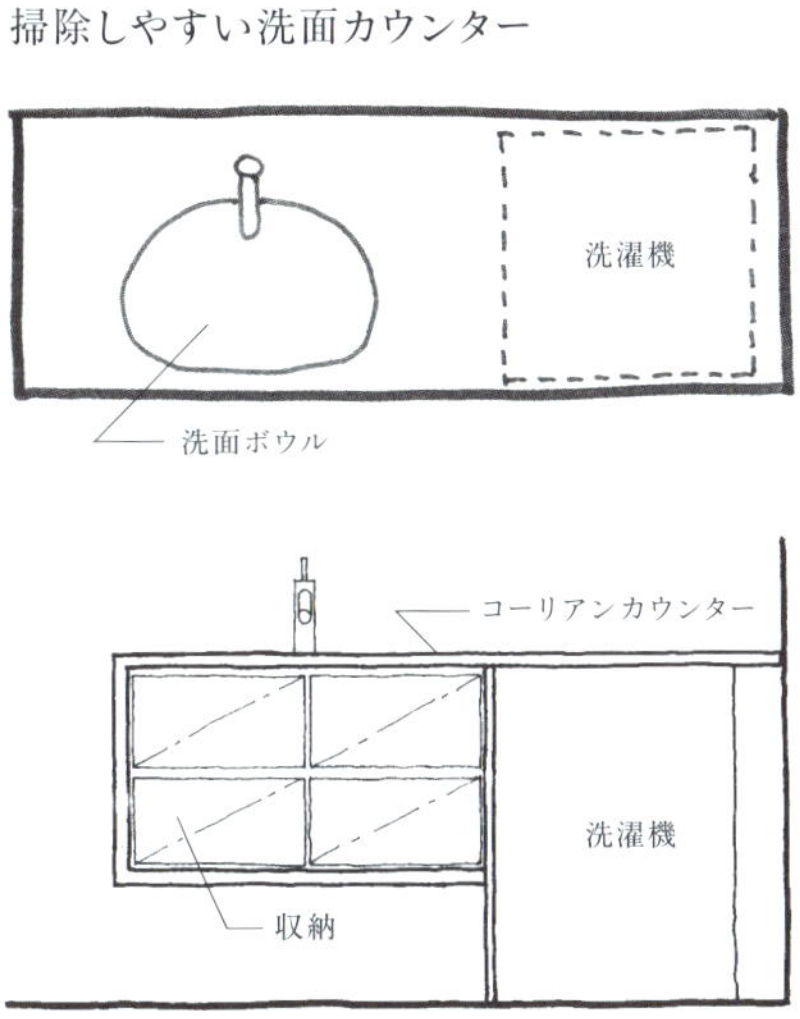

コンパクトで使いやすい手洗い器と収納

手洗器のシンクは気を付けてもすぐに水をこぼしてしまうような感覚がある。一体成型カウンターとすることで小さいながらもしっかりとした安心感が生まれる。また壁の厚みを利用した埋め込み収納は小さな空間を狭めることなく収納スペースを提供してくれるので、コンパクトなトイレに有効だ。

収納棚が鏡、丸い手洗いの例

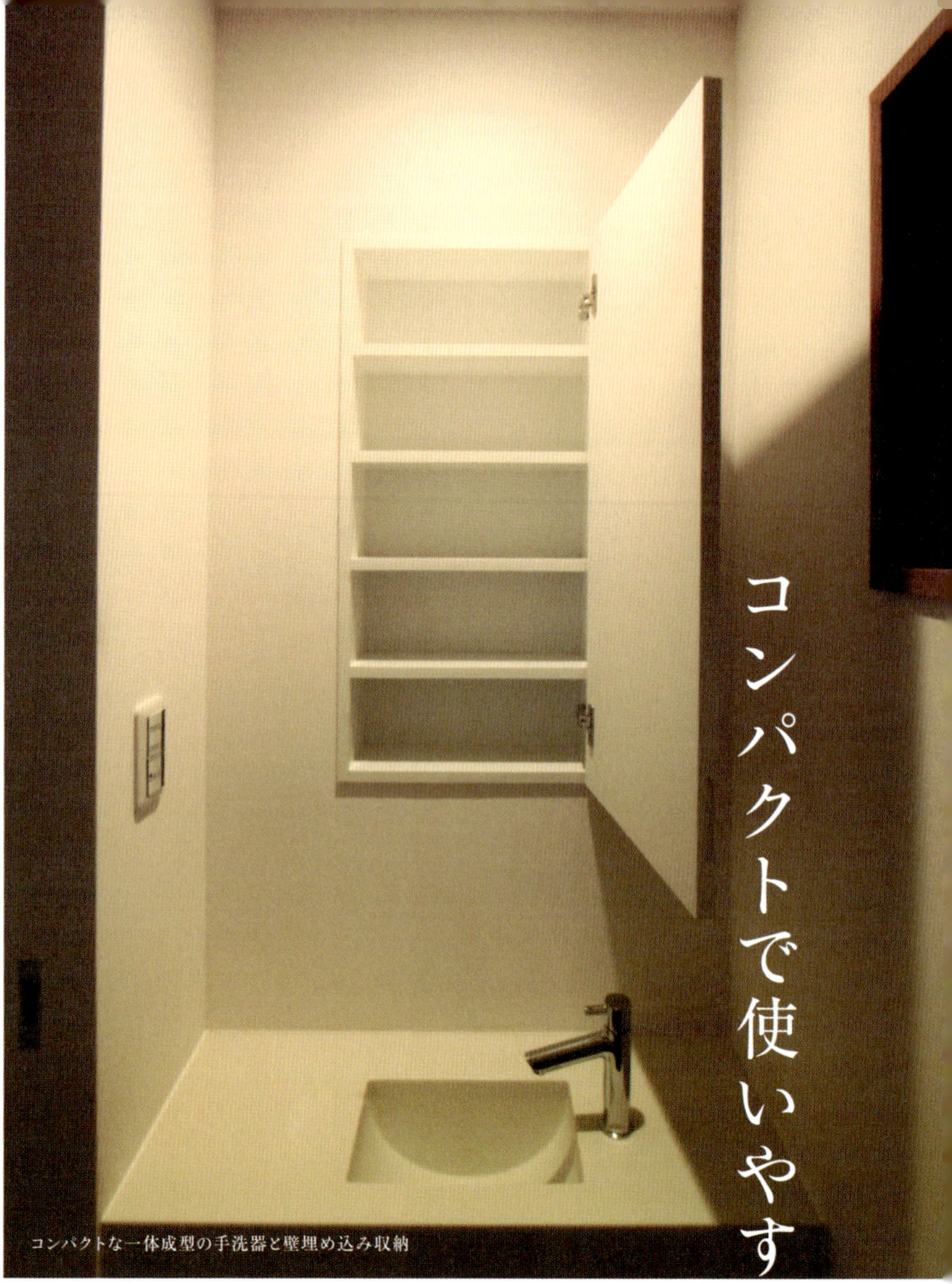

コンパクトな一体成型の手洗器と壁埋め込み収納

鏡の後ろは収納に

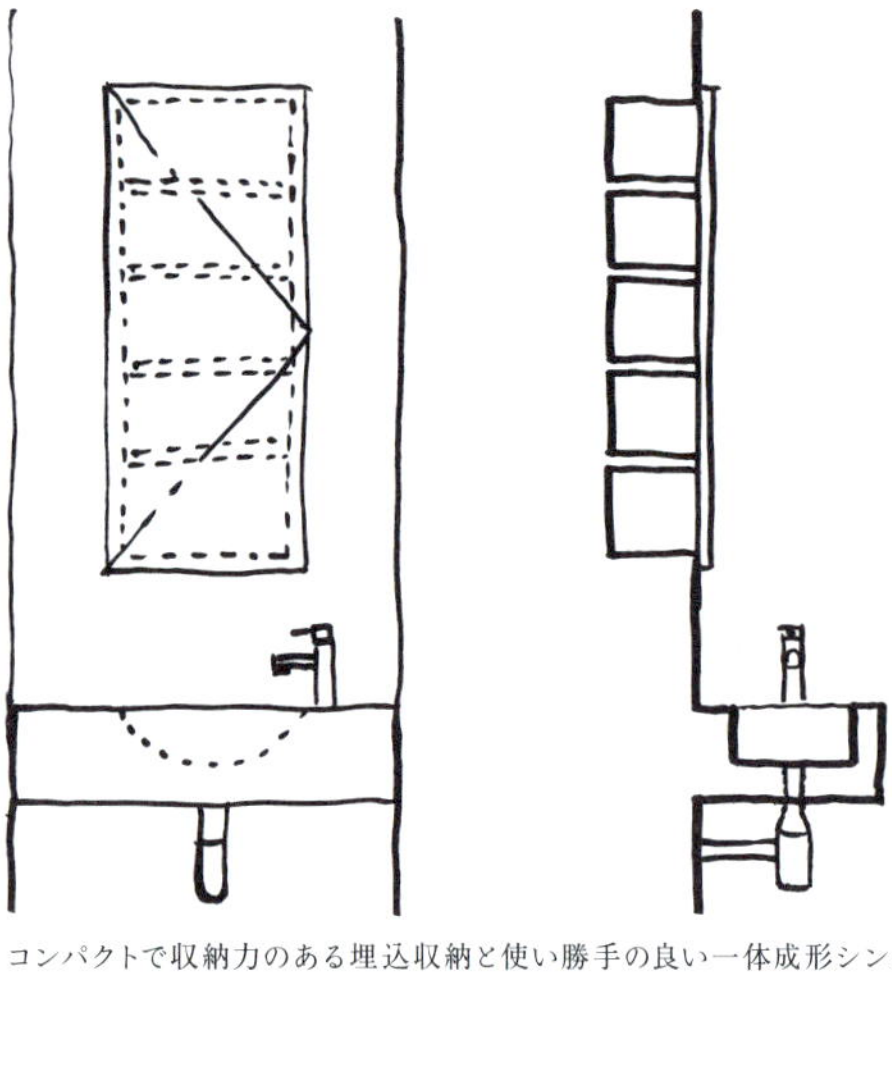

コンパクトで収納力のある埋込収納と使い勝手の良い一体成形シンク

建物と一体化した カウンターテーブルと本棚

建築の壁と一体化したコンクリートの本棚。手前がカウンターテーブル

建築の壁と一体化したコンクリートのカウンターテーブル。本棚とカウンターのコンクリートは後付け

曲面に合わせた家具

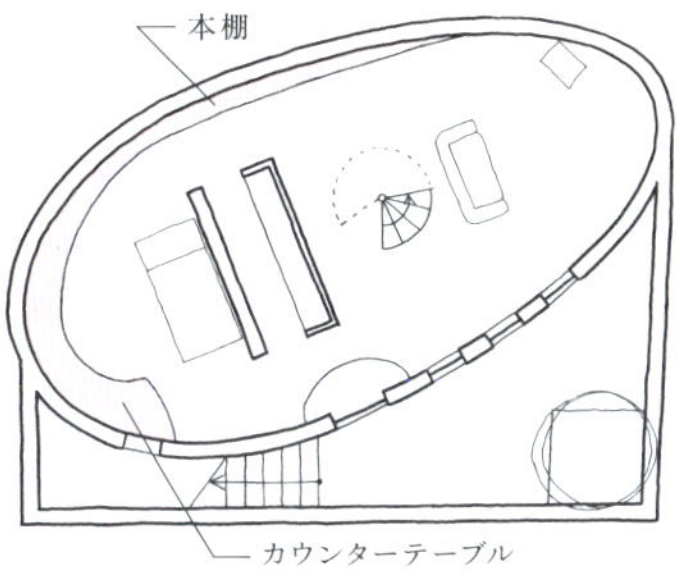

詳細図

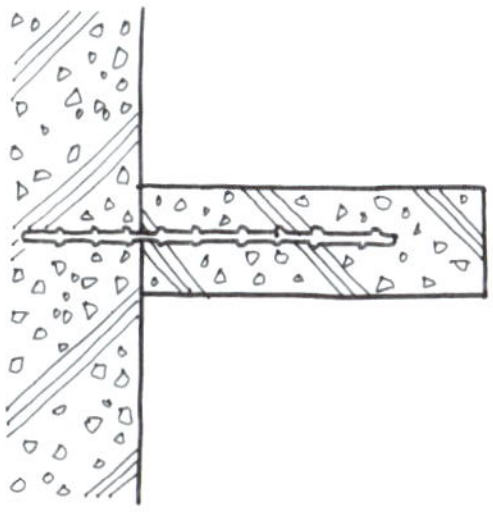

サシ筋(後から挿された鉄筋)と後打ちコンクリートによる棚

卵型平面の家の書斎スペース。外周部はすべて曲面で、曲率も徐々に変化するため本棚もあわせて造るしかない。曲面の一部が隆起して本棚になり、またその本棚の一部が広くなってカウンターテーブルになるという発想で造られている。

シンプル・丈夫な強化積層材を用いた押入

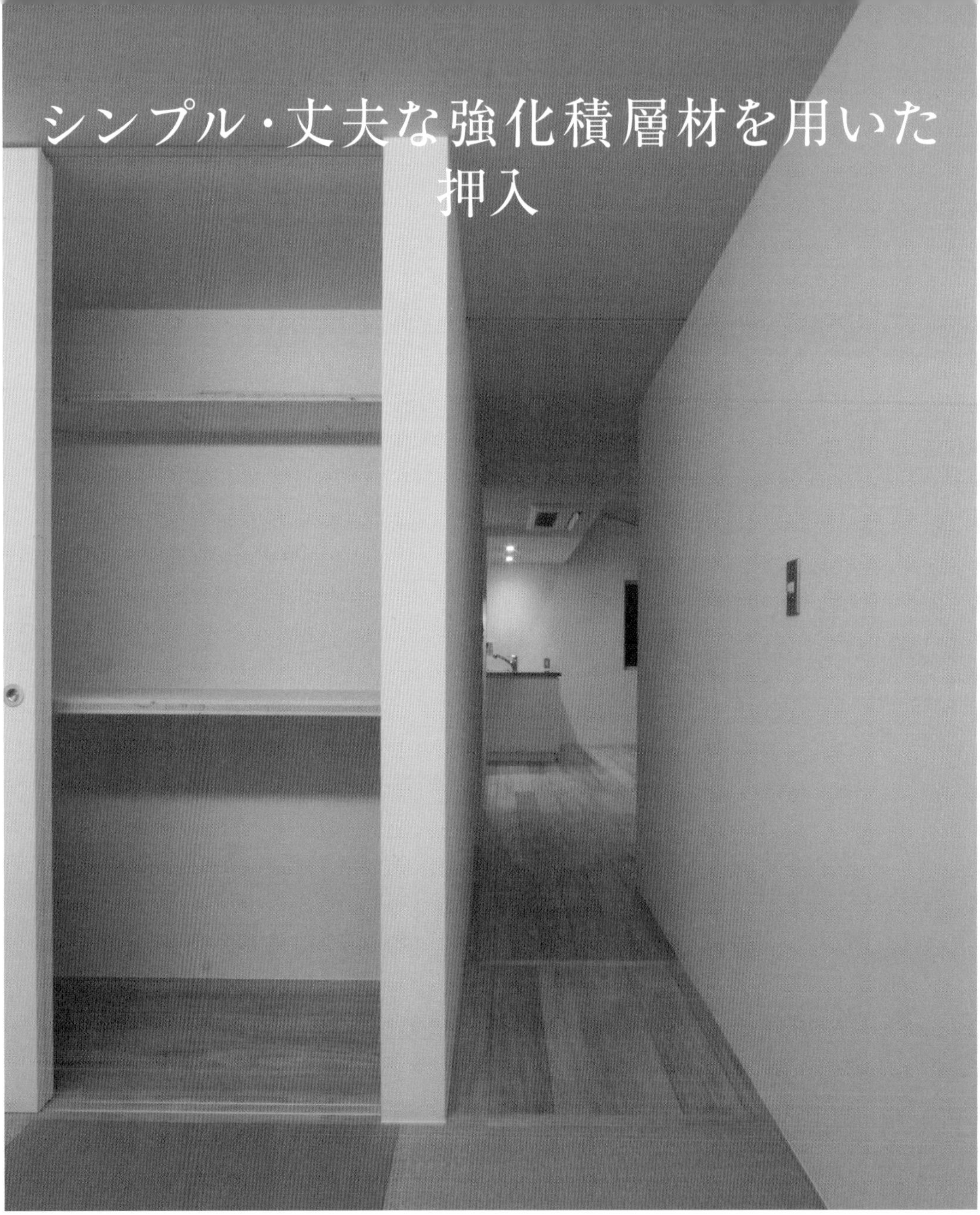

押入れ中段と枕棚が板の厚みだけになっている

通常の押入の中段は力板と根太を入れて作るため、手間もかかり、8cm～10cm程度の厚みになる。ここに強化積層材を用いることで、厚みは3・6cmまで低減することができる。見た目にスッキリするだけでなく、枕棚の分を合わせると10cm以上のスペースを有効に活用することができる。

薄い中段

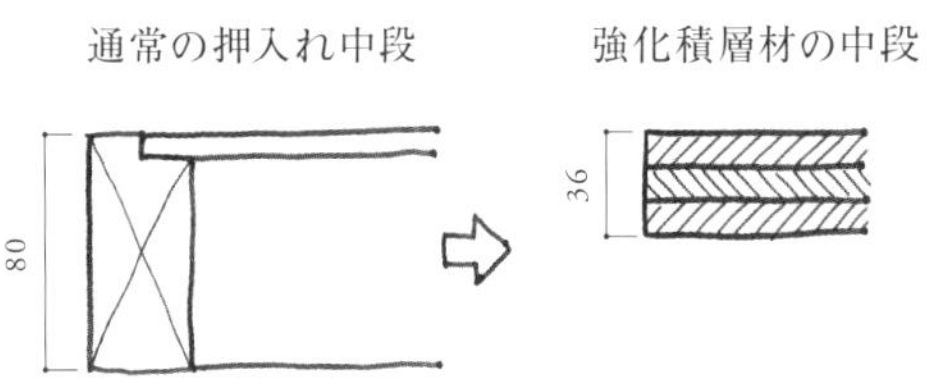

押入れ中段が板１枚になると収納力もアップする

和室の倒れ壁と間接照明

居間から和室を見る。窓は高さ、左右の中央に配置

70cm角のピクチャーウィンドウの付いた4畳半の和室。なんとも心地よいサイズの畳の部屋であるが、天井に和室用の照明が付いた途端に普通の4畳半のイメージになってしまう。天井にも壁にも照明機器を見せない方法はないかと考えた。部屋の床を小さくすることなく、壁面をゆるやかな曲率で手前へ倒して、間接照明を仕込む懐を用意している。少し特別な4畳半になった。

夜間は充分な明るさのベースライトとなる

ピクチャーウィンドウと間接照明

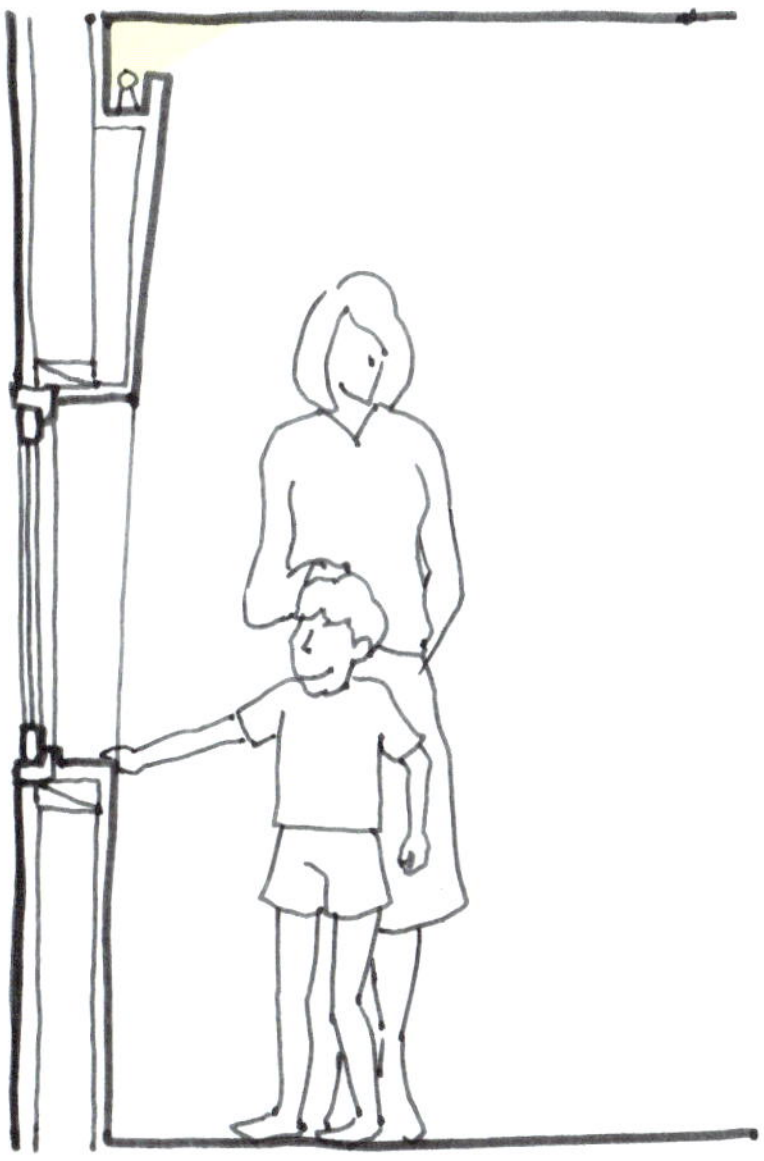

傾れ壁と間接照明で特別な和室に

「穴だけ」の照明

天井にあいた穴。照明には見えない大きさ

穴には照明が仕込まれている

絵を照らしているピンスポット照明

ピンスポットとはその名の通り、ピンの先を照らすように絞られたスポットライトである。ところが照明器具はピンホールのようなものではなく、レンズのまわりに広いカバーの付いた、存在感のあるものばかりだ。なんとかその照明の存在も消し去ることはできないかという、デザインに真剣な施主の問いかけがあり、二重天井の照明を考案した。電球の交換に手間がかかるので、長寿命なＬＥＤだからこそ可能となったデザインであるとも言える。

ピンスポットの仕組み

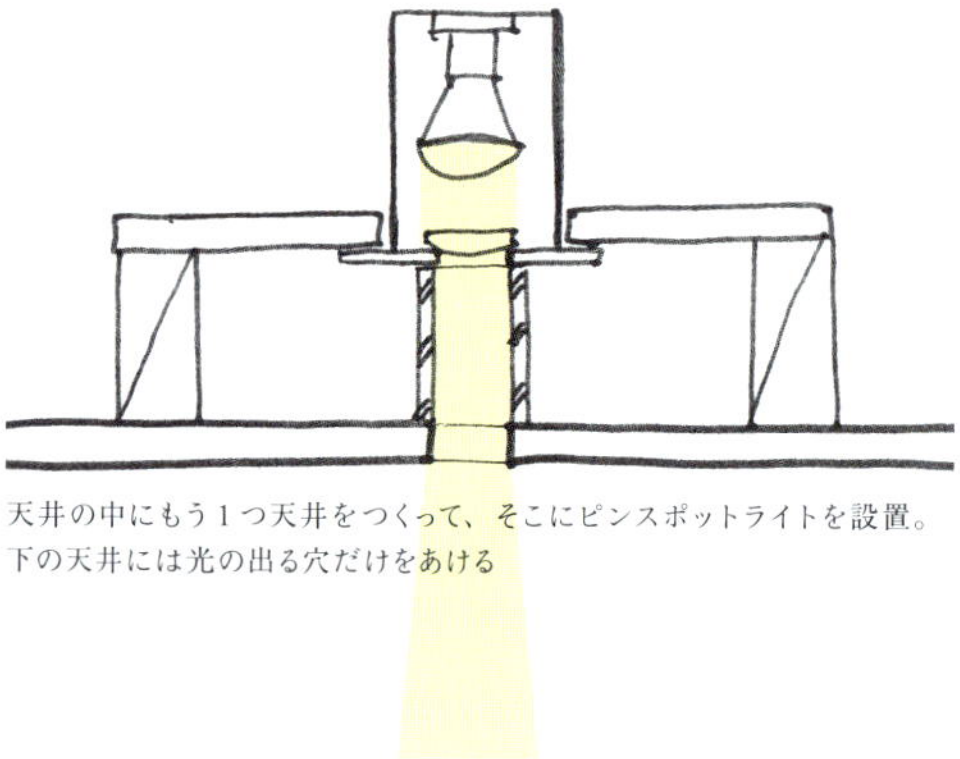

天井の中にもう１つ天井をつくって、そこにピンスポットライトを設置。
下の天井には光の出る穴だけをあける

光の上に浮いたような飛石

光がもれる飛石

上から普通に照らすのではなく、一般的な足元灯の存在感も無いほうが好ましい。ということから飛石そのものを光らせてしまうことになったのがこの照明である。まだまだ明るさのコントロールなど課題はいくつも残されているが、アプローチの演出を兼ねた新しい灯りの点しかたである。

アプローチ全景。飛石からの光が建物を浮かび上がらせる

飛石の下の照明

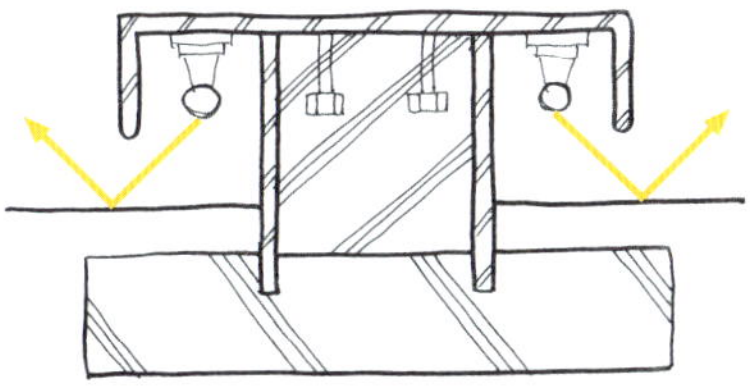

飛石の裏に仕込んだ照明が玉砂利に反射してアプローチを浮かび上がらせる

打放し天井に穴が開いただけのダウンライト

コンクリートの天井と一体化した照明

照明器具は、シンプルなダウンライトであっても建築本体にあとから取付けるための誤差を吸収するようにツバが付いている。本当は何も無いにこしたことはないので、ダウンライトを作ってしまうことにした。コンクリート打放しの天井に丸い穴だけ開けておいて、ソケットを取付けた板を上から固定する。下から見ると、穴の中に電球だけが入っているようになる。

シンプルなダウンライト

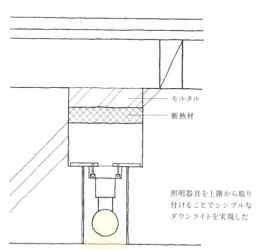

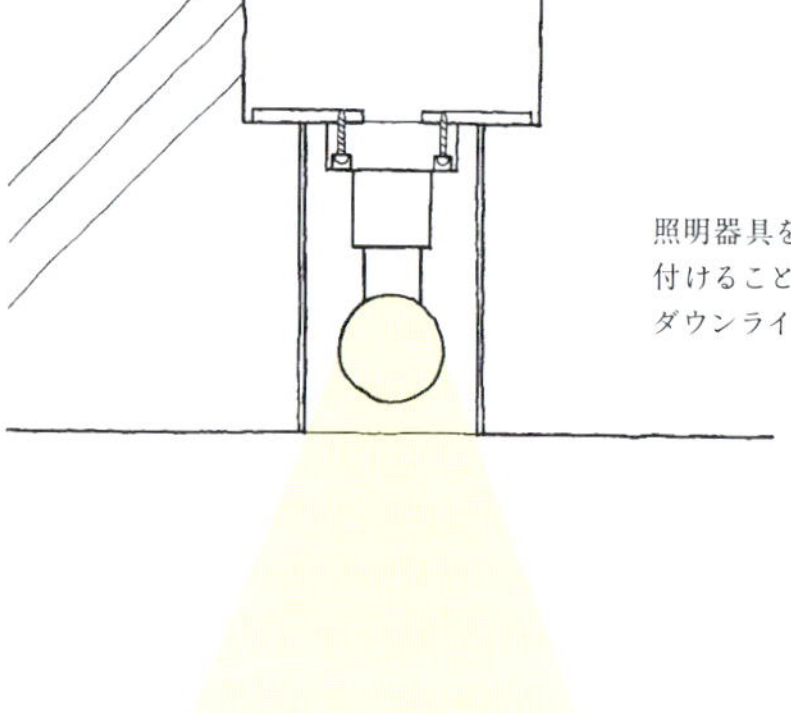

ひと筆書きの椅子

13 φのスチール丸鋼を自分で曲げて作成

建築家の仕事は、建物の設計に限られてはいない。その土地でどんな人たちがどのように暮らしたいのかを聞き取って、生活スタイル全体を提案することもある。またそのスタイルを形づくる家具のデザインをすることも多い。

写真の椅子はまだ試作品の段階だが、「建築家の椅子展」という展覧会に出品した「ひと筆書きの椅子」である。蚊取り線香のように1本の材でできている。

出展依頼の電話をもらいながらスケッチ

あとがき

私たちが設計事務所を構えて今年で25年目になる。その長い年月の間に積み重ねてきた小さな工夫やアイディアをこのように並べてみると、その量とバラエティの多さに自分でも驚いてしまう。誰でもがそのまま使えるものとは限らないけれど、家づくりの厳しい条件の中で困ったり迷ったりしたとき、本書をぱらぱらと眺めることで、必ず何かしらのヒントを見つけ出していただくことができるのではないかと期待している。

この本の元となった多くのクライアント、寝る間を惜しんで一緒に設計作業を手伝ってくれた担当スタッフ各氏、本書をまとめるチャンスをくださり、一緒に編集作業までしてくださったエクスナレッジの三輪浩之さん、デザイナーの公園／大場君人さん、図版の多くを描きながら編集作業もマルチでこなして下さった高田綾子さんに、この場を借りてお礼申し上げたい。

経歴

彦根明　Akira Hikone

１９６２年　埼玉県生まれ
１９８１年　東京学芸大学府属高等学校卒業
１９８５年　東京藝術大学建築学科卒業
１９８７年　同大学大学院建築学科修了
１９８７年　磯崎新アトリエ入所
１９９０年　彦根建築設計事務所を設立（彦根アンドレアと共に）
１９９９年〜東海大学非常勤講師

受賞

１９９３年　日経ニューオフィス賞中部ニューオフィス推進賞
　　　　　第24回富山県建築賞
１９９４年　日本建築士会連合会賞
　　　　　グッドデザイン賞
２００３年　グッドデザイン賞
２００８年　日本建築家協会　優秀建築選２００８
　　　　　日本建築学会　作品選集２００９
２０１０年　日本建築家協会　優秀建築選２０１０
２０１１年　グッドデザイン賞
　　　　　日本建築家協会　優秀建築選２０１１
２０１２年　第32回ＩＮＡＸデザインコンテスト銀賞

最新版 最高に美しい住宅をつくる方法

2015年1月29日　初版第一刷発行
2017年1月11日　　　　第三刷発行

著　者　彦根明

発行者　澤井聖一

発行所　株式会社エクスナレッジ
〒106-0032 東京都港区六本木7-2-26
http://www.xknowledge.co.jp/

問合せ先

編集部　TEL：03-3403-1381
FAX：03-3403-1345
info@xknowledge.co.jp
販売部　TEL：03-3403-1321
FAX：03-3403-1829